地圖快易通

地圖

Bangkok

曼谷地鐵

Metro

超實用 地鐵
4 ×

不迷路 地圖
36 ×

自由行 路線
5

no.084 地圖隨身
曼谷地鐵
地圖快易通
BangKok Metro

目錄

如何使用本書

本書標註的景點內容、開放時間、餐廳地址、相關價格皆於2016年6月全面普查，但仍有可能隨時變動，正確資訊需以當地景點、商店及餐廳公布為準。如有資訊變更，歡迎讀者提出指正，我們將於再版時更新正確訊息。

介紹該地鐵線的特色。

將該線重要的地鐵站做介紹。

由達人帶你Stop by stop玩該地鐵線上的重要景點，循站拜訪毫無遺憾。

本站的代表景點，千萬別錯過了。

依捷運或地鐵線行駛的方向詳列各站，只要對照本書，就不怕坐過站！

附上景點介紹和建議參觀時間，貼心度百分百。

地圖ICONS使用說明

◎景點	⑪商店	⑪飯店	⑪旅遊服務中心	⑪劇院	⑪乘船處
⑪博物館	⑪餐廳	⑪學校	⑪火車站	Ⓜ地鐵	⑪酒吧
◎公園	⑪娛樂	Ⓢ Spa	⑪巴士站	⑪政府機關	

本書依捷運或地鐵線→重要地鐵站→必訪景點逐步介紹

達人推薦理由

編輯心得化為圖說，提供讀者參考！

邊欄依序標出該地鐵線的重要停靠站，方便尋找翻閱

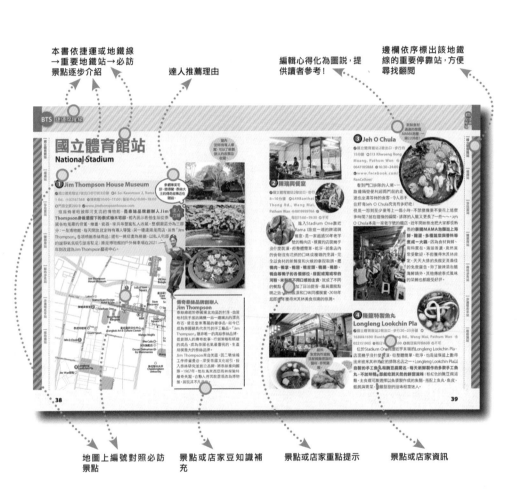

地圖上編號對照必訪景點

景點或店家豆知識補充

景點或店家重點提示

景點或店家資訊

書中資訊ICONS使用說明

📞 **電話**：如果要前往需事先預約的景點或是人氣排隊店，可打電話預約或確認。
📠 **傳真**：可直接以傳真方式向飯店預約即時訂房。
🏠 **地址**：若店家均位於同一棟大樓或同一家商場，僅列出大樓名稱及所在樓層。
🕐 **時間**：顯示景點和店家的營業時間。
📅 **休息日**：如果該店家沒有休市日就不列出。

💲 **價格**：到該餐廳用餐的平均消費
🚇 **交通**：在大區域範圍內詳細標明如何前往景點或店家的交通方式。
🌐 **網址**：出發前可先上網認識有興趣的店家或景點。
⭐ **特色**：提供景點或店家的優惠訊息與特殊活動的時間。
❗ **注意事項**：各種與店家或景點相關不可不知的規定與訊息。

N

Bang Kruai Sainoi Rd.

Rama 7 Bridge

Rama 6 Bridge

往曼谷北線巴士總站Mo Chit Mai、廊曼機場

島本站
Tao Poon

邦蘇站
Bang Sue

塔宏猫清站
Phahon Yothin

Bang Pho

邦蘇站
Bang Sue

Pracha Rat Sai Rd.

Bang O

邦蘇站
Bang Sue 火車站

札都甲公園站
Chatuchak Park

Pradiphat Rd.

甘帕安碧站
Kamphaeng Phet

蒙奇站Mo Chit

昶隨創意園區
ChangChui

Sirin Thon Rd.

Bang Phlat

Charan Sanit Wong Rd.

Pra Dipat
火車站

山熹卡威站
Saphan Khwai

札都甲週末市集
Jatujak Weekend
Market

Suthisarn Winit Chai Rd.

昭披耶河 Chao Phraya River

曼谷舊南線巴士總站
Sai Tai Gao

Krunethon bridge

Sirindhorn

Ratcha Suna Rd.

Rama 5 Rd.

Rama 6 Rd.

Samsen
火車站

Phaholyothin Rd.

札都甲綠色市集
Jatujak Green Ma

往曼谷南線巴士總站Sai Tai Mai

Bang Yi Khan

Rama 8 Bridge

Krung Kasem Rd.

Sri Ayuthaya Rd.

Ratchawithi Rd.

阿黎站Ari

沙那拋站
Sa nam Pao

Don Mueang Tollway

Bang
Khun Non

Pinklao Bridge

Luang Chitlada
火車站

帕亞泰站
Phayathai

勝利紀念碑站
Victory Monument

馬卡山站
Makkasan

Ratcha Damnoen
Klang Rd.

Yomraj
火車站

地鐵藍線MRT Blu

Fai Chai

玉佛寺
Wat Phra Kaeo

Bamrung Mueang Rd.

Urupong
火車站

Phaya Thai火車站

帕亞泰站Phaya Thai

Ratcha Prarop

大皇宮
The Grand Palace

臥佛寺
Wat Pho

拉差裡威站
Ratchathewi

Rathca Prarop
火車站

Makkasan
火車站

Asoke火車站

Charan 13

Charan Saint Wong Rd.

Sanam Chai

Sam Yot

華藍蓬火車站
Hua Lamphong
Train Station

奇隆站
Chit Lom

菲隆奇站
Phloen Chit

碧差汶里站
Petchaburi

Itsaraphap

Memorial Bridge

Wat
Mangkon

國立
體育館站
National
Stadium

暹邏站
Siam

四面佛
Erawan Shrine

那那站
Nana

藝術家之屋
The Artist's House

Tha Phra

中國城
China Town

Khlong San

The Jam
Factory

山燕站
Sam Yan

拉差當梅站
Ratchadamri

阿索克站
Asok

Bang Phai

菩尼密站
Pho Nimit

旺懷安耶站
Wongwian Yai

Charoen Rat Rd.

華藍蓬站
Hua Lamphong

莎拉當站
Sala Daeng

倫披尼公園
Lumphini Park

Benjakitti
Park

塔叻蒲站
Talat Phlu

Charoen Nakhon

鐘那席站
Chong Nonsi

席隆站
Silom

詩麗吉國際
會議中心
Queen Siri
National
Convention
Center

Bang Wa

班哇站
Bang Wa

瓦塔卡站
Wutthaka

Phet Kasem Rd.

Krung Thon Buri Rd.

捷運席隆線 BTS Silom Line

Taksin Bridge

沙潘塔克辛站
Saphan Taksin

蘇叻沙克站
Surasak

倫披尼站
Lumphini

克隆托伊站
Khlongtoei

恭吞汶里站
Krung Thon Buri

Chom Thong Rd.

Rama 3 Bridge

Krung Thep Bridge

Anantara Riverside
Bangkok Resort

Charoen Krung Rd.

Chan Rd.

Asiatique河畔夜市

Sirimahannop

The Crystal Grill House

Rama 2 Rd.

Somder Phrachao Tasin Rd.

昭披耶河 Chao Phraya River

Rama 4 Bridge

At Naron

Bhumibol Bridge

Phet Chahueng Rd.

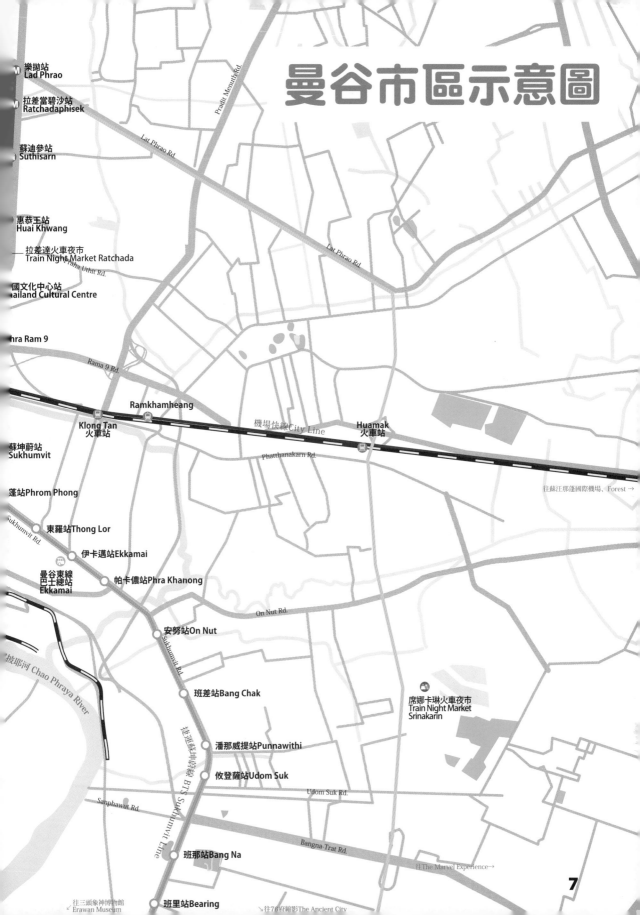

曼谷進入市區 交通全攻略

文·圖/墨刻編輯部

曼谷,泰國首都,整座城市的總面積約1,500平方公里,是台北市的10倍,所幸在這個世紀初,曼谷捷運和地鐵逐步通車、連結,2010年機場快線啟用,2016年8月地鐵紫線正式通車,再加上傳統的昭披耶河水路,共同串連起四方交錯的交通網絡,讓人遊逛曼谷更簡單了。

蘇汪那蓬國際機場前往曼谷市區

蘇汪那蓬國際機場位於曼谷的隔鄰省份，離市區有一定的距離。在機場快線Airport Rail Link通車後，交通便利了不少，而曼谷便宜的計程車資，也讓不少人選擇搭乘計程車進入市區。另外，機場快線City Line進市區快速又方便，是近年自由行旅客的首選。

機場快線City Line

機場快線City Line是不少旅客進市區的交通工具首選，City Line各站皆停，票價因距離而定，約15B~45B。由機場至帕亞泰站的時間只要26分，可說是快速與便宜兼具的交通方式。

🌐 www.facebook.com/AirportRailLink

運行時間

約5:30~24:00，約15分一班車

運行區間

由蘇汪那蓬機場站(Suvarnabhumi Airport)往市區的帕亞泰站(Phaya Thai)，沿途停靠Lat Kbabang、Ban Thap Chang、Hua Mak、Ramkhamhaeng、馬卡山(Makkasan)、Ratchaprarop等共8站。一般較常利用的是馬卡山和帕亞泰兩站，另外Ratchaprarop站臨近水門區。

乘車時間

至馬卡山站約22分，至帕亞泰站約26分

車票票價

依距離15B~45B；其中至馬卡山站35B，至帕亞泰站約45B

如何買票

在機場B1有自動售票機，先將語言選為英文後，觸控選擇前往車站，投入指定金額即可，或是使用LINE Pay付款。自動售票機附近都會有工作人員可以詢問，如果不用機器的話也可以直接到人工櫃台購買。

轉乘資訊

◎從馬卡山站1號出口2樓，可以走天橋直通地鐵碧差汶里站(Phetchaburi)；特別提醒，過曼谷地鐵站時通常都得檢查包包和行李，如果大件行李在身邊比較不方便。

◎帕亞泰站則與捷運蘇坤蔚線的帕亞泰站(Phaya Thai)相鄰。

計程車

選擇計程車最大的好處就是可以直接搭車到飯店門口，省去拖行李、轉車、找路等的種種麻煩。計程車由機場到市區大致價格是400~500B，不少有經驗的網友都建議只要同行旅伴有兩人以上就可以考慮搭乘。

運行時間

24小時。如果在晚上12點過後抵達機場的話，這是唯一進入市區的交通選擇。

搭乘時間

依指定地點和交通狀況不定，進入市區大約是30~60分。如果碰上塞車時段可能會更久。

價格

跳表計程車的計費方式是從機場出發的服務費50B+高速公路過路費25~70B+跳表車費(一般約250~300B)，大致價格為400~500B。

如何搭乘

於入境大廳沿著「Public Taxi」的指示至1樓指定區域，會看見抽號碼牌的機器，抽號後對號搭車。抽號碼牌時，注意機器有分車型，如果人多或行李較大，可選擇Taxi Van的機器。

注意事項

◎抽號碼牌後，機器會吐出一張紙條，上面印有「Lane Number」，請依照此號碼對照車道號碼，即可找到排到的計程車。

◎500B或1,000B大鈔司機有可能找不開，因此記得換錢時也先準備一些100B的紙鈔。

◎現行計程車大多為跳表(Meter)計價，上車前可以先確認，如司機要喊價可以選擇搭乘其他計程車，或是計算一下價格是否合理。上車後亦需確認司機是否開始跳表計價。

廊曼國際機場前往曼谷市區

廊曼國際機場(Don Mueang Airport)是曼谷的舊機場，近年主要提供國內線和國際線的廉價航空起降，隨著越來越多廉航開通「台北－曼谷」航線，廊曼機場也成為不少國際旅客進入曼谷的大門。廊曼機場和蘇汪那蓬國際機場之間有免費接駁巴士，提供欲轉機的旅客搭乘。如果要從廊曼機場前往市區，最方便的選擇當然是搭乘計程車，而比較省錢的方式則是搭乘A1公車，旅客可以衡量自己的行李量、同行人數和預算做選擇。

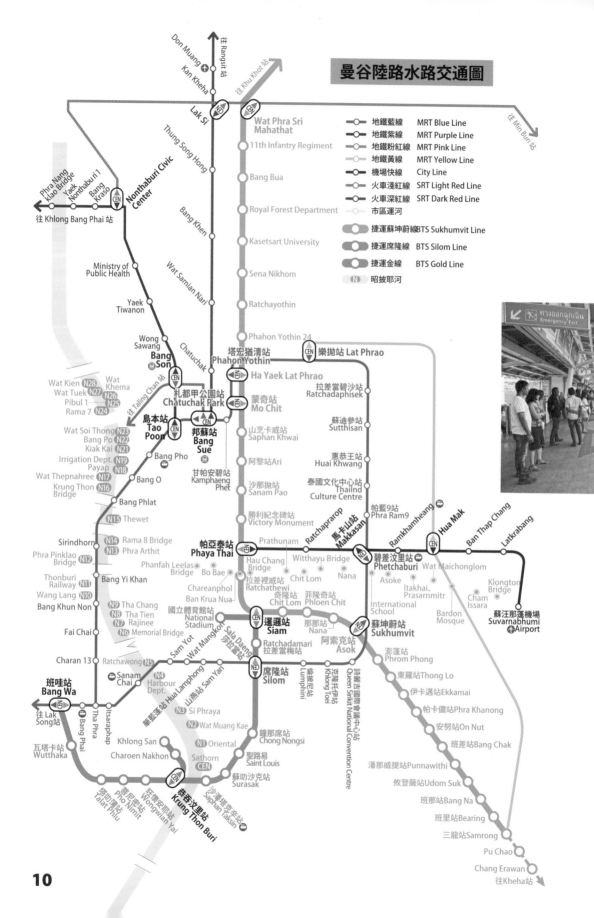

曼谷陸路水路交通圖

地鐵藍線　MRT Blue Line
地鐵紫線　MRT Purple Line
地鐵粉紅線　MRT Pink Line
地鐵黃線　MRT Yellow Line
機場快線　City Line
火車淺紅線　SRT Light Red Line
火車深紅線　SRT Dark Red Line
市區運河

捷運蘇坤蔚線　BTS Sukhumvit Line
捷運席隆線　BTS Silom Line
捷運金線　BTS Gold Line
N　昭披耶河

往 Don Muang
往 Rangsit 站
往 Khu Khot 站
往 Min Buri 站
Kan Kheha
Lak Si
Wat Phra Sri Mahathat
11th Infantry Regiment
Bang Bua
Royal Forest Department
Kasetsart University
Sena Nikhom
Ratchayothin
Phahon Yothin 24
塔宏猫清站 Phahon Yothin
樂拋站 Lat Phrao
Ha Yaek Lat Phrao
蒙奇站 Mo Chit
拉差當碧沙站 Ratchadaphisek
蘇迪參站 Sutthisan
惠恭王站 Huai Khwang
泰國文化中心站 Thailnd Culture Centre
帕藍9站 Phra Ram9
馬卡山站 Makkasan
Hua Mak
Ban Thap Chang
Latkrabang
Thung Song Hong
Nonthaburi Civic Center
Phra Nang klao Bridge
Yaek Nonthaburi 1
Bang Kraso
往 Khlong Bang Phai 站
Bang Khen
Wat Samian Nari
Ministry of Public Health
Yaek Tiwanon
Wong Sawang
Bang Son
Chatuchak
札都甲公園站 Chatuchak Park
島本站 Tao Poon
邦蘇站 Bang Sue
Wat Kien N28
Wat Khema
Wat Tuek N27
Pibul 1 N26
Rama 7 N24
往 Taling Chan 站
N25
Wat Soi Thong N23
Bang Po N22
Kiak Kai N21
Irrigation Dept. N19
Payap N18
Wat Thepnahree N17
Krung Thon Bridge N16
Bang Pho
Bang O
甘帕安碧站 Kamphaeng Phet
沙那拋站 Sanam Pao
山烹卡威站 Saphan Khwai
阿黎站 Ari
勝利紀念碑站 Victory Monument
Bang Phlat
N15 Thewet
Sirindhorn
N14 Rama 8 Bridge
Phra Pinklao Bridge N12
N13 Phra Arthit
Thonburi Railway N11
Wang Lang N10
Bang Khun Non
N9 Tha Chang
N8 Tha Tien
N7 Rajinee
N6 Memorial Bridge
Fai Chai
Bang Yi Khan
Prathunam
Ratchaprarop
Ratchathewi
奇隆站 Chit Lom
菲隆奇站 Phloen Chit
那那站 Nana
阿索克站 Asok
蘇坤蔚站 Sukhumvit
碧差汶里站 Phetchaburi
Wat Maichonglom
Klongton Bridge
Cham Issara
Bardon Mosque
蘇汪那蓬機場 Suvarnabhumi Airport
帕亞泰站 Phaya Thai
Hau Chang Bridge
Witthayu Bridge
Phanfah Leelas Bridge
Bo Bae
拉差裡威站
Ratchathewi
Chareanphol
Ban Krua Nua
Chit Lom
Asoke
Itakhai Prasarnmitr
International School
Ramkhamheang
國立體育館站 National Stadium
暹邏站 Siam
Charan 13
Ratchawong N5
Sam Yot
Wat Mangkon
沙拉當站 Sala Daeng
Ratchadamari 拉差當梅站
席隆站 Silom
阿索克站 Asok
蘇坤蔚站 Sukhumvit
Phrom Phong 澎蓬站
東羅站 Thong Lo
伊卡邁站 Ekkamai
帕卡儂站 Phra Khanong
安努站 On Nut
班差站 Bang Chak
潘那威提站 Punnawithi
攸登薩站 Udom Suk
班那站 Bang Na
班里站 Bearing
三龍站 Samrong
Pu Chao
Chang Erawan
往 Kheha 站
Sanam Chai
Harbour Dept.
Hua Lamphong
Sam Yan 山燕站
Lumphini
倫披尼站 Lumphini
克隆托伊站 Khlong Toei
詩麗吉國際會議中心站 Queen Sirikit National Convention Centre
班哇站 Bang Wa
往 Lak Song 站
Bang Phai
Itsaraphap
Tha Phra
N3 Si Phraya
N2 Wat Muang Kae
N1 Oriental
鐘那席站 Chong Nongsi
聖路易 Saint Louis
Sathorn CEN
蘇叻沙克站 Surasak
瓦塔卡站 Wutthaka
Khlong San
Charoen Nakhon
恭吞汶里站 Krung Thon Buri
蕭披汶那站 Wongwian Yai
Pho Nimit 菩尼密站 Talat Phlu 塔拉浦站
沙潘塔辛站 Saphan Taksin

計程車

可由第1航廈8號櫃台、第2航廈出境大廳外搭計程車。由廊曼機場搭計程車前往市區,需付機場手續費50B、行李每件20B、大約2次高速公路過路費(各50~80B)和跳表費,總價約450~550B。

A1公車

可在第1航廈1樓6號門搭乘A1巴士,至捷運蒙奇站(BTS Mo Chit)下車,再轉搭地鐵或捷運前目的地。營運時間為6:15~0:30,每人車費30B,車程約20~30分鐘。

🌐donmueang.airportthai.co.th/service/transportation

機場快捷巴士
Airport LimoBus Express

機場於2015年底開設的服務,共有兩條路線。第一條「廊曼機場DON MUEANG—SILOM」路線經捷運席隆站、拉差當梅站、菲隆奇站,最後抵達Pratunam;第二條「廊曼機場DON MUEANG—KHAO SAN」路線則直達考山路。營運時間為09:00~24:00,每20~30分鐘一班。每人收費150B,車上提供免費Wifi。乘客可於第1航廈1樓的7號門和第2航廈1樓的14號門乘車。

🌐limobus.co.th/routes/

火車

廊曼火車站(Don Muang Railway Station)距機場約500公尺,旅客可由此搭乘火車前往華藍蓬火車站(Hualamphong Station),再轉乘地鐵前往目的地。

曼谷市區交通

就算完全看不懂泰文,在曼谷移動也一點都不用擔心。因為在這個國際觀光都市,一般觀光客常利用的捷運(空鐵)、地鐵和昭披耶河遊船等都有清楚的英文名稱標示,便宜的計程車也很方便搭乘。

曼谷的交通方式大致單純;靠近新市區的方向,有捷運BTS和地鐵MRT貫穿,濱河的老城區則有昭披耶河遊船連接。除了以上幾項對觀光客來說比較容易的大眾交通工具,方便又划算的彩色計程車、嘟嘟車、摩托計程車,以及公車、市區運河等,也可以視情況使用。

陸路

在市區通行,捷運和地鐵是最方便的選擇,但要提醒的是,由於捷運和地鐵分屬不同公司管理,地鐵和捷運的票卡並不通用,除非確定當天行程只搭捷運或地鐵,不然請評估路程遠近與車資,買一日票不見得會比較划算。

捷運BTS
特色

BTS是Bangkok Mass Transit System的簡稱,一般用捷運或空鐵(Sky Train)來稱呼軌道橫跨空中的BTS(本書皆稱捷運)。

捷運有兩條路線:席隆線(Silom Line)和蘇坤蔚線(Sukhumvit Line),分別沿著曼谷最熱鬧的兩條主要道路席隆路和蘇坤蔚路延伸,一路經過的莎拉當(Sala Daeng)、暹邏(Siam)、奇隆(Chit Lom)、阿索克(Asok)等各站都是曼谷最熱鬧的市中心。

路線

現在共有兩條路線,席隆線以藍綠色標示,蘇坤蔚線以草綠色標示。

票價

單程票17~62。另有特惠票券:

◎**捷運1日券(BTS One-Day-Pass)**

在當日能無限次搭乘席隆線(綠線),價格150B。

◎**兔子卡(Rabbit Card)**

目前可以在BTS和部分店家、餐廳及超市使用。依身分可分為成人、學生、長者票3種(學生長者只有泰國人才能買)。票卡200B,包含100B手續費和100B儲值金額。如今兔子卡已實名制,無論是櫃檯買卡或是線上平台買卡,都需提供護照完成身分登記才能儲值使用。

兔子卡可以在BTS票務中心加值,可選擇儲值金額或儲值次數,或者同時儲值金額和次數。票卡使用期限為5年。加值金額時,每次最少加值100B,最多4,000B,儲值金效期為最後一次加值後2年。兔子卡在首次搭乘後30天內有效,亦需於加值後45天內使用完畢。

總站數

席隆線共14站、蘇坤蔚線共48站

起站與終站

以中間交會站暹邏站(Siam)為中心,席隆線從班哇站(Bang Wa)至國立體育館站(National Stadium),蘇坤蔚線從Khu Khot站至Kheha站。

運行時間

約05:15~00:51,班哇站末班發車23:35、國立體育館站末班發車00:13、Khu Khot站末班發車23:30、Kheha站23:15。

全線行駛時間

席隆線23分、蘇坤蔚線為60分

重要轉運站

◎**暹邏站(Siam)**:席隆線和蘇坤蔚線可在此轉搭,不需出站。

◎**蒙奇站(Mo Chit)**:可轉搭地鐵恰圖恰公園站(Chatuchak Park)。

◎**阿索克站(Asok)**:可轉搭地鐵蘇坤蔚站(Sukhumvit)。

◎**莎拉當站(Sala Daeng)**：可轉搭地鐵席隆站(Silom)。

◎**帕亞泰站(Phaya Thai)**：可轉搭機場快線的帕亞泰站(Phaya Thai)，抵達蘇汪納蓬國際機場。

捷運網址
www.bts.co.th

地鐵MRT
特色
　　和捷運不同，地鐵是曼谷的地下鐵路線，車站和路線都位於地底，藍線第一階段「華藍蓬站—邦蘇站」完工於1999年，以半環狀之姿連接起BTS範圍未達的曼谷市區，停靠的車站當中，除了觀光客會前往的區域，也不乏當地辦公通勤的車站，也經過像札都甲週末市集、蘇坤蔚站等熱鬧地方。

曼谷搭車乘船一點就通！

部分捷運車站的距離可以步行遊逛
捷運奇隆站到暹邏站之間有人行天橋連通，一路還有連接步道通往各大百貨商場，步行時間約在15分左右。暹邏站到國立體育館站步行距離約10分，拉差當梅站離奇隆站也不遠。

捷運車站裡沒有洗手間
和台灣不同，不論是捷運或地鐵站內都沒有洗手間，記得出門前先去趟廁所，至於觀光景點和各大百貨公司大部分都有。

出了車站後沒有週邊地圖
尤其是捷運站，走出車站出口後大部分沒有地圖可以參考週邊位置，因此記得在出站前確定好步行方向。

一日券不一定比較划算
考慮到一日券無法和其他交通線互通使用，能拜訪的景點有限等因素，購買一日券不一定會比較划算。

昭披耶河船可於捷運沙潘塔克辛站轉乘
昭披耶河遊船和捷運線的交會點在捷運席隆線沙潘塔克辛站，走出沙潘塔克辛站就可以抵達乘船碼頭，可以從這邊開始你的遊船之旅。

捷運、地鐵和機場快線都是分開的系統
捷運、地鐵和機場快線的車站都不互通，雖然有幾個轉乘點，但都需要出站後再走至另外一個車站搭車，車票目前也無法通用。

捷運站其實很好逛
泰國捷運站其實很好逛，尤其是重要轉運站，票口外的店家數多、提供的服務也各異。許多客流量大的車站都設有簡單的咖啡店、麵包店或果汁吧，再大型一些如暹邏站(Siam)周邊還有旅行社、Super Rich匯兌所等等，非常方便。若是捷運和購物中心相連，旅客一出捷運站就可以一路從站內逛到商場。

捷運站服務窗口不賣單程票
曼谷的捷運(BTS)站窗口不賣單程票，只提供兌換零錢和其他票卡的購買及加值服務。因此如果想買單程票，身上也有足夠的零錢，直接到自動售票機買票就好了。

捷運出口是攤販和轉乘交通工具的集中地
因為這裡是人潮流動最密集的地方，所以早中晚都會有不同的攤販和小吃出沒，計程車、摩托計程車、嘟嘟車等各種交通工具也都會不分日夜的集中在這裡。

3~4人的話搭計程車較划算
計程車起跳35B，如果有3~4人一同分擔，比大家一起搭捷運或公車都要來得方便又划算。

曼谷市區常常大塞車
當地人說曼谷總是從早塞到晚，尤其在上下班時間更是嚴重。尤其是下班的17:00~19:00，如果搭計程車，原本15分可到的距離可能要花上1小時。叫車時可以稍微衡量一下交通狀況。如遇上雨天，無論是計程車或Grab都不好叫，若事前已知隔天需趕行程(像是坐飛機)，建議提前預約車子。

　　2009年開始地鐵藍線的延伸計畫，工程分為兩個階段「華藍蓬站—Lak Song站」和「邦蘇站—Tha Phra站」以形成一個環狀線。這兩段分別於2019年9月及2020年3月正式通車。

路線
　　目前有4條路線：地鐵藍線、地鐵紫線、地鐵黃線以及地鐵粉紅線，其中黃線和粉紅線由BTS公司運營。

票價
　　單程票17B~43B。地鐵儲值卡(MRT Stored Value Card)首次購買180B，內含50B押金及30B手續費。若搭乘地鐵次數不多，也可直接使用信用卡刷卡進站。需要留意的是，只有地鐵黃線和粉紅線可以使用兔子卡搭乘。

總站數
藍線共38站，紫線共16站

起站與終站
　　藍線為華藍蓬站(Hua Lamphong)至邦蘇站(Bang Sue)、龍蓮寺站(Wat Mangkon)到Lak Song站以及邦蘇站到Tha Phra站，紫線為Khlong Bangphai站到島本站(Tao Poon)。

運行時間
藍線全天06:00~24:00；紫線平日05:30~24:00、假日06:00~24:00

全線行駛時間
藍線行駛時間約1小時15分
紫線行駛時間約30分

重要轉運站
◎**華藍蓬站(Hua Lamphong)**：步行可抵鐵路交通樞紐華藍蓬火車站(Hua Lamphong Railway Station)。

◎**席隆站(Silom)**：可轉搭捷運莎拉當站(Sala Daeng)。

◎**蘇坤蔚站(Sukhumvit)**：可轉搭捷運阿索克站(Asok)。

◎**碧差汶里站(Phetchaburi)**：可轉搭機場快線的馬卡山站(Makkasan)，抵達蘇汪納蓬國際機場。

◎**恰圖恰公園站(Chatuchak Park)**：可轉搭捷運蒙奇站(Mo Chit)。

地鐵網址

metro.bemplc.co.th/MRT-System-Map?lang=en

地鐵安檢

地鐵線在所有車站的入口處都設有安檢門，需要通過檢查才能進入車站搭車。如果通過時安檢門有反應也不用緊張，只要把身上的背包打開給檢查人員過目即可，不會被特別刁難。

市區公車

在曼谷市區有著四通八達的公車路線，不過因為大部分的停靠站都沒有英文標示，而且站牌上寫的公車編號也不一定會停靠，搭乘的不確定性較高，如果想要搭乘，除了到當地買（或索取）一份公車路線圖外，別忘了再找附近的旅遊資訊中心或是正在等車的當地人問看看。網路地圖如Google Map也會有部分公車路線的資訊。

公車的計費方式，依照冷氣有無、路線長短、是否經過收費道路等有所不同，上車之後車掌會搖著白鐵的圓錢筒問你要前往的地點，依照他說的票價直接付錢給他買票即可；公車價錢約8B~25B。下車時，一般車掌或其他乘客都會特別提醒你，也可以自行按鈴下車。

另外，曼谷市區公車基本上分為沒有空調的一般巴士和有空調的公車，可以車體顏色分辨：

◎無空調巴士

包括紅色車身印有奶油色帶、上藍下白色車身，以及粉紅色、橘色、綠色車體。

◎有空調的巴士

像是藍色車身中央印有黃色帶、上藍下白但中央有黃色帶、銘黃車身印有橘色帶、黃色車身等。

搭乘公車最方便的路線是由拷桑路進入市區，例如由拷桑路到暹邏站一帶的MBK，冷氣公車約14B，塞車不嚴重的話20~30分可抵，相當划算。

曼谷各主要巴士站的交通方式

如果想由曼谷前往其他地區，可以選擇至各大巴士總站搭乘巴士或小巴(minivan)，曼谷的巴士總站包括北、東、南、舊南線巴士站等，營運時間為**5:00~21:00**，以下為前往各大車站的交通方式：

曼谷北線巴士總站

曼谷北線巴士總站Bangkok Bus Terminal (Chatuchak)，簡稱為**Mo Chit 2**。
🚇地鐵札都甲公園站(Chatuchak Park)或捷運蒙奇站(Mo Chit)下，轉乘計程車或摩托計程車前往

曼谷東線巴士總站

曼谷東線巴士總站Bangkok Bus Terminal (Ekkamai)，簡稱**Ekkamai**。
🚇捷運蘇坤蔚線伊卡邁站(Ekkamai)2號出口旁

曼谷舊南線巴士總站

曼谷舊南線巴士總站Bangkok Bus Terminal (Pinklao)，簡稱**Sai Tai Kao**。
🚇地鐵藍線Bang Yi Khan站下，轉乘計程車前往

曼谷南線巴士總站

曼谷南線巴士總站Bangkok Bus Terminal (Borommaratchachonnani Rd上的SC Plaza裡)，簡稱**Sai Tai Mai**。
🚇地鐵藍線Bang Yi Khan站下，轉乘計程車前往

時間

一般公車約5:00~23:00，部分公車全天候都有運行(All day all night)

公車網址

www.bmta.co.th/en/index.php

計程車

曼谷市區計程車色彩繽紛，都以跳表計價，1公里內35B 起跳，之後為價格分段收費，每公里6.5B起。由於曼谷塞車狀況很嚴重，故遇交通堵塞到讓計程車無法維持時速6公里，則以每分鐘3B計價。

若為無線電叫車，需另付20B服務費(機場叫車則需另付50B)，同樣的，車行路線必須加上高速公路時，過路費同樣遊乘客負擔。此外，2010年起，曼谷計程車開始安裝收據機，但比例非常少，如果需要單據報帳，得碰運氣。

為避免發生爭議，提醒大家上車前詢問司機是否為跳表計價，並確認司機是否開始按表計費。另外，為避免計程車司機不清楚目的地，搭乘前最好先準備好目的地的泰文地址，或請飯店人員代為叫車、和司機確認地點。如果司機真的找不到路，也可直接撥打欲前往之店家或飯店的電話，請對方人員與司機溝通。

此外，除了傳統的計程車，也可以選擇使用「Grab」的手機叫車服務，使用手機APP叫車，可以事先設定好行程的起／終點，了解大致價格，雖然會比路上攔車貴一些些，但不怕被亂喊價、也不擔心司機繞路。

Grab：www.grab.com/th/en

嘟嘟車Tuk Tuk

看起來有點像摩托車改裝的嘟嘟車大概是最有東南亞風情的交通工具了，一般一車可載2~4人。嘟嘟車沒有跳表，所以一開始就要和司機講好價錢。最低價格約50B起跳，一般不太可能超過200B。以這樣的價格來看，有時坐計程車還比嘟嘟車划算。

在講價時，記得要把是1個人或是所有人的價錢溝通清楚，以免不必要的誤會。

網路上關於搭乘嘟嘟車被騙的例子很多，記得不要理會嘟嘟車說要帶你去什麼限定商店或是景點沒開之類的話，一旦講定價錢和目的地之後，大部分嘟嘟車司機都還是守信的，可以安心體驗搭乘嘟嘟車的獨特風味。

摩托計程車

摩托計程車的司機大多聚集在捷運車站出口處，身上穿著亮色的背心，很好辨認。這些摩托車提供最短程的載客服務，一般距離不會超過3公里，常能看到上下班時間搭車的當地人。搭乘摩托計程車需議價，說好目的地後司機會開出價格，大約在20~40B。

昭披耶河遊船 Chao Phraya Express Boat

PAK KRED — **N 33**

WAT KLANG KRET — **N 32**

BAAN PAK TIWANON — **N 31/1**

MINISTRY OF COMMERCE — **N 31**

Phra Nang Klao Bridge Ⓜ (地鐵紫線Phra Nang Klao Bridge站) — ★

NONTHABURI (PIBUL 3) — **N 30**

RAMA V

N 29/1

WAT KIEN — **N 28**

WAT TUEK — **N 27**

N 26 — WAT KHWMA

RAMA VII — **N 24**

N 23 — WAT SOI THONG

Bang Pho Ⓜ (地鐵藍線Bang Pho站) — **N 22**

KIAK KAI (Wat Kaew Fah Chulamanee) — **N 21**

Kiew Kai Ka *停靠班次不定，詳見實際時間表 — **N 20**

Royal Irrigation Department *停靠班次不定，詳見實際時間表 — **N 19**

PAYAP — **N 18**

N 16

KRUNG THON BRIDGF (SUNG Hi)

捷運金線 Charoen Nakhon站
BTS

★ **ICONSIAM**

中央碼頭
Sathorn

Asiatique 河畔夜市 ★

捷運席隆線 Saphan Taksin站
BTS

Ratchawongse **N 5**

中國城

地鐵藍線 Wat Mangkon站
Ⓜ

Rajinee **N 7**

地鐵藍線 Sanam Chai站
Ⓜ

帕空花市

14

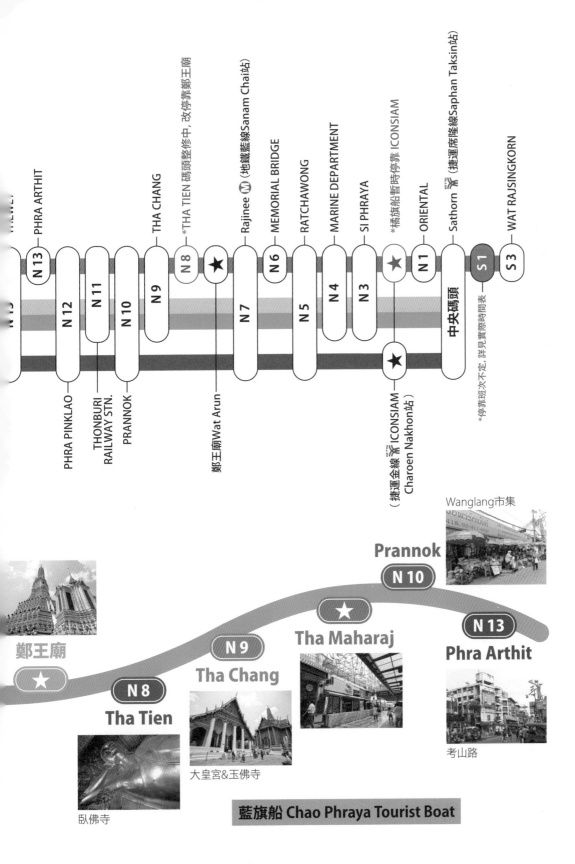

PHRA ARTHIT N 13

PHRA PINKLAO N 12

THONBURI RAILWAY STN. N 11

PRANNOK N 10

THA CHANG N 9

*THA TIEN 碼頭整修中，改停靠鄭王廟 N 8

鄭王廟 Wat Arun ★

Rajinee Ⓜ (地鐵藍線 Sanam Chai 站) N 7

MEMORIAL BRIDGE N 6

RATCHAWONG N 5

MARINE DEPARTMENT N 4

SI PHRAYA N 3

*橘旗船暫時停靠 ICONSIAM ★
（捷運金線🚈 ICONSIAM Charoen Nakhon 站）

ORIENTAL N 1

Sathorn 🚈（捷運席隆線 Saphan Taksin 站）
中央碼頭

S 1
*停靠班次不定，詳見實際時間表

WAT RAJSINGKORN S 3

Wanglang 市集

Prannok
N 10

★
Tha Maharaj

N 9
Tha Chang

N 13
Phra Arthit
考山路

N 8
Tha Tien

鄭王廟 ★

大皇宮&玉佛寺

臥佛寺

藍旗船 Chao Phraya Tourist Boat

水路

昭披耶河遊船沿著昭披耶河而下，一路經過大皇宮、臥佛寺、鄭王寺等饒富泰國色彩的歷史景點，搭船可以窺見和捷運經過之處完全不同的傳統風景，也更方便前往背包客天堂考山路。

昭披耶河遊船
Chao Phraya Express Boat

南北沿河的主要路線依照船種不同，共分為5種：

票價

依船種和距離而不同，橘旗船16B、黃旗船21B、綠旗船14~33B；而藍旗船單程60B，另有觀光一日票200B，持此票在藍旗船的營業時間過後也可以任搭其他的船。

全線行駛時間

依船種路線各有不同，請參考下方路線表

重要碼頭

中央碼頭Central Pier(Sathorn)、N1 Oriental(整修中)、N5 Ratchawong、N8 Tha Tien、N9 Tha Chang、N13 Phra Arthit、N15 Thewet。

如何買票

觀光一日票可在中央碼頭Central Pier的售票櫃檯購買，憑這張票可以自由上下船。其他單程票可以在售票櫃檯購買，或上船後再直接跟拿著白鐵零錢筒的收票員買票。

Chao Phraya Express
🌐www.chaophrayaexpressboat.com/en/home
藍旗船Chao Phraya Tourist Boat
🌐(上網購票有優惠)chaophrayatouristboat.com/
南北沿河的主要路線依照船種不同，共分為4種(路線圖見P.14~15)

其他遊船
水上計程船 Reua Haang Yao
◎每小時約1,500B起
◎出租性質的長尾船，可以依客人指定的行程和時間，帶你沿河到想去的地方，船本身也很有味道。
◎在River City、N3 Si Phraya、N9 Tha Chang等碼頭有櫃檯可以詢問和搭乘。
市區運河交通船
連接考山路一帶的Panfa橋、水門市場、那那、阿索克和東羅等地的運河交通船，低調的橫跨市區，是泰國當地人的通勤工具，票價約10~30B。
飯店專屬客船
昭披耶河沿岸的大型飯店，如東方文華、半島等，都有自己的渡輪往返運站，或安排每天遊河行程，供房客參加。這類客船造型典雅獨特，極富泰國古典味道，上面標示有飯店名稱或旗幟，僅限飯店住客或用餐的客人搭乘。

船種	特色	停靠碼頭	時間
藍旗船 Chao Phraya Tourist Boat	觀光船，附英文導覽	停靠中央碼頭、特殊碼頭River City、特殊碼頭Lhong 1919、N5 Ratchawong、特殊碼頭Wat Arun、特殊碼頭Maharaj、N13 Phra Arthit、特殊碼頭Asiatique	Central Pier往N13：9:00~19:15；N13往Central Pier：8:30~18:30。另Central Pier往Asiatique：16:00~19:00(約30分鐘一班)
橘旗船	停靠最多碼頭的船	S3~N30，重要的有中央碼頭、N1 Oriental、N9 Tha Chang、N15 Thewet。	週一至週五6:00~18:10 (約15~25分鐘一班)
綠旗船	唯一有停靠N31~N33碼頭的船	Central Pier~N33(沒有全停)，重要的有中央碼頭、N9 Tha Chang、N15 Thewet。N31~N33各站皆停	週一至週五Central Pier~N33：15:50~17:45(約20~25分鐘一班)；N33~Central Pier：6:00~7:50(約20~30分鐘一班)
黃旗船	行經路段長，但停靠碼頭很少的通勤船	Central Pier~N30(沒有全停)，重要的有中央碼頭、N5 Ratchawong、N15 Thewet	週一至週五Central Pier~N30：17:10~19:05(15~20分鐘一班)；N30~Central Pier：6:00~8:10(15~25分鐘一班)

達人帶路
搭捷運+地鐵
五天暢玩經典曼谷

如果有5天的時間在曼谷，要怎樣玩才算盡興！？血拼購物絕對不能少、按摩Spa也是一定要做，還有到經典廟宇名勝朝聖、感受曼谷最In的設計創意、品嘗正統泰國菜、欣賞城市迷人夜景、到夜店或酒吧High整晚…這些行程MOOK都幫你安排好了，只要你跟著我們走，一定可以完成一趟完美的曼谷小旅行。

文／墨刻編輯部　攝影／墨刻攝影組

第1天 天氣晴。感受暹邏藝文魅力。

Start 搭乘BTS席隆線至國立體育館站 1號出口下,步行約3分

Jim Thompson House Museum

趁著百貨還沒開,先到泰絲大王金湯普森的家裡坐坐吧。在綠蔭圍繞的典雅老宅裡聽著他的傳奇故事,房內的藝術品和裝潢都很有意思。

步行約10分

曼谷藝術文化中心

造型現代的純白建築裡有許多有趣的當代展覽,還有不少學生帶著紙筆或筆電,正在咖啡店裡討論功課呢!裡頭的小店可以挑選到比較特別的商品。

杜莎夫人蠟像館

用完餐可以來到位於Siam Discovery 6樓的杜莎夫人蠟像館,跟國際巨星拍照,並跟美國總統歐巴馬一起辦公。

步行約3~5分

步行約3~5分

MBK

深受年輕人歡迎的平價商場MBK,這裡有超過2,000家店鋪,除了有柚木傢俱、本土雜貨,還有1家超市,好買好逛。

步行1分

暹邏商圈

這裡有Siam Center、Siam Discovery和Siam Paragon共同組成的百貨商圈,再加上Siam Square巷弄間的各個特色小店,及2014年開幕的Siam Square One,每個人都能在這裡找到喜歡的風格。

搭乘BTS席隆線至沙潘塔克辛站2號出口下,再步行至中央碼頭搭乘免費接駁船

Asiatique河畔夜市

曼谷最大的夜市,裡頭以老貨倉的型式分成10個區域,可逛可買又有美食可品嘗,還能乘坐摩天輪,或著隨處找一處酒吧小歇,享受夜晚涼風。

搭乘免費接駁船在中央碼頭下船,再步行約10分

Sirocco

lebua at State Tower 63樓的Sirocco夜景超棒,這裡可是電影《醉後大丈夫2》拍攝場景,如果晚上不覺得累,不妨在這裡點杯飲料,感受曼谷璀璨的夜色。

第2天 天氣晴。向四面佛參拜許願。

Start 搭乘BTS蘇坤蔚線至奇隆站1號出口下，步行約15~18分

水門市場
水門市場是曼谷最大的外銷成衣市場，價廉物美，也深受跑單幫客的喜愛。

步行約3分

洪大哥水門雞飯（總店）
水門市場附近的老字號店家。聽說是許多曼谷計程車司機都知道的店，米飯的口感和厲害的沾醬，令人吮指回味。

四面佛
曼谷最有名的四面佛就位在熱鬧的百貨區中，成堆鮮花簇擁著金光閃閃的佛像，一整天都有前來參拜的民眾，據說很靈驗。

步行約5分

步行約10分

CentralWorld
全東南亞最大的複合式商場Central World光鮮亮麗，和ZEN、伊勢丹百貨相連。逛不夠的話，Central Chidlom、Gayson、Amarin Plaza和Mercury Ville等商場也全都在奇隆站的步行範圍。

步行約2分

星巴克 Langsuan
傳統的泰式民居為建築主題，擺放農村散發風情的攝影作品，在這裡消費用咖啡，還能回饋10B給泰北山區的咖啡農。

搭乘BTS蘇坤蔚線至阿索克站1號出口下，步行約1分

Terminal 21
這家商場的設計以國際機場和航站為概念，來這裡不僅要忙著購物，更要跟各層漂亮的特色建築或裝置藝術拍照。

搭乘BTS蘇坤蔚線至東羅站3號出口或伊卡邁站1號出口，皆步行約15~20分

時尚夜店區
東羅和伊卡邁站一帶是曼谷新興的夜店區，幾間Bar沿路而開，也有很不錯的現場演唱，唱的是泰文歌和英文歌。

第3天　晴轉多雲。週末市集的瘋狂血拚。

搭乘地鐵至甘帕安碧站2號出口下，出站即達

Start

札都甲週末市集

到曼谷怎能錯過這個半露天、超精采的週末市集？狹長的走道兩旁有從設計T到家具、種類五花八門的有趣玩意兒，肚子餓了也有不少小吃攤喔。如果逛完還捨不得回家，晚上也可以繼續前往附近的札都甲綠色市集。

視飯店位置而定

回飯店休息放貨

在週末市集廝殺了一個白天，這個放貨的動作有其絕對必要性。小憩一下後再繼續下一個行程。

視Spa位置而定

做泰式按摩

瘋狂血拚也是會累的，回飯店後可以直接待在飯店，或到別的地方做做按摩或Spa！

搭乘地鐵至惠宮王站4號出口，步行約1分鐘

24小時象神廟

當地許多人在傍晚之後，會帶著鮮花、香燭來求財、求名；特別是要帶著甜食來供奉象神旁的小老鼠，並且摸摸牠，請牠先替你傳達願望。

搭乘地鐵到泰國文化中心站3號出口，步行約5分鐘

新拉差達火車夜市

近幾年超夯的火車夜市同樣不能錯過！2022年於原址重新開張的The One Ratchada，佔地遼闊、白色棚頂整集劃一，散發著文青風！

第4天　多雲時晴。曼谷水岸的浪漫遊行。

Start 搭乘地鐵至華藍蓬站1號出口下，或搭乘昭披耶河遊船至5號碼頭下，皆約步行5~20分

中國城

　　轉進耀華力路就到了中國城的範圍，一路上的中文招牌讓人倍感親切，來這邊可以嘗嘗便宜的路邊小吃，或買買零食、乾貨或伴手禮。

搭乘地鐵至莎南蔡站2出口，或搭乘昭披耶河遊船至8號碼頭下，步行約3~5分

步行約12~15分

臥佛寺

　　逛完熱鬧的中國城，再來看看全泰國最大的廟宇——臥佛寺，欣賞完後，還可以到臥佛寺按摩學校做正統的泰式按摩，也順便躲太陽。

大皇宮

　　過去神秘的皇家居所，可以看見華麗的皇室建築，聽聽泰國皇室的故事，並欣賞曼谷有名的玉佛。

步行約5~8分

搭乘昭披耶河遊船至13號碼頭下，步行約5~10分

瑪哈拉碼頭

　　逛過臥佛寺、大皇宮之後，不妨到瑪哈拉碼頭稍作休息。這個2015年開幕的景點，進駐了人氣甜點店After You、Savoey海鮮餐廳，週末還有創意小市集和活動表演，好吃好逛又好玩！

拷桑路

　　傍晚來到背包客的天堂——拷桑路，這裡集合了各種便宜的餐廳、旅館，路邊各種攤販小店也值得邊逛邊買，也可找間超High的夜店、酒吧，歡度一整晚！

21

第5天　涼天氣晴。泰式文青的創意進行式。

Start 搭乘BTS蘇坤蔚線至阿黎站3號出口下，步行約3~5分

阿黎巷

阿黎巷是被譽為曼谷的「文青區」，小巷內有不少有創意的特色小店或餐廳，一早就先來這裡尋寶吧。

搭乘BTS蘇坤蔚線至澎蓬站2號出口下，從空橋可直達商場

Emquartier、Emporium和Another Story

到2015年才開幕的Emquartier逛街吃美食，所有人氣餐廳都集中在The Helix區的6到9樓中；建議到其中的Another Story參觀，這裡有富特色的設計品牌，並設置解說牌，述說設計師與人之間的連結。

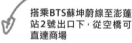

搭乘BTS蘇坤蔚線至奇隆站1號出口下，步行約6~10分

Big C補貨

因為價格便宜、商品種類又齊全，Big C一直是大家買伴手禮的好地方。回家之前，來這裡把大包裝零食、泰式料理包、泡麵、海苔通通帶回家！

曼谷購物中心圖鑑
逛街逛Mall都好買

到泰國血拼，購物中心絕對是不可錯過的目的地之一，各大商場有得逛、有得買、有得吃、有得喝，有些甚至還有娛樂表演。旅客可以前往各大百貨瘋狂掃貨，也可以前往各種國際、本土餐廳享用美食，或單純欣賞泰國人的無限創意，融入在地氣氛。

BTS Charoen Nakhon站
ICONSIAM

ICONSIAM是亞洲最大的購物中心之一，不只集齊世界各大精品名牌，也進駐了許多泰國首家旗艦店，還規劃了室內水上市集SOOKSIAM，讓訪客可以全方位體驗真正的「泰味」。(詳見P.79)

INFO
🚇Charoen Nakhon站2號、3號出口即達，或從中央碼頭搭乘免費接駁船 📍299 Soi Charoen Nakhon 5 ☎024957000 🕐10:00~22:00 🅿可 🌐www.iconsiam.com/en

BTS暹羅站
暹羅商圈Siam Square

Siam Square的氣氛很像是台北的西門町，是暹羅站南側、MBK購物中心以東、包含Siam Square One和Centerpoint Siam Square等購物中心在內的這一大片區域，向來是當地年輕人最愛逛的商圈。(詳見P.40)

INFO
🚇暹羅站2、4或6號出口，出站即達 📍Phayathai Rd.以東、Rama 1 Rd.以南的行人徒步區域

BTS暹羅站
Siam Square One

Siam Square One是暹羅廣場上相當新潮的購物中心，橫跨3幢大樓，不規則的建築本身就非常吸睛，商場特殊的動線串聯起眾多餐廳、咖啡廳、服飾店、精品店、創意小鋪等。(詳見P.42)

INFO
🚇暹羅站4號出口，出站即達 📍388 Rama I Rd, Pathum Wan ☎022559994 🕐10:00~22:00(各店不一)

BTS暹羅站
Siam Discovery

Siam Discovery的最大特色是不以品牌做為空間的主要分隔方式，而是將不同品牌的同類型商品陳列在一起，不可錯過的還有位於4樓的杜莎夫人蠟像館等。(詳見P.44)

INFO
🚇暹羅站1號出口步行約1~2分鐘 📍989 Rama 1 Rd. ☎026581000 🕐10:00~21:00 🌐www.siamdiscovery.co.th

BTS暹羅站
Siam Paragon

入口以仿造鑽石精緻切割面的16公尺高玻璃帷幕迎接遊客，分成Shopping Complex和Paragon Department Store兩大區，地下層還有亞洲最大都會水族館──曼谷海洋世界（Sea Life Bangkok Ocean World）。(詳見P.46)

INFO
🚇暹羅站3或5號出口，從空橋可直達商場 📍991 Rama 1Rd., Pathumwan ☎026108000 🕐10:00~22:00 🅿可 🌐www.siamparagon.co.th

BTS暹羅站
Siam Center

Siam Center是泰國第一家購物中心，透過BTS空橋與Siam Paragon、Siam Discovery連成一氣，每天下班後與週末假日總是集結不少遊客在商場裡閒逛。(詳見P.48)

INFO
🚇暹羅站1號出口，從空橋可直達商場 📍979 Rama 1 Rd. ☎026581000 🕐10:00~22:00 🅿可 🌐www.siamcenter.co.th

BTS澎蓬站
Emquartier

Emquartier百貨共由3棟造型設計新穎的建築構成，分別為The Waterfall、The Glass和The Helix，各有不同的定位主題，其中The Helix的6~9樓為美食餐廳區，該區設計成迴旋走道，慢慢往上或往下走就能覽盡所有餐廳，而且每間店鋪的設計也都很有特色。(詳見P.122)

INFO
🚇澎蓬站1號出口，出站即達 📍695 Sukhumvit Road ☎022691000 🕐10:00~22:00 🌐www.emquartier.co.th

BTS阿索克站／MRT蘇坤蔚站
Terminal 21

Terminal 21以國際機場和航站為設計概念，將每層樓手扶梯前的入口設計成登機門，過了登機門就能前往各樓層，而每個樓層又分別以世界著名城市為主題，整體的裝潢和布置都與這個城市的風情相關。(詳見P.112)

INFO
🚇阿索克站1號出口，或地鐵蘇坤蔚站3號出口，皆從空橋可直達商場 📍88 Sukhumvit Soi 19(Wattana) Sukhumvit Rd. ☎021080888 🕐10:00~22:00 🌐www.terminal21.co.th/asok/home/en

Gaysorn Village

商場空間從Lobby Level至3樓，共有5層樓，除了全球精品之外，3樓著重於生活家飾精品和泰國時尚設計品牌，而泰國Spa精品如THANN和Paňpuri在這裡也找得到。(詳見P.100)

INFO
🚇奇隆站先往1號出口方向(但不出站)，再沿空橋指標可直達商場 📍999 Ploenchit Rd. ☎026561149
10:00~20:00 💳可 🌐www.gaysornvillage.com

Central World

Central World面積將近17萬坪)，裡頭有超過500間店鋪，此外還有100間餐廳、大型超市、電影院、溜冰場。(詳見P.96)

INFO
🚇奇隆站先往1號出口方向(但不出站)，再沿空橋指標可直達商場 📍999/9 Rama 1 Rd. ☎026407000 ⏰
10:00~22:00 💳可 🌐www.centralworld.co.th

Central Chidlom

Central Chidlom是曼谷最受歡迎的百貨公司之一，最特別的在於提供「個人時尚造型服務」(Personal Shopper Service)，只要一通電話，就有專業的造型師給予客人最貼切的建議，而且完全免費！(詳見P.98)

INFO
🚇奇隆站5號出口，從空橋可直達商場 📍1027 Ploenchit Rd., Lumpini, Pathumwan ☎027937777 ⏰
10:00~22:00 💳可 🌐www.central.co.th

Central Embassy

被視為最奢華的貴婦百貨，Central Embassy中進駐了眾多國際精品品牌，包括Prada的旗艦店，另外大約有3成為首次進駐曼谷，也因此增添了更多元的時尚風采。(詳見P.104)

INFO
🚇菲隆奇站
1號出口步行約3~5分鐘 📍1031 Ploenchit Rd. ☎
021197777 ⏰10:00~22:00 💳可 🌐www.centralembassy.com

泰國美食圖鑑
泰中泰北都好吃

泰國美食是其觀光文化最精采的一環。相距700公里的曼谷與清邁,因為周邊環境的差異以及文化習俗的不同,即便有很多菜色重複性高,但口味各有千秋、各自精采。

簡單來說,曼谷因為鄰近海灣海鮮料理選擇自然多,椰漿使用量比較高,清邁則是草本香料和辛香料用的多,包括泰式檸檬葉(Kaffir Leaves)、香茅等,每種香料的氣味都很強烈,但清邁料理就是可以混搭的恰如其分,化成一道道美味佳餚。

桌上四大天王

在泰國吃粿條湯,湯頭不一定都嗆辣,且多半是清湯上場。桌上一般都擺有青辣椒、辣椒粉、辣椒水、糖,想吃多辣多甜自己決定。此外,泰國人習慣邊吃米線或粿條邊啃生菜,通常賣米線的攤商桌上一定免費提供各種生蔬,自行取用。

泰國料理太好吃,我也要學!

到泰國學泰國菜,有許多選擇,曼谷或清邁等城市的五星級飯店都有開設速成班,或可選擇專業的料理學校,課程從1小時~1日不等,價格也依課程內容而異。泰國菜首重食材與調味,如果時間允許,可以挑選有安排與老師前往市場的課程,不僅可以認識泰國香料和食材,也可經由老師的說明,回國料理時懂得選擇替代材料,延續烹調泰國菜的樂趣。

酸辣蝦湯Tom Yam Kung

酸辣蝦湯的味道好，口感層次多，香茅、薑、檸檬葉帶出基本口感，椰漿放不放，就見仁見智了。

蒸紅咖哩魚 Hom-Mok Pla

用香蘭葉或陶碗裝盛紅咖哩、魚肉、蔬菜一起蒸，味道香又美味。

蝦醬空心菜 Pad Bung Fai Dang

用泰國蝦醬大火拌炒的空心菜，是道簡單美味的家常料理。一般都會加紅辣椒一塊兒炒，怕辣的話記得先跟店家説。

冬粉沙拉Gai Yaang

魚露、檸檬汁、辣椒加上冬粉的涼菜，有些餐廳會另外加些海鮮，吸飽湯汁的冬粉香辣夠味。

咖哩Kaeng

綠咖哩、紅咖哩加上椰奶一起煮，主食材以肉類為多，像是綠咖哩雞 Kaeng Kaew Wan Kai。

咖哩螃蟹 Poo Phad Pong Karee

將螃蟹加上黃咖哩，再加入蛋，入口充滿咖哩香氣又有蟹肉的鮮味，光是咖哩醬汁就非常下飯，這道料理在不少餐廳都是招牌菜。

涼拌青木瓜Som Tam

這其實是東北料理，現今遍布全泰國，用木搗把青木瓜、番茄、辣椒、椰糖等調製。椰糖和辣椒可請店家斟酌。

柚子沙拉Yam-Som O

這道熱沙拉使用清爽的柚子拌進用椰奶、紅咖哩醬、辣油、糖混煮的醬料，加進蝦仁或雞絲，有些餐廳還會再加上烤過的椰絲或碎花生。

美食

燴炒粿條 Rad-nak

是用米粉或泰式粿條(Sen Yai)，加上芥藍菜、洋蔥、肉片加上蠔油拌炒，看起來有點像燴米粉、粿條。

炸魚餅Tod-Mann Pla

用咖哩、魚肉、檸檬葉等香料一起拌勻後去炸，香嫩可口。

泰式炒麵Pad Thai

庶民小吃，有的可以加個蛋、有些會用蛋皮作泰式炒麵蛋包。

涼拌海鮮 Yam Talay Ruam Mid

香菜、辣椒、檸檬汁、生菜加上新鮮的花枝、蝦子、魚肉片等各種海鮮，有些還會加進媽媽麵。華麗但也相當辣。

打拋肉Lab Muu

因為用一種名為Ka-pow的九層塔菜拌炒肉類，所以被翻譯為打拋肉，同樣是東北菜在全泰國發揚光大的典型範例。

炒酒鬼 Pad Kee Mao
這道菜餚，因為味道很辣，可以辣醒宿醉的人，所以別稱 Pad Kee Mao。

拌菜 Yam Ta Krai
這道拌菜包括花生、香茅、薑、辣椒、薄荷、炸蒜片等，口感絕佳。有些餐廳會把這些料鋪在炸魚上，蘸酸辣醬汁一起吃。

Miang Kam
葉子包著椰糖、薑、辣椒、椰絲、蝦米等一起吃，味道極佳。

醃豆腐湯麵 Yentafo
醃豆腐湯是用番茄醬或辣椒醬的腐乳醬熬製而成，所以呈現透明的粉色。麵條或粿條搭配上魚餅、魚丸、魚皮、餛飩、青菜，酸酸甜甜的滋味相當迷人。

泰式米粉湯 Kuay Tiew
最常見的路邊攤湯麵，湯頭味道多，可選擇雞蛋麵(Ba Mee)、寬版粿條(KuayTiew Sen Yai)、粿條(Sen Lek)、米粉(Sen Mee)。配料有豬、雞、炸餛飩、各種手工魚丸、蝦餃等可選擇，湯頭清澈有味。

泰式火鍋 Moo Krata
Moo Krata 在泰文是「平底鍋烤肉」的意思，結合了韓式銅盤烤肉與中式湯底火鍋的「燒烤火鍋」，吃得滿頭大汗時適合來一杯冰涼啤酒。

海南雞飯 Khao Man Kai、豬腳飯
明顯的中式料理遺風，泰式海南雞飯味道很淡，吃時加點沾醬正好。

海鮮 Seafood
無論是現烤大頭蝦、蒸魚或螃蟹料理等，在曼谷都以有機會享用便宜又新鮮的海產料理。

烤肉串 Muu Ping
常見的小吃之一，一串10B，配上糯米飯正好。

蝦醬飯 Khao Kruk Ka Pi
在曼谷河邊市集蠻常見的食物。

炸豬皮 Keab Moo
清邁特產，蝦球狀的炸豬皮比較肥厚、長條狀炸的比較乾。通常配青辣椒醬一起食用。

鳳梨烘飯 Khao Op Sapparot
正統作法是把飯塞進鳳梨裡蒸熟，讓米飯充分吸收鳳梨甜香，最後再加上蝦或肉鬆等配料。

生蝦 Kung Chae Nam Pla
新鮮蝦子配上辣椒和大蒜片，淋上檸檬調味的酸辣醬汁，蝦肉甘甜配上辛辣醬汁正對味。

米線 Kha Nom Jeen

米線看起來有點像雲南米線,最常見的是淋上咖哩或辛辣湯汁一起吃。

炸雞 Gai Tod

混著泰式香料一起炸得香酥脆口的雞翅,加上店家的特調辣醬,確實是日正當中的開胃點心,若想要吃飽,也可以配上糯米飯。

炸竹蟲 Rod Duan

清邁以竹為材的工藝品很多,料理也用得到竹筍,但在當地,不僅竹筍可食,竹筒可當成食器使用,生長在竹子裡的蟲子也是盤中飧。

無骨炸魚 Pla Rai Kang

清邁的無骨炸魚製作工續繁複,廚師得小心翼翼地將魚骨取出,將魚肉拌進香茅、蒜、胡椒、莞荽根、胡椒等辛香料後填回魚肚,再下油鍋炸。

咖哩麵 Khao Soi

以肉骨湯為底,加上咖哩醬調製的湯頭配上蛋麵(Ba Mee),上頭撒上炸得金黃香酥的麵條和蔥末,湯頭辛香濃郁。

青辣椒醬 Nam Prik Num

青辣椒醬是先將大、小青辣椒,加上蒜、紅蔥、小綠茄子等烤過再煮製到軟嫩後加上魚露、鹽、檸檬汁等調味,充滿辣椒纖維的青綠色辣椒醬。

粥 Jok、稀飯 Khao Tom

泰國的粥Jok就像廣東粥,看不到米粒、稀飯類似台灣鹹稀飯,看得見米粒。通常在粥上面會撒上炸過的米粉增加口感。

清邁香腸 Sai-ua

清邁香腸口味相當獨特,除了豬肉之外還加進辣椒、蔥等辛香菜,煎好切塊後搭配大蒜、花生、生菜一起食用。

沙嗲 Sa Te

清邁的沙嗲因為黃薑粉調味的關係,香氣更郁,除了沾花生醬,還會附上一碟酸辣小菜佐餐。

康托克餐 Khan Tok

康托克餐是清邁傳統用餐方式,Khan在泰文裡意指小碗裝的菜餚,toke是指矮圓桌,菜餚以泰北咖哩豬肉、炸豬皮等為主。

酸肉 Naem

發酵的豬肉,可以生食或加熱食用,通常會配上辣椒一起吃。

烤丸子、炸丸子 Look Chin Mu Tod

也是街頭常見小吃,各種丸子、熱狗串成一串串,或烤或炸,加上特調辣醬味道更好。

東北烤雞 Gai Yaang

將雞肉在辣椒調味的醬汁中充分醃漬後慢火烤成,有一定的辣度。另外一種叫做Muu Ping的路邊烤肉串則不太會辣。

椰子糕Kha Nom Chan

以椰漿為底，加進芋頭、蛋黃等材料，各種不同口味可挑。吃起來比娘惹糕多點口感。

糯米飯Kha Nom Tom

這是用糯米飯包上甜豆，一兩口就可以吃完，有些包裹香蕉或其他甜餡，有的就只是糯米飯糰。

糯米皮肉餡
Sa Kuu Sai Muu,
Khao Kiaw Pak Mor

一個是用糯米粉水皮包裹豬肉內餡，另一個則是像西米露的外皮，同樣包著豬肉的鹹甜點心，泰國人多半會混著油蔥、辣椒一起食用。

蛋黃椰絲小餅
Kha Nom Beung

這道點心在各個市集路邊攤都見得到，將麵糊烤成一層薄薄小圓餅，放上椰絲或蛋黃加糖的蛋絲，並將麵皮對折就完成了。

糯米椰糕
Kha Nom Kluay

撥開蕉葉是一個帶著淡紫色的糕點，主要材料是香蕉，掰開糕點，裡面塞著椰絲，味道很香。

甜點與飲料

蛋黃甜點
Thong Yib Thong Yod

金黃圓潤的小點心看來可口，主要是用蛋黃、糖製成，大部分形狀成橢圓，有的會作成花朵狀或是皇冠的樣子。

水果甜點
Luk Chop

這是泰國點心裡奪天工的一道，用糯米粉製成皮，包上去殼的綠豆沙餡，外觀做的就像同樣比例縮小的山竹、芭樂、辣椒、茄子等泰國蔬果，外層再裹上洋菜凍。

黃色米粿Kha Nom Tien

這鹹點心是用糯米製成，內餡包豬肉加上一些胡椒，用芭蕉葉或露兜樹葉包起來蒸熟食用。

香蕉椰子糕
Bah bin

帶著淺紫色的糕點是用椰絲混著香蕉，札實、香氣十足。

糯米甜點
Kanom Baan Haw、
Kanom Sang-Kaya

糯米飯上可加配上豬肉絲；或是一種以蛋和糖打勻蒸熟就像布丁一樣的甜食，放在糯米飯上食用。

油條 Pa Tong Koo

泰國油條比較短，口感厚實一些。通常搭配豆漿、咖啡一起吃，或是只沾香蘭葉醬、砂糖。

椰奶西米露小點 Sa Kuu Ka Ti

這是蒸過的小點心，白色部份是椰奶製作，下層是有點鹹香的玉米西米露的凍狀物，風味獨具。

芒果糯米飯 Khao Niew Ma Muang

最具代表性的泰國甜點，常在芒果產季出現。也有搭配榴槤一起食用的糯米飯。

香蕉煎餅

香Q的餅皮中包入香蕉，餅皮煎至焦香後，再淋上煉乳，吃起來每口都好甜蜜，也可以加入雞蛋或淋上巧克力醬等。

啤酒

泰國兩家大品牌，Singha和Chang是泰國銷量較高的酒精類飲品，後者口感較強烈，前者則外銷出口最多。

烤吐司

泰國人喜歡吃甜的烤吐司麵包當點心，簡單的白吐司加上糖、奶油或著咖椰醬、香蘭葉醬等抹醬，就足以讓人很滿足。

椰子冰淇淋

椰子冰淇淋撒上烤過的花生或其他配料，有些還會配上新鮮椰子果肉，吃進口中有滿滿的椰香，滋味很棒又消暑。

果汁、冰沙

熱帶國家水果產量豐，新鮮果汁到處都看得到，尤其炎熱的泰國，多了現打水果冰沙的消暑選擇。

草茶

泰國也有各式草茶，在夜市路邊攤都有大部份是解熱涼品，像是深綠色的Bai Bua Bok、淺褐色的Nam Ma Dum、深褐色的龍眼等。另外，像是紅到台灣的蝶豆花(Butterfly Pea，泰文發音Dok Anchan)茶，一般情況下是藍色，加入檸檬汁後就會變成紫色，也可以買蝶豆花回家自己泡茶。

泰式奶茶 Cha Yen、咖啡 Ka Fae

熱熱的紅褐色茶湯或咖啡加上煉乳、牛奶和很多冰塊，香甜好喝。

BTS捷運席隆線
BTS Silom Line

Data

起訖點：國立體育館站National Stadium←→班哇站Bang Wa
通車年份：1999.12.5
車站數：13站
營業時間：約5:30~00:24

席隆線縱貫拉差帕頌(Ratchaprasong)、席隆區(Silom)、帕蓬區(Patpong)、沙通區(Sathorn)，中段在沙拉當站(Sala Daeng)和地鐵席隆站(Silom)交會，並在暹羅站(Siam)與蘇坤蔚線(Sukhumvit)轉接。從沙潘塔克辛站(Saphan Taksin)可以前往中央碼頭轉搭遊船去大皇宮，也可以搭免費接駁船前往Asiatique夜市和位於河畔的各大飯店。
席隆線全線沿途都是購物商圈和美食餐廳，頂級飯店或平價旅館在這幾年也不斷進駐，其中以暹羅站因連接曼谷市區的大型百貨商場最為熱鬧，莎拉當站周邊則有不少特色餐廳或商店，時間有限的人，可以先以這兩站為重點。另外，曼谷最高樓「王權瑪哈納功大廈」就座落在鐘那席站(Chong Nonsi)旁。

暹羅站Siam

是席隆線(Silom line)和蘇坤蔚線(Sukhumvit Line)的交會轉運點，周邊更是購物一級戰區。

莎拉當站 Sala Daeng

周邊有席隆夜市、百貨公司和眾多公家商辦大樓，附近飯店和餐廳也很多。

P.40-49
Siam暹羅站
可在同站內轉搭BTS蘇坤蔚線

P.34-39

P.50-57

National Stadium
國立體育館站 W1

Bang Wa
班哇站 國

Ratchadamari
拉差當梅站 S1

Sala Daeng莎拉當站
可步行至MRT席隆站Silom
轉乘地鐵MRT線

Chong Nongsi鐘那席站
可在此轉搭BRT快捷巴士

Saint Louis
聖路易站 S4

Saphan Taksin
沙潘塔克辛站
可步行至中央碼頭 Sathorn
轉搭昭披耶耶河遊船

Surasak
蘇叻沙克站 S5

P.58-63

P.74-75

Wutthaka
瓦塔卡站 S11

Talat Phul
塔叻蒲站 S10

Wongwian Yai
旺儂安耶站

Pho Nimit
菩尼密站 S9

Krung Thon Buri
恭舌汶里站 S8

S6

P.68-73

國立體育館站 National Stadium

國立體育館站周邊景點最主要的就是Jim Thompson House Museum和曼谷藝術文化中心(BACC)，以及連接暹羅區尾端的購物商場MBK。此外這附近還有一條頗受當地人歡迎的美食街——Banthat Thong Rd.。

塔叻蒲站Talat Phlu

塔叻蒲市場一帶一直保留著很純正的泰國生活況味，受到鄰近水門寺大佛的加持，成了觀光客新的美食朝拜勝地。

沙潘塔克辛站 Saphan Taksin

中央碼頭(Central Pier，即沙吞碼頭Sathorn Pier)就在捷運席隆線的沙潘塔克辛站旁，旅客通常一搭捷運過來，就直奔碼頭搭船前往老城區，或是到Asiatique夜市購物去。

蘇叻沙克站Surasak

蘇叻沙克站距離Silom路後段的飯店和餐廳比較近，沿著Silom路往東走是印度廟，也可以一路散步到莎拉當站。

鐘那席站 Chong Nonsi

車站周邊不只有路邊攤，連站內的商店都跟著增加，讓人不出站也有得逛。

Stop by Stop零殘念精華路線推薦
達人帶你玩BTS捷運席隆線

國立體育館站
→ 1 曼谷藝術文化中心Bangkok Art & Culture Center（見P.36）
建議參觀時間：90~120分鐘
一個是純藝術展場聚合地，民眾在觀展之餘，還能以不同形式接觸藝術。

暹羅站
→ 2 暹羅商圈Siam Square （見P.40）
建議參觀時間：120分鐘
向來是當地年輕人最愛逛的商圈，經常可見穿著制服的學生、年輕上班族在此聚集穿梭。

鐘那席站
→ 4 王權瑪哈納功天空步道（見P.58） King Power Mahanakhon Skywalk
建議參觀時間：60分鐘
這幾年非常流行天空步道，而目前全泰國最高的王權瑪哈納功大樓（King Power Mahanakhon）頂樓的天空步道，驚嚇指數絕對可以稱冠群倫。

蘇叻沙寬站
→ 5 綜合市集 Baan Silom（見P.66）
建議參觀時間：60分鐘
僅3層樓高的Baan Silom，是一個寧靜、浪漫的歐式小角落，有著殖民風格的室外拱廊，是值得遊逛的看點。

參拉慶站
→ 3 The Commons Saladaeng （見P.50）
建議參觀時間：60分鐘
專為當地上班族闢建的美食中心，且提供多種當地與其他國家風情的美食選擇。

沙潘塔克辛站
→ 6 Asiatique河畔夜市（見P.68）
建議參觀時間：120分鐘
這裡以室內老貨倉的型式分成10個不同的貨倉區域，商品種類極為豐富，另有全泰最高的的摩天輪，讓人感受登高的浪漫。

零叻邊站
→ 7 水門寺Wat PaknamBhasicharoen（見P.74）
建議參觀時間：6110~90分鐘
位於昭披耶河畔的水門寺，是1610年大城王朝時期皇家所建的佛寺，在泰國向來頗具地位與影響力，目前因為金色大佛的完工，再度引起世人的矚目。

國立體育館站

運邏站

莎拉當站

鐘那席站

蘇叻沙克站

沙潘塔克辛站

塔叻蒲站

國立體育館站
National Stadium

① Reno Hotel

🚇國立體育館站1號出口，步行5~8分鐘 🏠40 Kasem San 1 Alley, Wang Mai, Pathum Wan ☎022150026 💲雙人房2,050B起 💳可 🔗 www.renohotel.co.th

　　Reno飯店規模不大，但是地理位置相當好，不但距離捷運站很近，從房間就可以望見Siam Discovery購物中心，而且步行就可以走到捷運暹羅站一帶各大大小小的商場。**客房的內部簡單樸實，北歐風格的精巧傢俱讓空間得以充分運用**。樓下附設一間餐廳，從早餐營業到午夜；飯店外的巷子裡也有不少路邊攤，方便隨時打牙祭。

飯店後側有一座標準尺寸的游泳池。

② Lub.d Bangkok Siam

🚇國立體育館站1號出口步行約1分鐘 🏠 925/9 Rama 1 Rd. ☎026124999 💲四人混合背包房590B起、獨立客房1,012B起(房價每日調整) 💳可 🔗lubd.com/destination/bangkok-siam/

　　Lub.d Bangkok Siam於2010年開幕，有24間獨立客房和14間混合背包房，**每間住房牆上都有附近吃喝玩樂的地圖**。旅館以顏色區分住房，欄杆也漆上不同的顏色，在以混凝土為基調的室內，這些色彩不見繁複，反而顯得輕快。此外還設有一家居酒屋式的餐廳ToKioJo，以及全天候供應咖啡的共同工作空間(一日250B)。

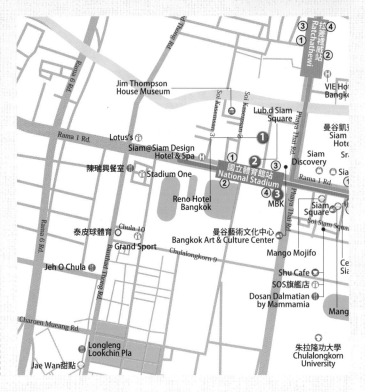

③ ④
拉差裡威站
Ratchathewi
① ②

Jim Thompson
House Museum

VIE Hotel
Bangkok

Lub.d Siam
Square

曼谷凱
Siam
Hotel

Sr.

Siam
Discovery

Si

① ② ③

國立體育館站
National Stadium

④ ③

MBK

Siam
Square

Soi Siam Squai

Phaya Thai Rd.

Soi Kasemsan 2

Soi Kasemsan 3

Thong Rd.

Rama 6 Rd.

Rama 1 Rd.

Lotus's

Siam@Siam Design
Hotel & Spa

陳瑞興餐室

Stadium One

Reno Hotel
Bangkok

泰皮球體育
Grand Sport

Chula 10

Jeh O Chula

曼谷藝術文化中心
Bangkok Art & Culture Center

Chulalongkorn 9

Mango Mojifo

Shu Cafe

SOS旗艦店

Dosan Dalmatian
by Mammamia

Mang

Ce
Sia

Rama 6 Rd.

Ranthat Thong Rd.

Charoen Mueang Rd.

Longleng
Lookchin Pla

Jae Wan甜點

朱拉隆功大學
Chulalongkorn
University

國立體育館站

暹邏站

莎拉當站

鐘那席站

蘇叻沙克站

沙潘塔克辛站

塔叻蒲站

全新完工的Pathumwan天橋

這座天橋在2017年8月改建完成,用以取代原有的舊行人天橋。天橋連結了BTS國家體育館站、BACC、MBK、Siam Discovery和Siam Square等周邊重要景點。不僅方便行人走動,設計也別具特色,天橋特意設計的如同小廣場,上方有許多宛如遮陽傘的裝置,每個都邀請了當地藝術家彩繪、塗鴉,讓這座天橋也成為露天藝術展覽空間。

③ MBK

🚇 國立體育館站3號出口,步行5~10分鐘 🏠 444 Phayathai Rd. ☎ 8539000 🕐 10:00~22:00 (各店不一) 🌐 www.mbk-center.center.co.th

Mahboonkrong Center簡稱MBK購物中心,就像是將台北西門町商圈放在一座高達7層樓的巨大的商城,裡面有大大小小超過2,000家商店,而且並沒有明顯的主題規劃。這裡光是超市就有3家——本土連鎖雜貨Tops Market、韓國超市Gangnam Mart以及來自日本的唐吉軻德。大致說來,這裡**主打年輕人的平價商品**,還可看到販賣各種仿冒的名牌商品,泰國柚木家具也可找到。由於商品種類琳瑯滿目,又沒有分層規畫清楚的主題,因此建議抱著遊逛的心情,也許會有意外驚喜。**這裡每家店都是個體,所以也可試著討價還價**,記得貨比三家。

Ban Khun Mae

🏠 2F ☎ 020484593 🕐 11:00~23:00 💳 可 🌐 www.bankhunmae.com (新增)

餐廳取名「媽媽的家」的料理果然讓許多饕客回味再三。**Ban Khun Mae的菜單豐富,想吃甚麼經典的泰國料理、甜點幾乎都有**,菜餚精緻味道好,加上價格適中、用餐環境舒適,一直都是Siam Square的人氣餐廳之一。推薦菜有泰式酸辣海鮮湯(Tom Yum Kung)和綠咖哩雞(Chicken Green Curry)。

國立體育館站

遷邏站

莎拉當站

鐘那席站

蘇叻沙克站

沙潘塔克辛站

塔叻蒲站

國立體育館站
National Stadium

① 曼谷藝術文化中心

🚇國立體育館站3號出口，從空橋可直達文化中心3樓　🏠939 Rama 1 Rd.　☎022146630　✆10:00~21:00　🚫週一　🌐www.bacc.or.th

> 賞藝術、嚐藝術、買藝術，BACC就是要讓你與藝術設計零距離。
>
> 達人力推

　　曼谷藝術文化中心(Bangkok Art & Culture Center，簡稱BACC)和泰國設計中心(T.C.D.C)最大的不同在於，一個是**純藝術展場聚合地**，另一個則偏向商業設計，各自分工。**展場中每層樓都有不同商店進駐，有咖啡館、書店、創意冰店或是設計店鋪**，各有特色，不僅提供藝術工作者發表的空間，民眾在觀展之餘，還能以不同形式接觸藝術，順道帶些充滿創意的商品回家。

「三分熟牛排套餐」是店內的招牌，切開來果真有牛排三分熟的模樣。原來外層是巧克力，內層則是混了泰式奶茶的冰淇淋，而薯條則是香蕉條仿製。

> 整個展館場域呈環形，每一個樓面都有休憩的地方，最主要的功能就是希望讓人們更貼近藝術，減少距離感。

Icedea

🏠4F　🕐11:00~19:00　🌐www.facebook.com/icedea

> 泰有梗！到BACC必吃的創意主題冰品！

　　Icedea是**著名的創意冰品店**，像是超擬真的**榴槤冰淇淋**，外皮是抹茶口味，內餡是榴槤冰淇淋，看起來就和外面販售的盒裝榴槤沒有兩樣。還有以香港點心為概念的**冰淇淋流沙包**，咬開餅皮，冰淇淋內的濃郁內餡便一湧而出。

> 達人力推

Happening Shop

⌂3F ☎022143040 🕐10:00~20:00 🌐www.
facebook.com/happeningshopbangkok

精選在地
新興設計品牌商
品，愛買設計好貨、
小物的你
不能錯過。

達人
力推

　　黑色的空間中，懸掛著盞盞像
泡泡的燈飾，加上整間店鋪琳瑯滿
目的商品，著實讓人想一探究竟。
這間由當地雜誌Happening開設的店鋪，
店內精選眾多在地新興設計品牌的商品，
像是Forest以「大自然」為設計概念的錶款、
TA. THA. TA的四種背法後背包、Bang On
Shop的木製飾品……也有來自清邁的設計
品牌，很值得慢慢逛、慢慢發掘設計好貨。

Bookmoby Readers' Cafe

⌂4F 🕐11:00~19:00 🌐www.facebook.com/
bookmoby

　　結合書店與咖啡店的Bookmoby
Readers' Café開業於2012年，店主Prabda
Yoon是泰國的著名作家、出版人及平面設
計師。**書店主要聚焦泰國當代文學、詩集，**
也有不少翻譯文學、經典文學以及圖像類
書籍，這裡亦經常舉辦座談及相關活動。
愛書人可以來此點上一杯咖啡，度過充滿
書香的文藝時光。

Gallery Drip Coffee

⌂1F ☎0819172131 🕐10:30~20:00 🌐www.
facebook.com/GalleryDripCoffee

　　走進BACC，很容易就能看見位於入口附
近的Gallery Drip Coffee，這間
咖啡店的兩位老闆都是攝影師，
秉持著對咖啡的熱愛，在店裡賣
起了**手沖咖啡**，咖啡豆也都是店
主自世界各地帶回來的。店內採
光很好，擺設也很有藝術氣息，
內外座位區時常坐滿客人。

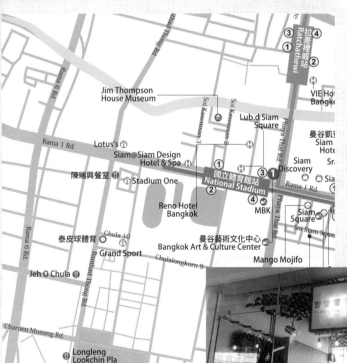

Ratchathewi
拉差裡威站
③ ④
① ②

Jim Thompson
House Museum

Soi Kasemsan 3
Soi Kasemsan 2

VIE Hot
Bangk

Lub.d Siam
Square

Phaya Thai Rd.

曼谷凱丹
Siam
Hote

Rama 1 Rd.
Lotus's

Siam@Siam Design
Hotel & Spa

陳瑞興餐室　　Stadium One

① ③
Siam
Discovery

Sra

Sia

國立體育館站
National Stadium
② ②
④ ④
MBK

Rama 1 Rd.

泰皮球體育
Grand Sport

Reno Hotel
Bangkok

Chula 10

Chulalongkorn 9

曼谷藝術文化中心
Bangkok Art & Culture Center

Mango Mojifo

Siam
Square

Soi Siam Squar

Phaya Thai Rd.

Jeh O Chula

Charoen Mueang Rd.

Longleng
Lookchin Pla

Jae Wan甜點

國立體育館站

遍邇站

莎拉當站

鐘那席站

蘇叻沙克站

沙潘塔克辛站

塔叻蒲站

國立體育館站

暹邏站

莎拉當站

鐘那席站

蘇叻沙克站

沙潘塔克辛站

塔叻蒲站

國立體育館站
National Stadium

館內定時有專人導覽，可以了解創辦人的故事及收藏。

❶ Jim Thompson House Museum

🚇國立體育館站1號出口步行約3分鐘　🏠6 Soi Kasemsan 2, Rama 1 Rd.　📞02167368　🕐博物館10:00~17:00；藝術中心10:00~18:00　💲門票全票200 B　🌐www.jimthompsonhouse.com

參觀華美宅邸、聽導覽，泰絲大王的傳奇故事近在眼前。

達人力推

這座倚著昭披耶河支流的博物館，**是泰絲品牌創辦人Jim Thompson身後遺留下的泰式柚木宅邸**，館內展示著他生前從泰國各地蒐羅的骨董、繪畫、瓷器、家具等豐富私人收藏。整個園區分為三部分：一是博物館，每天開放且定時有專人導覽；另一幢建築是商店，展售「Jim Thompson」各項精緻泰絲商品；還有一棟規畫為餐廳，以私人宅邸的謐靜氣氛吸引旅客駐足；原是博物館的戶外梯車場在2021年則改建為Jim Thompson藝術中心。

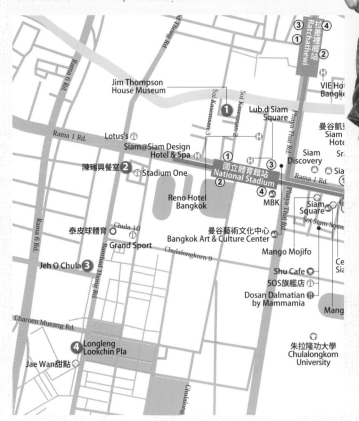

傳奇泰絲品牌創辦人 Jim Thompson

泰絲緣起於泰國東北地區的村落，由當地村民手搖紡織機一絲一縷織出的漂亮布匹，曾是皇家專屬的奢侈品，如今已成為泰國極具代表性的手工藝品。「Jim Thompson」雖非唯一的高級泰絲品牌，但創辦人的傳奇故事、行銷策略和精緻的成品，成為泰國名氣最響亮的、生產規模最大的泰絲品牌。

Jim Thompson來自美國，因二戰情報工作停留曼谷，深受泰國文化吸引，投入泰絲研究並創立品牌，將泰絲推向國際。1967年，他在馬來西亞雨林探險時離奇失蹤，合夥人將其故居現改為博物館，展現其不凡品味。

國立體育館站

暹邏站

莎拉當站

鐘那席站

蘇吩沙克站

沙潘塔克辛站

塔吩蒲站

② 陳瑞興餐室

🚇國立體育館站2號出口，步行8~10分鐘 🏠649Banthat Thong Rd., Wang Mai, Pathum Wan ☎0819939766 ✔

每日11:00~19:30 ❌不可

進入Stadium One靠近Rama I路這一端的陳瑞興餐室，是一家超過50年老字號的鴨肉店，樸實的店面幾乎沒什麼裝潢，但整體簡單、乾淨，就像店內的食物沒有花俏的口味或複雜的烹調，完全以食材的新鮮度和火候的拿捏取勝。**把鴨肉、鴨掌、鴨翅、鴨舌頭、鴨腸、鴨胗、鴨血等鴨子的各個部位，搭配或寬或窄的河粉、米粉等不同口感的主食**，就成了不同的餐點，湯頭裡加了蒜油提香，頗具畫龍點睛之效。雖然裝潢和口味同樣樸實，2018年起即連年獲得米其林美食指南的推薦。

③ Jeh O Chula

🚇國立體育館站2號出口，步行約15分鐘 🏠113 Khwaeng Rong Muang, Pathum Wan ☎0641185888 🕐16:30~24:00 🌐www.facebook.com/RanCeXow/

> 新鮮食材滿滿的泰國MAMA泡麵，一碗220B起！

看到門口排隊的人潮、一路連隔壁便利超商門前的走道也坐滿等待的食客，令人忍不住好奇Jeh O Chula究竟有多好吃；但是一想到至少要等上一個小時，不禁猶豫要不要花上這麼多時間？就在猶豫的瞬間，排隊的人龍又更長了一些～～。Jeh O Chula本是一家老字號的麵店，近年開始推出把大家都很熟悉的**泰國MAMA泡麵加上海鮮、雞蛋、多種蔬菜與香料等煮成一大鍋**，因為食材夠鮮、用料實在、湯頭香濃，竟然異常受歡迎，不但獲得米其林肯定，天天大排的長龍更是最佳的免費廣告。除了酸辣湯泡麵海鮮鍋外，其他傳統泰式風味的菜餚也都頗受好評。

④ 隆龍特製魚丸
Longleng Lookchin Pla

🚇國立體育館站2號出口，步行20~25分鐘 🏠1688&1690 Banthat Thong Rd., Wang Mai, Pathum Wan ☎022151905 🕐每日16:30~23:00 💲醃豆腐河粉60B ❌不可

位於Stadium One商圈近乎末端的Longleng Lookchin Pla，店面幾乎沒什麼裝潢，但整體簡單、乾淨，也是這條道上數得出來被米其林肯定的排隊名店之一。Longleng Lookchin Pla以**自製的手工魚丸和醃豆腐聞名，每天新鮮製作的多款手工魚丸，不加味精，即能吃到天然的鮮甜滋味**；粉紅色的醃豆腐湯麵，主食還可以選擇以魚漿製作成的魚麵，搭配上魚丸、魚皮、餛飩與青菜，酸酸甜甜的滋味相當迷人。

> 餡料紮實的炸餛飩搭配酸酸甜甜的醬料，非常涮嘴。

國立體育館站
暹邏站
莎拉當站
鐘那席站
蘇叻沙克站
沙潘塔克辛站
塔叻蒲站

暹羅站
Siam

> 如果要形容的話，Siam Square的氣氛很像是台北的西門町，流行的事情到這裡就對啦！

① 暹羅商圈
Siam Square

📍暹羅站2、4或6號出口，出站即達 🔗 Phayathai Rd.以東、Rama 1 Rd.以南的行人徒步區域

Siam Square並非某幢特定的購物中心，而是指**暹羅站南側、MBK購物中心以東、包含Siam Square One和Centerpoint Siam Square等購物中心在內的這一大片區域，也稱作Siam Area**，向來是當地年輕人最愛逛的商圈，經常可見穿著制服的學生、年輕上班族在此聚集穿梭，週末下午更是熱鬧，店家活動、影歌迷見面會等都會在此舉行。

SOS旗艦店

📍暹羅站2號出口，步行5~10分鐘 🔗main Street, Siam Square, Pathum Wan ☎804614566 🕐週一至週四12:00~21:00，週五至週日11:00~22:00 ⭕可

SOS即「Sense of Style」的縮寫，主打既簡單又高雅的風格，以**泰國本土設計師的作品為主，齊集達150個泰國女裝品牌於一堂**，包括衣服、帽子、鞋款、包包、飾品、各種配件等，基本上都要符合「時尚感」的篩選條件，好讓消費者最高效率地一站購齊所有需要的服裝與飾品。

Shu Café Siam Square

📍暹羅站2號出口，步行5~10分鐘 🔗424 Siam Square Soi 7, Pathum Wan ☎657296390 🕐1&2樓12:00~21:00、3樓11:00~19:30 ⭕可 🔗shu.global/en/cafe/siamsquare

Shu是**泰國知名的皮鞋品牌，囊括女鞋、男鞋、童鞋**，產品繁多，設計簡單大方，每週都有新款推出，在全國各地十餘家百貨公司設有門市。這間位於暹羅廣場的分店三樓還設有咖啡廳，也是這個品牌所創立的第一間咖啡廳，提供精緻的糕點、可頌與創意飲料。

Dosan Dalmatian by Mammamia

📍暹羅站2號出口，步行5~10分鐘 🔗424 Siam Square Soi 7, Pathum Wan ☎825655565 🕐週日至週四9:00~22:00、週五至週日9:00~0:00 ⭕可

> 招牌的大麥町熱巧克力，上面會裝飾一層可愛狗狗臉的鮮奶油。

這是一家來自韓國的餐飲品牌，提供早午餐、甜點、咖啡、美酒等選擇，闊達4層樓的空間裡，**以大麥町的白底黑點為裝潢主調，到處都是適合拍照打卡的背景**。雖然歡迎寵物，但3樓以下寵物都不許落地，你必須把牠抱上4樓才許入內。**菜色以帶有韓國風味的西餐為主**，既然打算吸引消費者前來拍照，餐飲也都美美地呈現。

Mango Mojito

📍暹羅站2號出口步行約3分鐘 🔗240/6 Lot 14, Siam Square Soi 2 ☎026581435 🕐11:00~20:00 🔗www.mango-mojito.com

創立於2009年的泰國男鞋品牌Mango Mojito，以仿古典雅的設計理念、精緻的牛皮手工質感，創造出**一雙雙經典舒適的男鞋**，而且鞋子還提供保固服務；店內也接受訂製，製作期約2週，完成後可替客戶越洋寄送。

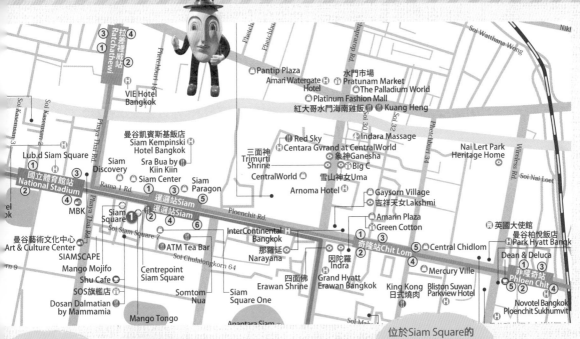

国立體育館站

暹邏站

莎拉當站

鐘那席站

蘇呦沙克站

沙潘塔克辛站

塔呦蒲站

Map labels:

Ratchathewi 拉差裡威站

VIE Hotel Bangkok

曼谷凱賓斯基飯店 Siam Kempinski Hotel Bangkok

Sra Bua by Kiin Kiin

Siam Discovery

Siam Center

Lub.d Siam Square

Siam Paragon

National Stadium 國立體育館站

暹邏站Siam

Siam Square

暹邏站Siam

MBK

曼谷藝術文化中心 Art & Culture Center

SIAMSCAPE

Mango Mojifo

Shu Cafe

SOS旗艦店

Dosan Dalmatian by Mammamia

Mango Tongo

ATM Tea Bar

Centrepoint Siam Square

Somtom Nua

Siam Square One

Pantip Plaza

Amari Watergate Hotel

水門市場 Pratunam Market

The Palladium World

Platinum Fashion Mall

紅大哥水門海南雞飯 Kuang Heng

Red Sky

Centara Gvrand at CentralWorld

Indara Massage

三面神 Trimurti Shrine

象神Ganesha

Big C

CentralWorld

雪山神女Uma

Arnoma Hotel

Gaysorn Village

吉祥天女Lakshmi

Nai Lert Park Heritage Home

Amarin Plaza

Green Cotton

InterContinental Bangkok

那羅延 Narayana

奇隆站Chit Lom

英國大使館

曼谷柏悅飯店 Park Hyatt Bangk

Central Chidlom

Dean & Deluca

因陀羅 Indra

四面佛 Erawan Shrine

Grand Hyatt Erawan Bangkok

King Kong 日式燒肉

Mercury Ville

菲隆奇站 Phloen Chit

Bliston Suwan Parkview Hotel

Novotel Bangkok Ploenchit Sukhumvit

Blue Coco為蝶豆花和椰子汁的漸層飲料，顏色非常甜美夢幻。

Galaxy Lemon Tea顏色魔幻，口味酸甜帶有茉莉花的香氣。

位於Siam Square的超人氣青木瓜沙拉，千萬別錯過！

ATM Tea Bar

📍暹邏站4號出口步行約3分鐘 🏠432/9 Siam Square Soi 9 ☎0892877775 🕙10:00~21:00 📷www.facebook.com/atmteabar

　　ATM Tea Bar堅持使用鮮奶和新鮮的茶品，並精準把關製作流程，讓每杯飲料都能呈現出**夢幻的漸層效果**，喝法也有學問，插吸管前建議先翻轉搖晃，使飲料甜度均勻。

Mango Tango

📍暹邏站4號出口步行約1~2分鐘 🏠Siam Square Soi 3 🕙11:30~22:00

　　Mango Tango是曼谷知名的芒果點心店，不管在哪裡開店，必定都是大排長龍，其中大家都喜歡吃的泰國甜點——**芒果糯米飯**，就是Mango Tango的招牌甜品，只是店家將其更進化，加上冰淇淋和漂亮的擺盤，更引人入勝。

泰國著名芒果點心連鎖店，品項眾多超受歡迎。

Somtam Nua

📍暹邏站4號出口步行約1分鐘 🏠392/14 Siam Square Soi 5 ☎022514880 🕙11:00~21:00 📷www.instagram.com/somtamnua

　　這家小店**主打泰國東北菜，包括青木瓜沙拉、打拋以及辣拌豬頸肉等勁辣料理**。有趣的是，在Somtam Nua大紅大紫後，店內又增加了蛋糕咖啡，來這裡吃完東北菜後，也可以換個心情吃塊香濃蛋糕。平日建議避開中午用餐時間，不然難免得排隊等待。

國立體育館站

暹邏站

莎拉當站

鐘那席站

蘇叻沙克站

沙潘塔克辛站

塔叻蒲站

暹羅站
Siam

① Siam Square One

> 由地主朱拉隆功大學打造的新商場,知名餐廳和品牌齊聚,為Siam Square帶來嶄新氣象。

🚇暹邏站4號出口,出站即達　🏠388 Rama I Rd, Pathum Wan　☎022559994　🕐每日10:00~22:00,各店家不一

達人力推

　　Siam Square One不規則的建築本身就非常吸睛,半開放式的設計,讓自然風流通,**建築內部有不少裝置藝術和綠色植栽,搭配上挑高的空間,帶來不同於一般的室內冷氣商場的感覺。**商場特殊的動線串聯起眾多餐廳、咖啡廳、服飾店、精品店、創意小鋪等。

> Siam Square One裡店家、餐廳應有盡有,非常好逛。

② SIAMSCAPE

🚇暹邏站2號出口,步行5~10分鐘　🏠215 Phaya Thai Rd, Pathum Wan　☎633938789　🕐10:00~22:00

　　SIAMSCAPE的空間運用相當大器,且蘊藏前衛的設計,低樓層設有咖啡廳、餐廳和商店,高樓層為辦公樓層和活動空間。對遊客最具有吸引力的部分,應該是位於**10樓的戶外屋頂花園**,可以居高臨下俯瞰曼谷,尤其是暹羅商圈一帶;而**9樓的室內交誼廳**,透過玻璃帷幕欣賞曼谷市容,同樣賞心悅目。

White Flower Factory

🏠4F　☎022522646　🕐10:30~22:00　🌐whiteflowerbkk.net/en　⭕可

　　White Flower Factory是一家**以泰、義、法等國的傳統烹調為基礎,添加創意變化的餐廳**,無論菜餚、麵包、甜品、飲料等都力求從自家廚房烹調,擁有獨特的口味。餐廳裝潢充滿懷舊的工業風,營造輕鬆、友善的氣氛,讓人們有像在自己家裡用餐的溫馨感覺。

EVEANDBOY The Underground

🏠B1　☎02 0224888　🕐10:30~21:30　🌐www.eveandboy.com

　　隨著Mistine眼線筆、Ele面膜、Smooth E系列受到歡迎,不少人來到泰國,一定會買美妝商品幫自己補貨。那麼平價的美妝百貨EVEANDBOY,肯定是最好的選擇,**既有高價的美妝和保養品牌,也有生活用品和平價開架美妝**,不僅價格相較其他通路更便宜,無論是國內外的貨色都非常齊全。

國立體育館站

邏邏站

莎拉當站

鐘那席站

非隆奇站

蘇坤沙克站

沙潘塔克辛站

塔吻蒲站

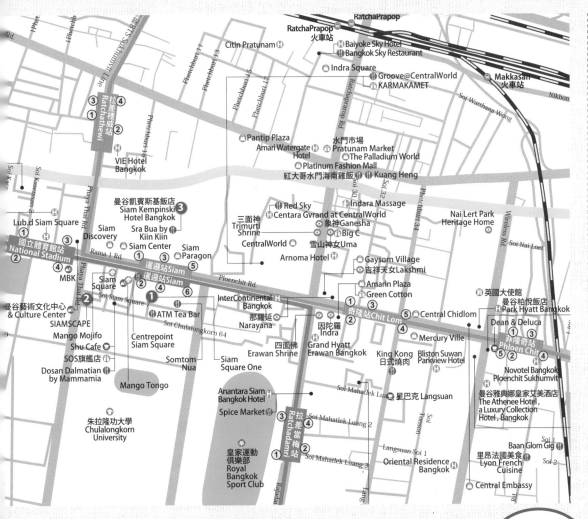

RatchaPrapop

RatchaPrapop 火車站

Citin Pratunam

Baiyoke Sky Hotel
Bangkok Sky Restaurant

Indra Square

Makkasan 火車站

Groove@CentralWorld
KARMAKAMET

拉裡裡展站
Ratchathewi

Pantip Plaza
Amari Watergate Hotel

水門市場
Pratunam Market
The Palladium World

VIE Hotel Bangkok

Platinum Fashion Mall

紅大哥水門海南雞飯　Kuang Heng

Nai Lert Park Heritage Home

曼谷凱賓斯基飯店
Siam Kempinski Hotel Bangkok

Sra Bua by Kiin Kiin

Red Sky
Centara Gvrand at CentralWorld

Indara Massage

三面神
Trimurti Shrine

象神Ganesha

Siam Discovery

CentralWorld

Big C

Lub.d Siam Square

Siam Center

雪山神女Uma

Gaysorn Village
吉祥天女Lakshmi

國立體育館站
National Stadium

Siam Paragon

Arnoma Hotel

MBK

Siam Square

邏邏站Siam
邏邏站Siam

Ploenchit Rd.

Amarin Plaza
Green Cotton

英國大使館

曼谷柏悅店店
Park Hyatt Bangkok

曼谷藝術文化中心
& Culture Center

SIAMSCAPE

ATM Tea Bar

InterContinental Bangkok

奇隆站Chit Lom

Central Chidlom

Dean & Deluca

非隆奇站
Phloen Chit

Mango Mojifo

Centrepoint Siam Square

那羅延
Narayana

因陀羅
Indra

Mercury Ville

Shu Cafe
SOS旗艦店

Siam Square One

四面佛
Erawan Shrine

Grand Hyatt Erawan Bangkok

King Kong 日式燒肉

Bliston Suwan Parkview Hotel

Novotel Bangkok Ploenchit Sukhumvit

Dosan Dalmatian by Mammamia

Somtom Nua

Siam Square One

曼谷雅典娜皇家艾美酒店
The Athenee Hotel, a Luxury Collection Hotel, Bangkok

Mango Tongo

Anantara Siam Bangkok Hotel

Soi Mahatlek Lua
星巴克 Langsuan

朱拉隆功大學
Chulalongkorn University

Spice Market

拉差當梅站
Ratchadamri

Soi Mahatlek Luang 2

Baan Glom Gig

里昂法國美食
Lyon French Cuisine

皇家運動俱樂部
Royal Bangkok Sport Club

Langsuan Soi 1

Oriental Residence Bangkok

Soi Mahatlek Luang 3

Central Embassy

---

③ **Sra Bua by Kiin Kiin**

從泰式料理中擷取創意，米其林一星體驗！

📍991/9 Rama 1 Rd.　📞021629000

12:00~15:00、18:00~24:00　可.

達人力推

位於曼谷凱賓斯基飯店的Sra Bua by Kiin Kiin，是與丹麥哥本哈根的Kiin Kiin合作開設的分店；泰國分店除了曾經榮獲米其林一顆星，也在2013和2014年獲選為亞洲最佳50家餐廳。主廚從泰式料理中獲取創意，並以現代手法烹煮料理，同時在外觀、擺盤上花費功夫，成功地帶給客人視覺及味覺的頂級體驗。

國立體育館站

暹邏站

莎拉當站

鐘那席站

蘇叻沙克站

沙潘塔克辛站

塔叻蕭站

暹羅站
Siam

> 日本名設計師操刀，重生的Siam Discovery宛若一座生活實驗展示場。

① Siam Discovery

📍暹羅站1號出口步行約1~2分鐘　📍989 Rama 1 Rd.　☎026581000　🕐10:00~21:00　

達人力推

www.siamdiscovery.co.th

Siam Discovery與Siam Center相連，與同區的其他百貨公司相比，Siam Discovery風格偏向生活化，**內部以生活雜貨、創意產品、設計家具家飾的品牌為主**。商場請來**日本設計工作室Nendo的佐藤大設計**，從幾何感強烈的外型便展現創新氛圍，室內則以白色、黑色及原木做為主要調性。

這裡的商品陳列也顛覆一般人對百貨的刻板印象，各樓層主題分別是Her Lab、His Lab、Street Lab、Digital Lab、Creative Lab、Play Lab和Innovation Lab，他們**不以品牌做為空間的主要分隔方式，而是將不同品牌的同類型商品陳列在一起**。

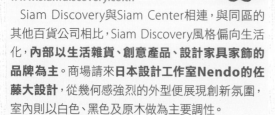

Ecotopia

📍3F (Creative Lab)　🌐www.siamdiscovery.co.th/ecotopia

當環保與時尚設計結合，會迸出什麼樣的驚喜火花呢？位於Siam Discovery 3樓的Ecotopia，**精選300多家環境友善的綠色設計品牌，將環保、有機的概念融入商品設計**，商品種類除服飾、鞋包配件、家飾用品外，也含括有機食品、美妝店家進駐。

三宅一生Issey Miyake

📍GF(Her Lab) & MF(His Lab)　☎020212141-2　

www.isseymiyake.com

G樓為「Her Lab」，主要為女性品牌。其中，**三宅一生的首間海外旗艦店**就坐落於此，店鋪分為G樓的女裝區和M樓的男裝區，男裝系列更是首度引進泰國。

Object of Desire Store

📍3F (Creative Lab)　🌐www.facebook.com/objectsofdesirestore

> 精選超過130個家居品牌，泰國原創設計讓人好讚嘆。

在600平方公尺的空間中，可以找到**超過130個泰國原創設計品牌的商品**，桌椅、燈具、杯盤、提袋、肥皂、盆栽……精彩的設計讓人讚嘆，擺設方式更是充滿美學，令人目不暇給。店內角落設有Brave Roasters咖啡廳，透過巨大的玻璃窗可以看到來來往往的曼谷捷運，非常適合一邊喝咖啡一邊放空。

達人力推

> 每件商品都令人愛不釋手，讓人大呼泰國人真的太會了！

BTS
捷運席隆線

國立體育館站
運邈站
莎拉當站
鐘那席站
蘇叻沙克站
沙潘塔克辛站
塔叻蒲站

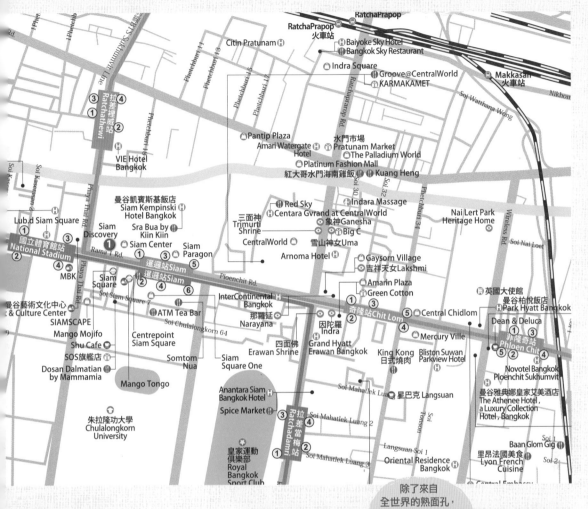

RatchaPrapop
RatchaPrapop 火車站
Citin Pratunam
Baiyoke Sky Hotel
Bangkok Sky Restaurant
Indra Square
Groove@CentralWorld
KARMAKAMET
Makkasan 火車站
Soi Watthana Wong
Nikhon

Pantip Plaza
Amari Watergate Hotel
水門市場 Pratunam Market
The Palladium World
VIE Hotel Bangkok
Platinum Fashion Mall
紅大哥水門海南雞飯
Kuang Heng

曼谷凱賓斯基飯店
Siam Kempinski Hotel Bangkok
Red Sky
Centara Gvrand at CentralWorld
象神Ganesha
Indara Massage
Nai Lert Park Heritage Home

Sra Bua by Kiin Kiin
三面神
Trimurti Shrine
Big C
雪山神女Uma
CentralWorld
Wireless Rd.
Soi Nai Loet

Lub.d Siam Square
Siam Discovery
Siam Center
Siam Paragon
CentralWorld
Arnoma Hotel
Gaysorn Village
吉祥天女Lakshmi
Amarin Plaza
Green Cotton
英國大使館
曼谷柏悅飯店
Park Hyatt Bangkok

國立體育館站
National Stadium
Rama 1 Rd.
運邈站Siam
運邈站Siam
Ploenchit Rd.
InterContinental Bangkok
奇隆站Chit Lom
Central Chidlom
Dean & Deluca

MBK
Siam Square
ATM Tea Bar
Soi Chulalongkorn 64
那羅延 Narayana
因陀羅 Indra
Mercury Ville
Park Hyatt Bangkok

曼谷藝術文化中心
& Culture Center
SIAMSCAPE
Mango Mojifo
Shu Cafe
SOS旗艦店
Dosan Dalmatian by Mammamia
Mango Tongo

Centrepoint Siam Square
Somtom Nua
四面佛
Erawan Shrine
Grand Hyatt Erawan Bangkok
King Kong 日式燒肉
Bliston Suwan Parkview Hotel
菲隆奇站
Phloen Chit
Novotel Bangkok Ploenchit Sukhumvit

朱拉隆功大學
Chulalongkorn University
Siam Square One

Anantara Siam Bangkok Hotel
Spice Market
拉莢當梅站
Ratchadamri
Soi Mahatlek Lua
星巴克 Langsuan
曼谷雅典娜皇家艾美酒店
The Athenee Hotel, a Luxury Collection Hotel, Bangkok

皇家運動俱樂部
Royal Bangkok Sport Club
Soi Mahatlek Luang 2
Langsuan Soi 1
Soi Tonson
Oriental Residence Bangkok
Baan Glom Gig
里昂法國美食
Lyon French Cuisine
Soi 2

Soi Mahatlek Luang 3

除了來自全世界的熟面孔，也有機會認識在泰國最受歡迎的影星和名人。

Phufa

🏠 3F (Creative Lab) 🌐
026580208

現任國王（十世皇）的祖母，在生前創辦了Mae Fah Luang基金會並設立Doi Tung品牌，以幫助邊境山區少數民族脫離種植毒品的生活。這是由現任泰國公主所主持的專案，同樣是**在店裡展售村落居民的手工藝品、親手種植的咖啡和茶**，所有的收入將歸回鄉間，幫助偏遠地區的人民。

杜莎夫人蠟像館Madame Tussauds Bangkok

🏠 4F (Play Lab) ☎ 026580060 ⏰ 10:00~20:00(最後入場19:00) 💲 全票1,102B、半票932B（另有組合套票）🌐 www.madametussauds.com/Bangkok

位於Siam Discovery的杜莎夫人蠟像館，是全世界第10間，也是**東南亞第一間杜莎夫人蠟像館**。在這裡參觀不用小心翼翼，所有人都可以和國際級巨星如安潔莉娜裘莉、強尼戴普、碧昂絲等人近距離合影，或是參加歐普拉的脫口秀，或與各國元首合影。

國立體育館站
暹邏站
莎拉當站
鐘那席站
蘇叻沙克站
沙潘塔克辛站
塔叻蒲站

暹羅站
Siam

①Siam Paragon

> 超人氣大型百貨商場，品牌、餐廳眾多，還有超市和水族館等你來逛。

📍暹邏站3或5號出口，從空橋可直達商場
📍991 Rama 1Rd., Pathumwan ☎026108000 ⊙
🕙10:00~22:00 ⊙可 🌐www.siamparagon.co.th

> 達人力推

Paragon在泰文中有「鑽石」之意，入口以仿造鑽石精緻切割面的16公尺高玻璃帷幕迎接遊客，分成Shopping Complex和Paragon Department Store兩大區，從國際名牌如LV、CHANEL、Burberry到平價時裝**Uniqlo、H&M通通到齊，4樓則有能夠彰顯泰國風格的本地衣飾、香氛品牌；1樓有泰國最大的美食街及大受遊客歡迎的 Gourmet Market超級市場**，地下層則為亞洲最大都會水族館——曼谷海洋世界(Sea Life Bangkok Ocean World)。

> After You分店很多，無論何時經過哪一家分店，人潮幾乎都很多。

After You Dessert Cafe

📍GF ☎026107659 ⊙可 🌐www.afteryoudessertcafe.com

After You可以說是泰國最受歡迎的連鎖甜品店之一，**店內招牌甜點為澀谷蜜糖吐司(Shibuya Honey Toast)、各種口味的冰品**，還有巧克力溶岩蛋糕、無花果布丁等都很受歡迎。

> 達人力推

> 嚐一口招牌蜜糖吐司，甜蜜的滋味讓人排隊也甘願。

商場美食街輕鬆找好味

在曼谷購物商場的美食街吃飯，選擇多、價格也實惠，而且每一家小吃店都掛有英泰文對照的菜單，有的還會附上圖片，不用泰文也可以輕鬆點菜。部分購物商場的美食街入口會有標著「Coupon」的小亭子，記得先向服務人員購買票券或儲值卡，再以票券或卡和商家購買食物，若有剩餘的餐票或儲值卡可以交由服務人員計算並退回剩下的現金。有些則是進場時先給點餐卡，選餐後交由服務人員刷卡，離時再去收銀台過卡結帳即可。

Market Hall

📍GF

位於Siam Paragon的Market Hall是全泰最大的美食樓面，提供的餐飲豐富多樣，價格也尚稱合理。在這裡，除了**全球知名的餐廳或速食店紛紛進駐，從美食區延伸出來的熟食區更是精采**；而且定期還會推出主題美食節，平時也會有以麵或米、咖哩等主題活動，讓常客來這裡也經常有新鮮感。

JASPAL

📍1F

JASPAL由泰國本地設計師創作生產，**1947年以寢具和衛浴用品起家，1976年開始發展服裝系列**，但依然保留家飾品牌的產品線，也是知名義大利品牌Sisley Casa的寢具代工廠，並同時生產鞋類配件等生活雜貨。

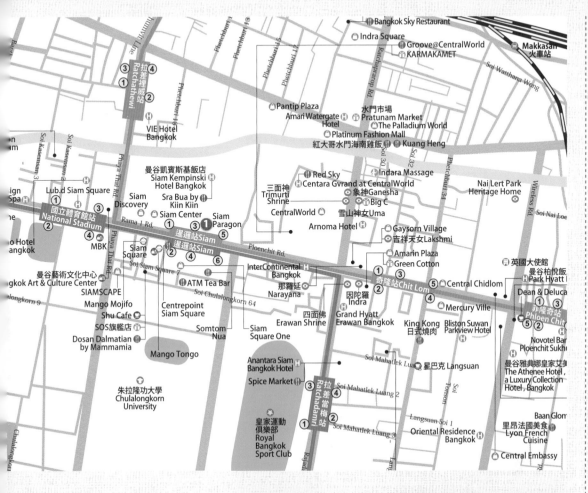

國立體育館站

暹邏站

莎拉當站

鐘那席站

蘇呐沙克站

沙潘塔克辛站

塔呐蒲站

奇隆站Chit Lom

非隆奇站 Phloen Chit

Pañpuri
⚲GF

發音類似泰國地名的Pañpuri，在機場免稅店或各大商場都有設櫃。同樣強調百分之百天然香草製作，**產品以較精緻的Home Spa用品為主**，其中一款獨家香味，就是Siamese Water，有著茉莉清香和淡淡的薄荷香氣，除了製成香水和精油，還有護手霜、香燭和室內香氛噴霧。

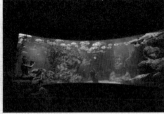

曼谷海洋世界SEA LIFE Bangkok Ocean World
⚲BF　☎026872000　🄢含杜莎夫人蠟像館組合票全票1,251B、半票1,071B
🕐10:00~20:00(最後入場19:00)　🌐www.sealifebangkok.com

位於Siam Paragon地下室的曼谷海洋世界，斥資1.22億泰銖打造，占地10,000平方公尺，**館內分為7個主題區，部份區域開放遊客觸摸或餵食，讓人能近距離親近海底生物**。比較特別的，除了進入幾可亂真的熱帶雨林區，也可以和鯊魚一起潛水，或是嘗試搭乘玻璃船遨遊在巨大的水族箱中。

國立體育館站

暹邏站

莎拉當站

鐘那席站

蘇叻沙克站

沙潘塔克辛站

塔叻蒲站

暹羅站
Siam

① Siam Center

🚇暹羅站1號出口，從空橋可直達商場　🏠979 Rama 1 Rd.　
☎026581000　🕙10:00~22:00　💳可　🌐www.siamcenter.co.th

　　Siam Center是泰國第一家購物中心，聚集泰國國內外的時尚潮牌。這座商場始終讓人覺得耳目一新；加上與BTS空橋相連，並與Siam Paragon、Siam Discovery連成一氣，每天下班後與週末假日總是集結不少遊客在商場裡閒逛。

這裡各式潮服、獨立設計師的商品居多，甚至商場本身就像座藝廊。

> 泰國潮牌齊聚，熱愛時尚的潮流男女不要錯過。

達人力推

> 1樓有空橋和Siam Discovery相連，光是這兩棟購物商場就可以逛上一整天。

> Food Factory琳瑯滿目的用餐選擇，到了用餐時間幾乎每家都大排長龍！

Absolute Siam Store
🏠1F

　　Absolute Siam Store集結了最潮的時尚和生活品牌，包括**60多家泰國本土品牌和一系列獨家聯名商品**。店面設計使用對比強烈的淺綠色和亮紫色，塑造出極具現代風格的購物空間，也給人一種這裡才有的獨家色彩或稀有的限量版款式。

Tube Gallery
🏠1F

　　Tube Gallery設定消費群年齡層為18~40歲，服裝顏色和樣式都非常大膽且誇張，倘若識貨、懂潮流者，應能搭配出相當有型的穿搭。**品牌衣飾都出自泰國新一代的年輕設計師**，定期有新作品上架。

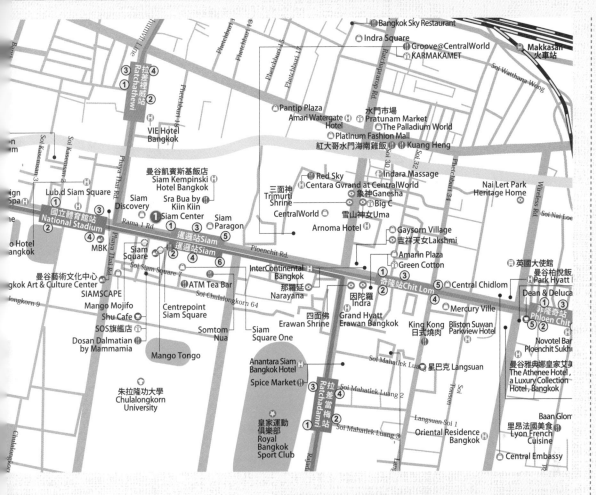

國立體育館站

邏邏站

莎拉當站

鐘那席站

蘇叻沙克站

沙潘塔克辛站

塔叻蒲站

Map labels:
- Bangkok Sky Restaurant
- Indra Square
- Groove@CentralWorld
- KARMAKAMET
- Makkasan 火車站
- 拉差裡威站 Ratchathewi
- Pantip Plaza
- 水門市場
- Amari Watergate Hotel
- Pratunam Market
- The Palladium World
- Platinum Fashion Mall
- 紅大哥水門海南雞飯
- Kuang Heng
- VIE Hotel Bangkok
- 曼谷凱賓斯基飯店 Siam Kempinski Hotel Bangkok
- Indara Massage
- Red Sky
- Centara Gvrand at CentralWorld
- 象神Ganesha
- Nai Lert Park Heritage Home
- Lub.d Siam Square
- Sra Bua by Kiin Kiin
- 三面神Trimurti Shrine
- Siam Discovery
- Siam Center
- Siam Paragon
- 雪山神女Uma
- Big C
- CentralWorld
- 國立體育館站 National Stadium
- Arnoma Hotel
- Gaysorn Village
- 吉祥天女Lakshmi
- 英國大使館
- 曼谷柏悅飯 Park Hyatt
- MBK
- Siam Square
- 邏邏站Siam
- Ploenchit Rd.
- Amarin Plaza
- Green Cotton
- Central Chidlom
- Dean & Deluca
- 曼谷藝術文化中心
- SIAMSCAPE
- InterContinental Bangkok
- 那羅延 Narayana
- 奇隆站Chit Lom
- Mercury Ville
- 非隆奇站 Phloen Chit
- Mango Mojifo
- ATM Tea Bar
- 因陀羅 Indra
- Grand Hyatt Erawan Bangkok
- King Kong 日式燒肉
- Bliston Suwan Parkview Hotel
- Novotel Bar Ploenchit Sukhi
- Shu Cafe
- Centrepoint Siam Square
- 四面佛 Erawan Shrine
- SOS旗艦店
- Somtom Nua
- Siam Square One
- 曼谷雅典娜皇家艾美 The Athenee Hotel, a Luxury Collection Hotel, Bangkok
- Dosan Dalmatian by Mammamia
- Mango Tongo
- Anantara Siam Bangkok Hotel
- Spice Market
- 星巴克 Langsuan
- Baan Glom
- 里昂法國美食 Lyon French Cuisine
- 朱拉隆功大學 Chulalongkorn University
- 拉差當梅站 Ratchadamri
- Oriental Residence Bangkok
- Central Embassy
- 皇家運動俱樂部 Royal Bangkok Sport Club

FRI 27 NOV.

📍1F

　FRI 27 NOV.的**首席設計師Chanachai Jareeyathana**，被喻為泰國的時尚大師，每年的新裝發表都讓時尚界引頸期盼。店內陳列的衣飾以男生衣飾居多，原創概念強烈，架上沒有重複的款式。

Greyhound Café

📍1F

　Greyhound是泰國知名服飾品牌，而Greyhound Café就是擁有和品牌相同時尚理念的餐飲系列，以深色調為主的餐廳內，充滿藝術的塗鴉攫取了人們的目光。菜單每兩個月更換，就連素食者也有很多料理選擇。

莎拉當站
Sala Daeng

❶ The Commons Saladaeng

🚶莎拉當站4號出口步行10~15分鐘，或地鐵倫披尼站2號出口步行10~15分鐘 🏠126 Sala Daeng 1 Alley, Silom ☎0840915421 ◐

8:00~半夜1:00，各店不一 ◎可 ⓤwww.thecommonsbkk.com/saladaeng

The Commons齊集不同風格、口味的餐飲品牌於一堂，並提供室內空調及戶外吸菸的友善用餐空間，好讓上班族午餐時間能有效率地飽餐一頓。

❷ 頌丹樂Somtum Der

🚶莎拉當站4號出口步行約4分鐘，或地鐵席隆站2號出口步行約3分鐘 🏠5/5 Sala Daeng Road, Silom, Bang Rak, Bangkok ☎0822942363 ◐ 11:00~23:00 ⓤwww.somtumder.com/home.html

因紐約分店入選2016米其林一星，頌丹樂在曼谷因而聲名大噪，當然也獲得曼谷米其林指南推薦！頌丹樂以平價又美味的東北泰菜聞名，融入道地的東北Isan風味，酸辣滋味的青木瓜沙拉是必點招牌，淋上辣椒、魚露、檸檬汁，吃起來酸香、辣勁十足，非常開胃下飯！

辣勁十足的青木瓜沙拉Tum Muo。

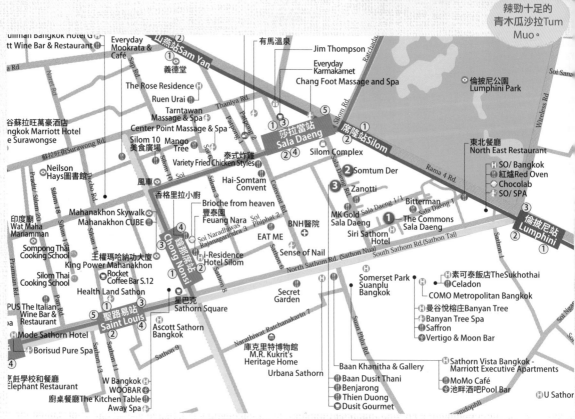

國立體育館站

暹邏站

莎拉當站

鐘那席站

蘇叻沙克站

沙潘塔克辛站

塔叻蒲站

❸ Baan Dusit Thani

🚇莎拉當站4號出口，步行5~10分鐘　🏠116 Sala Daeng Rd., Silom　☎022009009
baandusitthani.com

　　杜喜塔尼（Dusit Thani）是一家五星級酒店，在整修期間為了讓酒店的員工們持續有工作，業主便把不遠處的一幢豪華私宅改頭換面，打造成**4間不同風格的餐廳、酒吧及咖啡廳**，錯落在花木扶疏的庭園裡。不料這項過度時期的措施比預期的還要成功，4間食肆分別打出鮮明的風格，皆頗受歡迎。

天堂Thien Duong

🕐每日11:00~14:30、17:30~22:00　💳可　注意：建議事先訂位

　　Thien Duong是一家古典風格的越南餐廳，裝潢融合了越南的熱帶風情和法式的優雅貴氣。菜單以**傳統越南料理為基礎，大廚善加運用泰國盛產的食材**，讓炸春捲、甘蔗蝦、炸鱸魚等都有更精彩的呈現，道地的口味與精巧的手藝獲得米其林的肯定。

> 甘蔗蝦是他們家的招牌開胃菜，幾乎每一桌都有出現它。

Benjarong

🕐每日11:00~14:30、17:30~22:00
💳可

　　「Benjarong」是一種泰式彩繪搪瓷的名字，又有「五種顏色」的意思，因此餐廳不但**以這種彩繪搪瓷器作為裝飾主軸，菜色也以具有皇家風味的泰菜為主**。這幢純白的建築原屬私人宅邸，餐桌設置在不同的廳室裡就像獨立的包廂，用餐環境優雅而不被其他人打擾，頗能體驗在泰國豪宅裡享用家宴的感覺。

> 一邊做溫暖的日光浴，一邊享用下午茶，度過一個美好的午後！

Dusit Gourmet

🕐每日7:00~22:00　💳可

　　無論是飲料還是手工糕點，**Dusit Gourmet都發揮天馬行空的創意**，例如添加了新鮮橘汁、柑橘片和迷迭香的濃縮咖啡，或是綜合了蘋果汁與奇異果汁的特調咖啡，獨特的酸甜滋味拿捏得恰如其分。而各式蛋糕更是引人食指大動，早午餐也很受歡迎。

國立體育館站

遷邏站

莎拉當站

鐘那席站

蘇叻沙克站

沙潘塔克辛站

塔叻蒲站

莎拉當站
Sala Daeng

① 帕蓬夜市Patpong Night Market

🚶莎拉當站1號出口步行約2分鐘 📍Soi Patpong, Silom Rd. ⏰18:00~1:00(各店不一)

　　帕蓬夜市又稱席隆夜市(Silom Night Market)，算是**曼谷早期發展的觀光夜市**，白天只有一些路邊攤或水果販，傍晚販售各色商品的小販開始聚集。附近**平價泰式按摩店**相當多，可謹慎挑選略為明亮的店家，盡情享受泰國最著名的按摩。

② 蘇拉旺小吃街

💭從白天到夜晚，眾多小吃攤隨時讓人一飽口福。

🚶莎拉當站1號出口步行約5分鐘 📍Surawong Rd. ⏰24小時

🏅達人力推

　　帕蓬夜市主要以「買」為主，如果逛累了想要吃點好吃的，不妨到蘇拉旺街上找看看。蘇拉旺街並不寬闊，鎮日裡車水馬龍，**街道兩旁無論是白天或晚上，都有許多小吃攤在營業**，包括魚丸湯、米粉湯、燒烤、便當、木瓜沙拉、冰品等都吃得到。

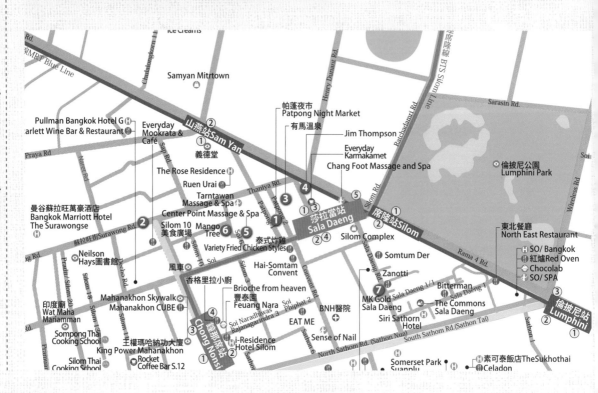

一聽到有馬溫泉的店名，就知道是以吸引日本觀光客為目標。

③ 有馬溫泉Arima Onsen

🚇莎拉當站1號出口步行約3~5分鐘 📍37/10-14 Soi Surawongse Plaza, Surawongse Rd. ☎026327041 🕐按摩9:00~00:00；桑拿、溫泉11:00~23:00 💲泰式按摩1小時350B、2小時600B 可 🌐www.facebook.com/arima.onsen.thailand

位於與帕蓬街平行巷子裡的有馬溫泉，**已有超過20年歷史**。雖然不是真正的溫泉，但設有日本式的風呂，有兩池熱水、一池冷水和烤箱室，讓客人可以享受三溫暖，其他療程包括泰式按摩、腳底按摩、精油按摩、韓式刷背、護臉、護腳等，選擇眾多。

④ Jim Thompson

🚇莎拉當站3號出口步行約3~5分鐘 📍9 Surawong Rd. ☎026328100 🕐9:00~20:00 可 🌐www.jimthompson.com

高級泰絲品牌旗艦店，展示精緻泰絲製品。

達人力推

Jim Thompson儼然是泰國高級泰絲織品的代名詞，位於曼谷Surawong Rd.和Rama 4 Rd.交叉口的總店，1樓展示泰絲小物，從化妝包、小錢包到領帶、絲巾一應俱全；2樓以家飾、寢具為主；3樓則有家具，織品色澤鮮亮，觸摸的質感柔軟細膩，價格當然也不斐。

⑤ Center Point Massage & Spa (Silom)

🚇莎拉當站1號出口步行約5~8分鐘 📍128/4-5 Silom Soi 6, Silom Rd. ☎026340341 🕐10:00~00:00 💲泰式按摩1小時450B、泰式草藥按摩90分鐘1050B 🌐www.centerpointmassage.com

Center Point Massage & Spa系列的Silom分店，服務品質維持既有水準，在這裡能享受到優質的服務與款待。這裡的裝潢不同於其他的分店，以泰式藝術和文學為概念設計而成，潔白明亮的大廳掛著幾盞藝術燈，壁櫃內擺放佛像和藝術品，處處展現泰國藝術情調。

⑥ Mango Tree

🚇莎拉當站1號出口步行約8~10分鐘 📍37 Soi Tantawan, Surawongse Rd. ☎022362820 🕐12:00~23:00 可

在百年老屋中享用料好實在的泰國菜。

達人力推

曼谷Mango Tree的建築是一座建於拉瑪五世時代、近百年歷史的老房子，庭院裡樹齡60多歲的芒果樹，便是店名的由來。**酸辣蝦湯是Mango Tree的招牌湯品**，而國民料理Pad Thai也有不同樣貌，店家在炒好的麵上，仔細覆上一層廚師費工製作的蛋網，金黃色澤讓炒麵美味更加分。

除了市區的店面之外，Mango Tree在蘇汪那蓬國際機場一、二航廈也各有設點，讓旅人在回家前還可以享用料理。

⑦ MK Gold & Le Siam Sala Daeng

🚇莎拉當站4號出口步行約5分鐘 📍118 Saladaeng Rd. ☎0830996228 🕐11:00~21:15 可 🌐www.mkrestaurant.com

超人氣連鎖火鍋店與高檔泰菜餐廳相連，兩種美味一次享用。

達人力推

MK是泰國享譽多年的火鍋餐廳，火鍋料、熟食、生魚片、甜品等又多又新鮮，而MK Gold餐廳系列**同樣是火鍋吃到飽，食材等級又向上提升**。莎拉當分店和Le Siam餐廳連在一起，同樣也是MK餐飲集團旗下的連鎖餐廳，專門提供精緻高檔的泰國料理。

MK Gold系列讓大家吃得更精緻，用餐氣氛也更悠閒。

53

國立體育館站

運運站

莎拉當站

鐘那席站

蘇叻沙克站

沙潘塔克辛站

塔叻蒲站

莎拉當站
Sala Daeng

❶ Bitterman

🚇莎拉當站4號出口步行10~15分鐘，或地鐵倫披尼站2號出口步行10~15分鐘 📍120/1 Sala Daeng Rd., Silom ☎00638462288 ✔️ 11:00~23:00 ✅可 🌐www.facebook.com/bitterman.bkk

　　位在鬧區之中的巷弄裡，門口植栽蓬勃，盎然的綠意頗引人注目，而主建築整體**宛如玻璃花房的造型，更彷彿城市中的綠洲**。這間庭園風格的西餐廳，菜單從沙拉、漢堡、炸雞到義大利麵、牛排，選擇非常豐富，加上優越的用餐氛圍，很快成為網路上的打卡名店。

❷ Baan Khanitha & Gallery

🚇莎拉當站2號出口步行約8~10分鐘 📍67,69 South Sathorn Rd. ☎026754200 ✔️ 11:00~23:00 ✅可 🌐www.baan-khanitha.com

> 餐廳環境優美，彷若進入大宅邸內品嘗精緻泰國佳餚。

> 達人力推

　　Baan Khanitha & Gallery以供應**泰國中部料理**為多，如柚子沙拉、咖哩螃蟹、咖哩鴨肉等，其中**咖哩鴨肉**還曾經獲得《**Bangkok Dining & Entertaiment**》雜誌票選評定**為Exclusive Thai Signature Dishes**。

❸ Convent Rd.

🚇莎拉當站2號出口，步行5~10分鐘 📍Convent Road ❌不可

　　這條與席隆路垂直的小街道，以「修道院」為名，是因為早年有聖約瑟夫修道院(St. Joseph Convent)坐落於此，如今各級學校、博物館、醫院沿途分布，可說是鬧市之中的文教區。除了固定的餐廳店家，也吸引來水果、快炒飯麵、冰品、甜點等攤販集結成市，是**尋找價廉物美、道地街頭美食的理想去處**。

> 推薦青木瓜沙拉配鹹蛋Som Tam Kai kem，風味獨具。

> 在地客人居多的道地餐廳，以青木瓜沙拉最受推薦。

❹ Hai-Somtam Convent

🚇莎拉當站2號出口步行約4分鐘 📍2/4~5 Convent Rd ☎026310216 🕐11:00~21:00 📅週日

> 達人力推

　　Som Tam青木瓜沙拉是泰國東北的招牌菜餚，這裡平日傍晚的生意非常好，客人看起來都是附近的上班族，**簡單的打拋、青木瓜沙拉和糯米飯**就可以是一天圓滿的句點。雖然客人以當地人為多，但店家也備有英文菜單，點菜不用擔心。

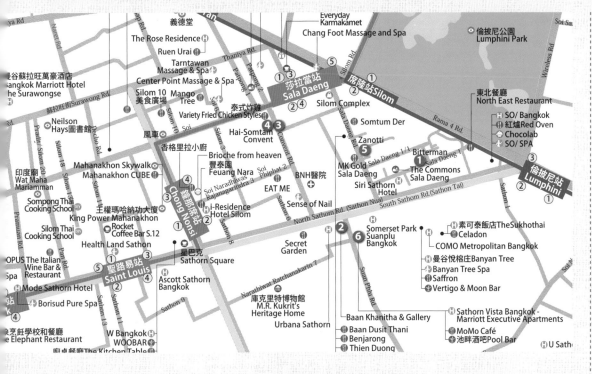

義德堂
The Rose Residence 🅗
Ruen Urai 🅗
Tarntawan
Massage & Spa
Center Point Massage & Spa
曼谷蘇拉旺萬豪酒店
Bangkok Marriott Hotel
The Surawongse
Silom 10
美食廣場
Mango Tree
泰式炸雞
Variety Fried Chicken Styles
Neilson
Hays圖書館
風車
香格里拉小廚
Hai-Somtam Convent
Brioche from heaven
豐泰園
Feuang Nara
Mahanakhon Skywalk
Mahanakhon CUBE
印度廟
Wat Maha
Mariamman
Sompong Thai
Cooking School
Silom Thai
Cooking School
王權瑪哈納功大廈
King Power Mahanakhon
Rocket
Coffee Bar S.12
Health Land Sathon
OPUS The Italian
Wine Bar &
Restaurant
Mode Sathorn Hotel
Borisud Pure Spa
烹飪學校和餐廳
e Elephant Restaurant
廚桌餐廳The Kitchen Table
W Bangkok
WOOBAR

Everyday
Karmakamet
Chang Foot Massage and Spa
倫披尼公園
Lumphini Park
莎拉當站
Sala Daeng
席隆站Silom
Silom Complex
Somtum Der
Zanotti
Bitterman
MK Gold
Sala Daeng
The Commons
Sala Daeng
Siri Sathorn
Hotel
BNH醫院
EAT ME
Sense of Nail
i-Residence
Hotel Silom
North Sathom Rd. (Sathon Nua)
South Sathom Rd. (Sathon Tai)
Secret
Garden
Somerset Park
Suanplu
Bangkok
庫克里特博物館
M.R. Kukrit's
Heritage Home
Urbana Sathorn
Baan Khanitha & Gallery
Baan Dusit Thani
Benjarong
Thien Duong
鐘那席站
Chong Nonsi
聖路易站
Saint Louis
Ascott Sathorn
Bangkok
Sathorn Square
星巴克

東北餐廳
North East Restaurant
SO/ Bangkok
紅爐Red Oven
Chocolab
SO/ SPA
素可泰飯店TheSukhothai
Celadon
COMO Metropolitan Bangkok
曼谷悅格庄Banyan Tree
Banyan Tree Spa
Saffron
Vertigo & Moon Bar
Sathorn Vista Bangkok -
Marriott Executive Apartments
MoMo Café
池畔酒吧Pool Bar
U Sathor
倫披尼站
Lumphini

國立體育館站
運邁站
莎拉當站
鐘那席站
蘇叻沙克站
沙潘塔克辛站
塔叻蒲站

⑤ Zanotti

🚇莎拉當站4號出口步行約5分鐘 📍21/2, 1st Floor, Saladaeng Colonade Condominium, Saladaeng Rd. ☎026360002 🕐11:30~14:00、18:00~22:30 💳可 🌐www.zanotti-ristorante.com

從1998年由名廚Gianmaria Zanotti創立至今，**不但敢自豪是全曼谷最棒的義大利餐廳，就連放眼亞洲也當之無愧**。主廚運用純熟的廚藝，變化出最道地的北義大利風味料理。手工義大利麵是在自家廚房每天現做，其他配料大多遠從義大利進口，還有選擇眾多的酒單，讓在Zanotti用餐成為最佳享受。

> 名廚當家的北義大利料理。

⑥ Sathorn Vista Bangkok Marriott Executive Apartments

🚇莎拉當站2號出口步行約12分鐘；地鐵席隆站2號出口或倫披尼站2號出口，步行約12~14分鐘可達 📍1 Sathorn Soi 3 South Sathorn Rd. ☎023436789 💰單臥室公寓套房3,999B起(房價每日調整) 💳可 🌐www.marriott.com

這裡共有186間套房，所有房間除了電視、免費無線上網等基本設施外，都有設備完善的廚房、洗衣機、冰箱等，是每天都會有人來打掃的**公寓式飯店**，分為1~3間臥室的套房，即使**最小的套房面積也達65平方公尺，非常寬敞舒適**。

飯店裝潢風格流線、新潮，備有1間餐廳、健身房、三溫暖，以及對身體健康頗有助益的戶外鹹水游泳池，5樓還有設備完善的兒童遊戲室等，硬體設施充裕，服務態度也非常貼心周到。

國立體育館站

暹邏站

莎拉當站

鐘那席站

蘇叻沙克站

沙潘塔克辛站

塔叻蕭站

莎拉當站
Sala Daeng

Silom Complex是熱鬧的席隆路上唯一的大型百貨公司。

① Silom Complex

🚇莎拉當站4號出口，從空橋可直達商場 🏠191 Silom Rd. ☎026321199
🕙10:30~22:00 ⏰可 🌐www.silomcomplex.co.th/en/home

　Silom Complex是一棟高達31層的大樓，**購物中心則從地下1樓到地面上5樓，一些知名的國際和泰國品牌**，3樓更集結了多家美容、療養中心，整修後整體品質大幅提升，寬敞明亮的動線，逛起來非常舒適愜意。

Oriental Princess

🏠2F ☎022313272 🌐www.
orientalprincess.com

採天然香草花卉製作的保養品，平價防曬乳頗受好評。

達人力推

　Oriental Princess可說是泰國本地的Body Shop，雖說在泰國不難找到價廉物美的美容保養用品，但店家強調**商品取自泰國當地的天然香草花卉製作**。該品牌的防曬乳頗受好評，若旅行前忘了備妥防曬保養用品，到Oriental Princess逛一趟就夠了。

進口商的自家品牌餐廳，店如其名，無數美酒任君挑選。

Wine Connection Bistro

🏠BF ☎022313149 🌐www.wineconnection.
co.th

達人力推

　Wine Connection是一家美酒的專業進口商，以泰國曼谷為基地，從世界各地代理超過500種品牌的美酒，包括紅白葡萄酒、香檳、啤酒等，也進口玻璃杯系列和其他飲酒相關產品。這家位於Silom Complex地下室的分店，屬於法式小酒館型態，**可以吃到全天候供應的早餐、義大利麵、牛排等西式餐點**，當然更有無數的美酒任君挑選。

The Rose Residence
Ruen Urai
Tarntawan Massage & Spa
Center Point Massage & Spa
Chang Foot Massage and Spa
倫披尼公園 Lumphini Park
曼谷萬豪酒店 Marriott Hotel wongse
莎拉當站 Sala Daeng
席隆站 Silom
Silom 10 美食廣場
Mango Tree
東北餐廳 North East Restaurant
Neilson Hays圖書館
泰式炸雞
Variety Fried Chicken Styles
Silom Complex
SO/ Bangkok
紅爐 Red Oven
Chocolab
SO/ SPA
風車
Hai-Somtam Convent
Somtum Der
Zanotti
香格里拉小廚
Brioche from heaven
Mahanakhon Skywalk
Mahanakhon CUBE
豐泰園 Feuang Nara
Bitterman
MK Gold Sala Daeng
The Commons Sala Daeng
Siri Sathorn Hotel
EAT ME
BNH醫院
Chong Nonsi
王權瑪哈納功大廈 King Power Mahanakhon
i-Residence Hotel Silom
Sense of Nail
Rocket Coffee Bar S.12
Health Land Sathon
Secret Garden
Somerset Park Suanplu Bangkok
素可泰飯店TheSukhothai
Celadon
COMO Metropolitan Bangkok
曼谷悅榕庄Banyan Tree
Banyan Tree Spa
Saffron
Vertigo & Moon Bar
聖路易站 Saint Louis
星巴克
Sathorn Square
Ascott Sathorn Bangkok
Sathorn
庫克里特博物館 M.R. Kukrit's Heritage Home
Urbana Sathorn
Baan Khanitha & Gallery
Sathorn Vista Bangkok - Marriott Executive Apartments
Borisud Pure Spa
Baan Dusit Thani
Benjarong
Thien Duong
Dusit Gourmet
MoMo Café
池畔酒吧Pool Bar
U Sathorn Ban
W Bangkok
WOOBAR
廚桌餐廳The Kitchen Table
Away Spa
曼谷薩通JC凱文酒店

國立體育館站
邏邏站
倫披尼站 Lumphini
莎拉當站
鐘那席站
蘇叻沙克站
沙潘塔克辛站
塔叻蒲站

❷ Urbana Sathorn

🚇莎拉當站2號出口步行約8~10分鐘 🏠55 South Sathorn Rd. ☎022279999 💰單臥套房(1 Bedroom Deluxe)2,800B起(房價每日調整) 💳可 🌐www.urbanahospitality.com/urbana-sathorn

　　如果親友4人以上同遊曼谷，有時候找公寓式飯店，反而比訂觀光飯店更划算、方便。Urbana Sathorn客房分有單臥、雙臥、三臥3種公寓式套房，每種房型都有陽台，基本單臥套房就有20坪大，客廳、餐廳、廚房和工作桌都有獨立空間，**雙臥和三臥室套房就非常適合家庭入住。**

❸ Somerset Park Suanplu Bangkok

🚇莎拉當站4號出口，或地鐵倫披尼站2號出口，皆步行約10~12分鐘 🏠39 Soi Suanplu, South Sathorn Rd. ☎026794444 💰一房一廳(1-Bedroom Deluxe)約2,200B(房價每日調整) 💳可 🌐www.discoverasr.com/en/somerset-serviced-residence/thailand/somerset-park-suanplu-bangkok

　　向來**主打家庭旅遊客層**的Somerset Park Suanplu Bangkok，最大的房型為三房兩廳，最小的也有一房一廳約21坪大，客房都配有完整的廚房配備，單臥房的高級房型以上就配有雙衛浴。飯店提供免費嘟嘟車接駁到捷運站、商辦大樓等地，無論是對觀光客或商旅客來說都很方便。

國立體育館站

運運站

莎拉當站

鐘那席站

蘇叻沙克站

沙潘塔克辛站

塔叻蒲站

鐘那席站
Chong Nonsi

① Sompong Thai Cooking Class

🚇鐘那席站3號出口步行約8分鐘 🏠2/6-8, Silom soi 13, Silom Rd. ☎0847798066 ⏰上午班9:30~13:30(含菜市場)、下午班15:00~19:00 💲每人每堂課4~5道菜，大約1,300B 🌐www.facebook.com/sompongthaicookingschool

泰式料理課程從傳統菜場開始，老師仔細解釋椰奶和椰漿的差異，魚露、羅望子、棕櫚糖以及中式料理中較少用到的乾式香料、新鮮香草和各式品種的辣椒。回到教室內，只要照著老師的步驟，就可輕鬆完成，也可依照自己的喜好調整口味。

> 不只是料理口味，老師還細心地教大家切割原料做成花朵，或是利用香草點綴最後的擺盤。

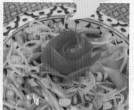

② Everyday Moo Krata & Cafe

🚇鐘那席站3號出口，步行7~10分鐘 🏠6 Naradhiwas Rajanagarindra Rd, Suriya Wong, Bang Rak ☎0957244521 ⏰13:30~23:30 💳可 🌐www.facebook.com/everyday.bangkok/

Moo Krata在泰文是「平底鍋烤肉」的意思，這家外觀時髦的Everyday，白天是文青風的咖啡廳，晚上則成了熱鬧滾滾的烤肉火鍋店。店裡的用餐方式，可謂結合韓國的銅盤烤肉與中式的火鍋，頗受當地年輕人歡迎。

③ 王權瑪哈納功大樓
King Power Mahanakhon

🚇鐘那席站3號出口，步行約3分鐘 🏠114 1 Naradhiwas Rajanagarindra Rd

> 曼谷最高建築地標，最具話題性的大樓！

> 達人力推

Mahanakhon大樓外觀看起來是不規則的積木堆疊，其實是以「像素化」為設計概念，保證看上第一眼，就無法忘記它的模樣。這棟大樓集合了住宅、酒店、商場與餐廳，還有2018年開幕的頂樓觀景台，讓旅客能夠飽覽曼谷的城市風光。

曼谷最高建築地標，最具話題性的大樓！

王權瑪哈納功天空步道
King Power Mahanakhon Skywalk

🚇鐘那席站3號出口，步行約3分鐘 🏠114 1 Naradhiwas Rajanagarindra Rd. ☎026778721 ⏰10:00~19:00，18:30以後截止入場 💲全票1,080B起 💳可 🌐kingpowermahanakhon.co.th

> 從地面仰望，只見一片透明的玻璃之上，人小得像螞蟻一般。

這幾年非常流行天空步道，而目前全泰國最高的王權瑪哈納功大樓（King Power Mahanakhon）頂樓的天空步道，驚嚇指數絕對可以稱冠群倫。

天空步道位於離地314公尺的78樓，樓頂還有透明的玻璃平台，光是站上去就需要莫大的勇氣！黃昏時分光臨，可以從泰國的最高處看到曼谷白天的街景、夕陽和暮色。

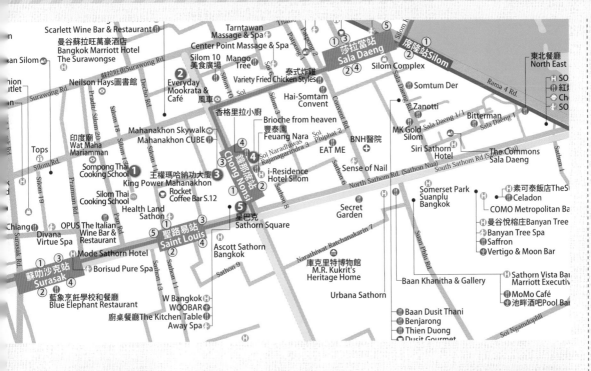

Scarlett Wine Bar & Restaurant
曼谷蘇拉旺萬豪酒店
Bangkok Marriott Hotel
The Surawongse
蘇拉旺街Surawong Rd.
Neilson Hays圖書館
Everyday
Mookrata &
Café 風車
Silom 18
Silom 19
Tarntawan
Massage & Spa
Center Point Massage & Spa
Silom 10
美食廣場
Mango
Tree
Variety Fried Chicken Styles
泰式炸雞
Hai-Somtam
Convent
莎拉當站
Sala Daeng
席隆站Silom
東北餐廳
North East
Silom Complex
Somtum Der
Rama 4 Rd.
SO
紅火
Ch
SO
Zanotti
MK Gold
Silom
Bitterman
Sala Daeng 1/1
Sala Daeng
香格里拉小廚
Brioche from heaven
豐泰園
Feuang Nara
EAT ME
BNH醫院
Siri Sathorn
Hotel
The Commons
Sala Daeng
印度廟
Wat Maha
Mariamman
Tops
Mahanakhon Skywalk
Mahanakhon CUBE
Sompong Thai
Cooking School
王權瑪哈納功大廈
King Power Mahanakhon
鐘那席站
Chong Nonsi
Soi Naradhiwas
Rajanagarindra 3
i-Residence
Hotel Silom
Sense of Nail
North Sathorn Rd.（Sathorn Nua)
South Sathorn Rd.（S
素可泰飯店TheS
Celadon
COMO Metropolitan Ba
曼谷悅榕庄Banyan Tree
Banyan Tree Spa
Saffron
Vertigo & Moon Bar
Silom Thai
Cooking School
Health Land
Sathon
Rocket
Coffee Bar S.12
Somerset Park
Suanplu
Bangkok
Chiang
OPUS The Italian
Wine Bar &
Restaurant
Divana
Virtue Spa
星巴克
Sathorn Square
聖路易站
Saint Louis
Secret
Garden
蘇叻沙克站
Surasak
Mode Sathorn Hotel
Borisud Pure Spa
Ascott Sathorn
Bangkok
Narathiwat Ratchanakarin 7
庫克里博物館
M.R. Kukrit's
Heritage Home
Baan Khanitha & Gallery
Sathorn Vista Ba
Marriott Executiv
MoMo Café
池畔酒吧Pool Bar
藍象烹飪學校和餐廳
Blue Elephant Restaurant
W Bangkok
WOOBAR
廚桌餐廳The Kitchen Table
Away Spa
Urbana Sathorn
Baan Dusit Thani
Benjarong
Thien Duong
Dusit Gourmet

國立體育館站
暹邏站
莎拉當站
鐘那席站
蘇叻沙克站
沙潘塔克辛站
塔叻蒲站

Mahanakhon CUBE

☎026778721 ⏰10:00~22:00(各店不一) 🅒可 🅤mahanakhoncube.com

地面層的Mahanakhon Eatery進駐了7家世界知名餐廳，像是Isabella、Another Hound系列餐廳Meat and Spice、el' mar、Maison Du Vin 等，是聚餐的首選之地。而往上一層則是比較接地氣的Thai Taste Hub，將12家曼谷高人氣餐廳以路邊攤的設計呈現，加上模仿街頭的裝潢，打造出一條室內美食街。

④ Brioche from heaven

🚇鐘那席站4號出口步行約5分鐘 ☖156 Naradhiwas Rajanagarindra Rd 📞 0648470049 ⏰9:00~19:00 🅤www. facebook.com/profile. php?id=100068165625973

位於安靜巷子裡的Brioche from heaven，兩層樓高的紅磚建築，走進巷子那瞬間彷彿來到巴黎街頭。就如它的名字一樣，光是布里歐的選擇就很豐富，如招牌布里歐「Brioche from heaven」是肉桂口味的布里歐搭配焦糖醬和胡桃，都很值得嘗試。

> 歐式麵包控
> 不可錯過！

⑤ Starbucks Sathorn Square

> 在玻璃屋下消磨時間還算蠻特別的體驗。

🚇鐘那席站1號出口步行約5分鐘 ☖10 South Sathon Rd 📞0982514517 ⏰週一～週五, 06:30~20:00；週六～週日、國定假日08:00~18:00

從捷運站出口的天橋上，遠遠就看到這個造型奇特的星巴克。第一眼看覺得像聖誕樹，左看看又覺得像竹筍，右看看有點像倫敦的聖瑪莉艾克斯30號大樓。路過這裡的話，欣賞這特殊造型的星巴克。

59

國立體育館站

暹邏站

莎拉當站

鐘那席站

蘇吥沙克站

沙潘塔克辛站

塔吥蕭站

鐘那席站
Chong Nonsi

> 走進巷弄看見這棟漂亮的白木屋讓人眼睛為之一亮，它同時是間有名的泰國餐廳。

① Silom 10美食廣場

📍鐘那席站4號出口步行約10分鐘 🏠10 South Sathon Rd 🕐09:00~17:00 ❌週六、週日

　Silom 10美食街分為兩半，一邊賣吃的，另一邊是吃穿用的日常用品和雜貨。這邊幾乎100泰銖內就可以解決一餐，價格實惠且選擇豐富，但這裡並非一般遊客會造訪的地方，所以大多都沒有英文菜單喔！

② Silom Thai Cooking School

📍鐘那席站3號出口步行約8分鐘 🏠6/14 Decho Road ☎0847265669 🕐上午9:00~12:20(含菜市場)、下午13:40~17:00、晚間課程18:00~21:00 💲6道料理大約1,200B ❌不可 🌐silomthaicooking.com ✍採預約制，預約時可選擇課程菜色和時段

> 收費不高的料理教室，先逛菜市場再自己當大廚！

> 達人力推

　Silom Thai Cooking School是很受各國自助旅行者喜愛的廚藝教室，收費低廉，煮出來的菜很好吃。在網站上預約報名時即可選擇喜歡的課程菜色和時段，授課老師會領著眾人到附近市場買菜，並解說泰國特色蔬果、香料，而後來到隱藏在巷弄裡的教室上課。3小時的課程共6道料理，每做完一道菜就會到餐廳教室享用剛完成的料理。

③ 豐泰園
Feuang Nara

📍鐘那席站2號出口步行約2~3分鐘 🏠3 Naradhiwas Rajanagarindra Rd ☎022332410 🕐11:00~23:00 ⭕可 🌐www.facebook.com/FeuangNara

> 達人力推

> 在老木屋內享泰國家庭式菜餚，老闆來自中區潮州，點菜說中文也能通。

　餐廳本身是一棟屋齡超過70年的老房子，多年前周邊還有一些類似的住屋，後因建商看中這塊地的商機，紛紛力勸屋主們出售，只有豐泰園的老闆堅持保留。由於老闆一家人來自中國潮州，在這裡點菜說中文也通，加上老闆娘超級親切，用餐氣氛極佳。這裡提供的是泰式家庭式佳餚，品嘗到的全是有著好手藝的老闆娘精心設計的菜單。

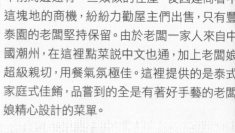

④ Ascott Sathorn Bangkok

📍鐘那席站1號出口步行約5分鐘 🏠No 7, South Sathorn Rd. ☎026766868 💲單臥套房(One Bedroom Executive) 6,400B起(房價每日調整) ⭕可 🌐www.the-ascott.com

　Ascott Sathorn Bangkok是該集團的奢華系列，提供的住房設備齊全，最基本房型也有將近18坪，空間舒適、擺設優雅，規劃2~3間臥房套房，也相當適合和家人同遊。飯店特別安排了接待門房(Concierge)，可以回答相關旅遊問題、代訂觀光行程、交通接駁等。

The Rose Residence ♨
Chang Foot Massage and Spa
Lumphini P
Pullman Bangkok Hotel G
Scarlett Wine Bar & Restaurant
曼谷蘇拉旺萬豪酒店
Bangkok Marriott Hotel
The Surawongse
Ruen Urai
Tarntawan
Massage & Spa
Center Point Massage & Spa
Thaniya Rd.
Patpong 1
Silom Rd.
① ③ 莎拉當站
Sala Daeng
① ③ 席隆站Silom
⑤
東北餐廳
North East
an Silom
Neilson Hays圖書館
拉惹旺旺Surawong Rd.
Silom 10
美食廣場
Mango
Tree
Sol Phipong 1
泰式炸雞
Variety Fried Chicken Styles
Silom Complex
② ④
② ④
Somtum Der
SO
紅鬼
Che
SO
Rama 4 Rd.
ashion
utlet
Surawong Rd.
Praditr Silom 20
Dechar Rd.
Everyday
Mookrata &
Café
風車
香格里拉小廚
Hai-Somtam
Convent
Convent Rd.
Zanotti
Somtum Der
Wat Maha
Mariamman
印度廟
Silom 18
Brioche from heaven
豐泰園
Feuang Nara
Sol
Phiphat 2
Sala Daeng 1/1
MK Gold
Silom
Bitterman
Sala Daeng 1
Tops
Mahanakhon Skywalk
Mahanakhon CUBE
王權瑪哈納功大廈
King Power Mahanakhon
Chong Nonsi
Sol Naradhiwas
Rajanagarindra 3
EAT ME
BNH醫院
Siri Sathorn
Hotel
The Co
Sala Daeng
Silom Rd.
Pramuan Rd.
Silom 19
Sense of Nail
South Sathorn Rd. (Sathorn
The Commons
Sala Daeng
Silom Thai
Cooking School
Sompong Thai
Cooking School
⑤ Rocket
Coffee Bar S.12
i-Residence
Hotel Silom
③
鐘那席站
Chong Nonsi
② ①
Silom 8
North Sathorn Rd. (Sathorn Nua)
Somerset Park
Suanplu
Bangkok
素可泰飯店TheS
Celadon
COMO Metropolitan Ba
Chiang
Health Land
Sathon
⑥
聖路易站
Saint Louis
星巴克
Sathorn Square
③
曼谷悅榕庄Banyan Tree
Banyan Tree Spa
Saffron
Vertigo & Moon Bar
OPUS The Italian
Wine Bar &
Restaurant
Divana
Virtue Spa
⑤
④
Ascott Sathorn
Bangkok
Suan Phia Rd.
Secret
Garden
蘇叻沙克站
Surasak
Mode Sathorn Hotel
④
Sathorn 9
Narathiwat Ratchanakarin 7
庫克里特博物館
M.R. Kukrit's
Heritage Home
Baan Khanitha & Gallery
Sathorn Vista Ba
Marriott Executive
MoMo Café
池畔酒吧Pool Ba
Borisud Pure Spa
Sathorn 13
藍象烹飪學校和餐廳
Blue Elephant Restaurant
W Bangkok
WOOBAR
廚桌餐廳The Kitchen Table
Away Spa
Urbana Sathorn
Baan Dusit Thani
Benjarong
Thien Duong
Soi Ngamduphli

國立體育館站
暹邏站
莎拉當站
鐘那席站
蘇叻沙克站
沙潘塔克辛站
塔叻蒲站

⑤ Rocket Coffeebar S.12

鐘那席站3號出口步行約8分鐘 149, Sathorn Soi 12 096 791 3192 7:00~17:00 www.facebook.com/RocketCoffeebar

Rocket Coffeebar 的創辦人Ben-David Sorum結合了過去在國外各城市生活時的咖啡風情，打造新型態的Rocket Coffeebar，帶領了曼谷的精品咖啡館風潮。這裡也是曼谷最受歡迎的早午餐之一，中央廚房每日新鮮烘焙麵包，別忘了嚐一嚐招牌冷泡咖啡「Rocket Fuel」，調配了泰國、印尼、巴西、瓜地馬拉四個產區的淺焙咖啡豆而成。

招牌冷泡咖啡 Rocket Fuel，倒入盛了冰塊的玻璃杯，放一片新鮮柳橙，果味濃郁的微酸咖啡融會柳橙的清新甘香，有如燃料般令人精神一振。

Rocket's Benedict 4.0是店內招牌。

⑥ Health Land

鐘那席站1號出口步行約8~10分鐘 120 North Sathorn Rd. 026378883 9:00~23:00 泰式傳統按摩2小時650B www.healthlandspa.com

位於Sathorn區的Health Land分區是一幢豪華的白色獨棟建築，排場很大、客人很多，若不事先預約可能得等上1小時以上。Health Land之所以受到旅客青睞，除了環境整潔之外，按摩師的手法是讓客人再三光顧的主因，遵循傳統手技、力道適中，舒筋活骨的暢快感不可言喻。

國立體育館站

暹邏站

莎拉當站

鐘那席站

蘇叻沙克站

沙潘塔克辛站

塔叻蒲站

鐘那席站
Chong Nonsi

①Pullman Bangkok Hotel G

🚇鐘那席站3號出口步行約5~6分鐘 📍188 Silom Rd.
☎023524000 💲雙人房約3,150B起(房價每日調整) 🅿
可 🌐www.pullmanbangkokhotelG.com

原為Sofitel的這家飯店,在法國集團旗下的Pullman Hotels和北京Hotel G聯手下,重新打造了這家交通便利、風格強烈的Pullman Bangkok Hotel G。大廳的紫色燈光彰顯其時尚、奢華氣息,飯店中有多家特色酒吧和餐廳,並設有圖書館、舞廳、畫廊等空間,從室外泳池更能直接欣賞曼谷的天際線。

Scarlett Wine Bar & Restaurant

📍37F ☎0968607990 🕐週一～週六
17:00~00:00、週日16:00~00:00 🅿可 🌐
www.randblab.com/scarlett-bkk

餐廳共有160個座位,超過150種酒類、20種雞尾酒隨機更換,並供應多款法式料理;除了會播放Deep House等沙發音樂外,週五和週六時也會有DJ現場演出,讓客人在曼谷夜景的陪伴下,享受音樂酒吧的氛圍。

> 從北京打響名號的Scarlett Wine Bar & Restaurant,在2012年進駐曼谷。

②香格里拉小廚
Shangarila Kitchen

🚇鐘那席站4號出口步行約2~分鐘 📍3 Naradhiwas Rajanagarindra Rd ☎026366841 🕐10:00~20:0
🅿可 🌐www.facebook.com ShangarilaRest

香格里拉小廚最知名的就是超大份量的「霸王將軍麵」,上菜時,必須要兩位服務生像扛神轎般扛著一大缸比臉盆還大的麵出場,彈牙麵條配上一整隻大龍蝦及紅蟳,旁邊鋪滿叉燒肉、香菇跟魚片,份量之多大概要5個人才吃的完。若胃口不大、人不多,也可以選擇招牌小籠湯包。

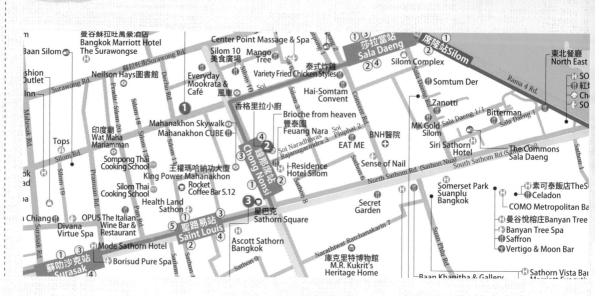

乍看W Bangkok，是兩幢現代感十足的建築物，31層高樓堆疊的玻璃牆白天在陽光下閃閃發光，晚上則透出大大的「W」，且不停地變換色彩。

③ W Bangkok

鐘那席站1號出口步行約1~2分鐘 ⚲106 North Sathorn Rd. ☎023444000 ⑤雙人房約6,000B起(房價每日調整) ⓟ可 ⓤ www.marriott.com/en-us/hotels/bkkwb-w-bangkok/overview/?scid=f2ae0541-1279-4f24-b197-a979c79310b0

W Bangkok共有407間客房或套房，內部空間寬敞，分別以藍、紫、金等不同顏色的玻璃隔間，搭配新潮又充滿設計感與質感的家具、以平板電腦觸控的燈光影音設備；而每間房都有浴缸和淋浴，更有W系列引以為傲的臥鋪、棉被、眾多材質可供選擇的枕頭等，讓人每夜都能香甜入夢。

廚桌餐廳
The Kitchen Table
⚲2F ⏰6:30~22:00

W飯店的主餐廳，早餐相當豐富，不但提供西式、泰式、中式、日式等繁多菜色，飲料的選擇更是多樣化，除了常見的各色果汁外，還有洛神茶、泰國特有的香茅茶、香蘭茶等，麵包和甜點更豐富到排至餐廳外面的走廊上。午晚餐則提供多樣化的國際菜單。

WOOBAR
⚲1F ⏰11:00~24:00

全球每間W Hotel都有WOOBAR，而且一定出現在接待大廳旁與之融成一氣；這裡全天候提供簡單的餐點和五花八門的雞尾酒，每當夜幕低垂，流瀉而出的動感音樂和燈光就開始放射無窮的魅力。

Away Spa
⚲6F ⏰09:00~21:00，採預約制 ☎023444160 ⑤泰式按摩60分鐘2,550B、90分鐘3,550B

承襲W Hotel一貫的風格，Away Spa面積遼闊，療程包括按摩、護臉、身體去角質、手足護理等，還有三溫暖、蒸氣室、土耳其浴、美髮沙龍，選擇眾多。療程室裡的芳療床設計得晶瑩剔透，還散放出紅、紫、粉紅等燈光，就連泰式按摩床也如法炮製，可說是全泰國最高貴絢麗的泰式按摩床了。

國立體育館站

暹邏站

莎拉當站

鐘那席站

蘇叻沙克站

沙潘塔克辛站

塔叻蒲站

蘇叻沙克站
Surasak

雖然Bangkokian Museum離熱鬧的觀光區有點遠，不過時間充裕的話頗值得走一遭。

① Infinity Spa

🚇蘇叻沙克站1號出口步行約10分鐘 🏠 1037/1-2 Silom Road, Sun Square, Silom Soi 21, Bang Rak ☎0910875824 🕐9:30~21:30 💲腳底按摩60分鐘800B起 🌐www.infinityspa.com

因國外旅客不少，**Infinity Spa也提供英文、韓文、中文的療程選單**，不必擔心語言問題，選定按摩療程後，店員會先送上**3款招牌精油Relax、Detox、Energize**，並一一解說成分和療效，提供顧客試用和選擇。而另一項受歡迎的服務為美容美甲，受到不少年輕女性的喜愛。

② Bangkokian Museum

🚇蘇叻沙克站1號出口步行約17分鐘；或地鐵山燕站1號出口步行約20分鐘 🏠273, Soi Charoen Krung 43, Charoen Krung Rd. ☎02337027 🕐10:00~16:00 🚫週一 💲免費 🌐www.facebook.com/BkkMuseum

走進花園宅邸館，瞧瞧舊時中級的居家生活

達人力推

Bangkokian Museum是一片闊達2,000平方呎的花園宅邸，裡面有3幢木造建築，深受當時吹入泰國的歐洲文化影響，其中兩幢盡力保持當年主人在此生活時的原樣，家具都維護得相當完善；另一幢則打通隔間，作為舊時日用品的展示空間。**博物館整體呈現大約1937~1957年間，泰國中產階級的生活方式。**

進入Infinity Spa，服務人員會先送上迎賓飲料和冰鎮的毛巾，讓心情沉靜下來。

③ Bangkok Fashion Outlet

🚇蘇叻沙克站1號出口步行約8分鐘 🏠919/1 Silom Rd. ☎026301000-125 🕐10:00~19:00 ☑可 🌐www.bangkokfashionoutlet.com

Bangkok Fashion Outlet是**曼谷市區首間Outlet**，由Central集團經營，內部有超過500個泰國本地及國際品牌，平均都有4~7折的優惠，更有機會用1折價格買到好貨。除了有男女童裝、鞋、包類商品之外，這裡也販售家居用品及行李箱等旅行用品，雖然賣場空間不算很大，還是可以慢慢挖寶。

Infinity Spa的3款招牌精油Relax、Detox、Energize，分別有不同療效。

餐廳隱身在一幢帶點殖民風的泰式木造房子裡，主建築帶點懷舊感，還有茂密的熱帶植物圍繞。

④ Baan Chiang

在殖民風木屋品嘗泰國中部菜。

達人力推

🚇蘇叻沙克站1號出口步行約5~6分鐘 🏠14 Soi Sri-vieng, Surasak Rd. ☎022367045 🕐週一～週五10:30~14:00、17:30~22:00，週六11:00~00:00，週日11:00~14:00、17:30~22:00 ⭕可 💻www.facebook.com/baanchiang1986

Ban Chiang主打**以海鮮為主的泰國中部菜色**，其中Sauteed Prawns with Garlic & White Pepper相當受到青睞，大火炸過的蝦子，放上大量炸過大蒜片、香茅、檸檬葉等香料，香氣四溢、口感極佳。常見的咖哩魚(Hom-mok)，店家也捨棄香蘭葉，改以椰子殼裝魚肉餡料去蒸，嘗起來別具風味。

⑤ 印度廟
Wat Maha Mariamman

🚇蘇叻沙克站3號出口步行約10~15分鐘，或聖路易站(Saint Louis)5號出口步行約10分鐘 🏠Pan Rd.和Silom Rd.路口

寺廟建於1897年，當地人稱「Wat Khaek Silom」，最初是由旅居曼谷的印度人所建，原本只有一座簡單的涼亭基台，爾後逐年收購土地增建至現今的規模。外牆用色鮮艷豐富，還有很多神祇浮雕，**曾被喻為曼谷最美麗的印度廟**。

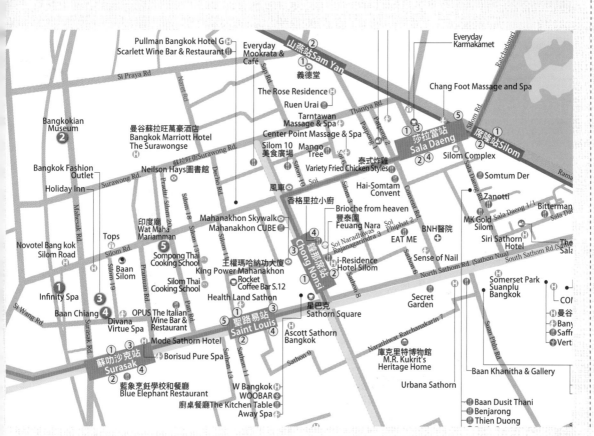

蘇叻沙克站
Surasak

> 餐點、美酒和餐廳環境都很受推崇，大受好評的正宗義式菜餚。

① OPUS The Italian Wine Bar& Restaurant

達人力推

🚇蘇叻沙克站3號出口步行約5~6分鐘 🏠64 Pan Rd. ☎0958733690 🕐18:00~00:00 🌐www.facebook.com/OPUSWINEBAR/

由來自義大利的老闆親自設計，全白的建築外觀，配上寫著店名的紅色圓棚屋頂十分顯眼。不只外觀吸睛，開業以來，**OPUS持續獲得客人喜愛，CNN和泰國媒體也大加讚揚**，時常被評為曼谷義式餐廳的首選。餐廳提供的餐酒多達500種，服務人員會親切地為客人挑選最適合的餐酒，讓客人享受細緻的服務與美味。

② Baan Silom

🚇蘇叻沙克站3號出口步行約10~12分鐘 🏠Soi Silom 19, Silom Roa ☎3690083 💰各店不一 🅿可 🌐www.baan-silom.com/home.html

在喧囂的曼谷市區中，Baan Silom是一個**寧靜、浪漫的歐式小角落**，有著殖民風格的室外拱廊，雖然只有3層樓高，不如其他大商場熱絡。餐廳除了常見的肯德基和Taling Pling，還有美式餐酒館的Nineteens Up、土耳其料理Ottoman、印度料理Taste of Mumbai與Saravana Bhavan。吃飽喝足還可以到1樓的咖啡廳坐坐、曬曬太陽。

> 上方設有鏡子，讓烹飪課學員可以看清楚老師的每一步動作。

> 除了有廚藝教室，也有販售茶壺、T恤等周邊商品。

> 做泰國菜正夯！到泰菜教學旗艦品牌，學做泰國好味道。

③ 藍象烹飪學校和餐廳
Blue Elephant Restaurant

達人力推

🚇蘇叻沙克站2或4號出口步行約1分鐘 🏠41 South Sathorn Rd. ☎026739353 🕐餐廳11:30~14:30、17:30~22:00；半日烹飪課程上午班8:45~13:00(含逛菜市場)、下午班13:30~16:00 💰半日烹飪課程上午班3,296B/人、下午班2,943B/人；全日烹飪課程5,885B 🅿可 🌐www.blueelephant.com/bangkok

藍象烹飪學校和餐廳一直都是曼谷市區**教授和提供泰國料理的旗艦品牌**，至今已在全球30個城市駐點。**餐廳以泰式皇家料理為主**，烹飪教室教授的泰國菜也以中部料理為多。

④ Mode Sathorn Hotel

蘇叻沙克站3號出口步行約1分鐘　144 North Sathorn Rd, Silom　026234555　雙人房約3,337B起(房價每日調整)　可　www.modesathorn.com

Mode Sathorn Hotel以「高雅都會生活型態」為定位,裡裡外外充滿設計感。飯店共有201間客房或套房,有的內部裝潢走摩登路線,大片的玻璃採光、極簡的線條搭配對比強烈的色彩;有的走泰國風路線,東方色澤的泰絲點綴在空間裡,柔和地散發光芒。11樓還設置了Borisud Pure Spa水療中心。

國立體育館站

邏邏站

莎拉當站

鐘那席站

蘇叻沙克站

沙潘塔克辛站

塔叻蒲站

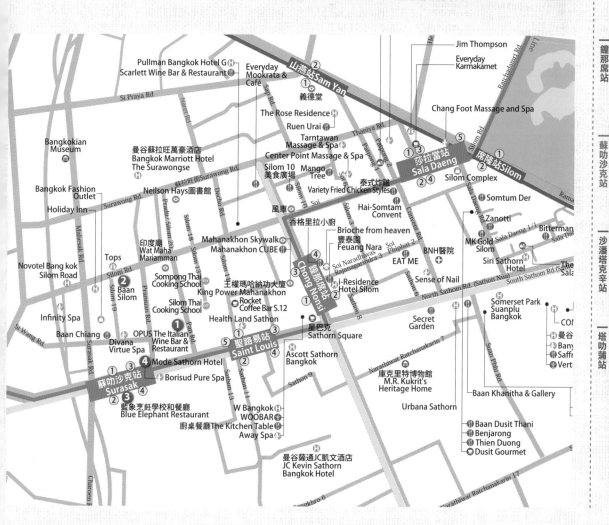

國立體育館站

暹邏站

莎拉當站

鐘那席站

蘇叻沙克站

沙潘塔克辛站

塔叻蒲站

沙潘塔克辛站
Saphan Taksin

這是Sirimahannop的雞尾酒酒單，完美結合航海主題！

❶ Asiatique河畔夜市

看秀、掃貨一網打盡，每天都營業的超大型觀光夜市。

🚇沙潘塔克辛站2號出口，步行到中央碼頭搭Asiatique免費接駁船可達，每30分鐘一班 ☎2194 Charoen krung Rd., Wat Phraya Krai ⏱15:00~00:00 (各店不一) 💲摩天輪全票500B、半票200~300B 🌐www.facebook.com/Asiatique.Thailand

達人力推

河畔夜市於2012年開幕，跟傳統街頭夜市不同，這裡**以室內老貨倉的型式分成10個不同的貨倉區域**，商品種類極為豐富，有設計創意小物，有流行潮牌服飾，也有傳統民族風雜貨，幾乎可以滿足各種購物族群的喜好，逛累了，隨時有餐廳、小吃甚至酒吧可以休息、打牙祭；還有高達60公尺、堪稱全泰國最高的摩天輪，坐在上頭，可以將昭披耶河和曼谷市景盡收眼底，浪漫指數百分百。

全泰國最高的摩天輪。

中央碼頭與Asiatique免費接駁船

想從中央碼頭坐船到Asiatique河畔夜市，就多家留意紅色的船隻和旗幟！這艘免費接駁船每日16:00~23:30從Asiatique河畔夜市碼頭出發，每30分鐘一班；而從中央碼頭出發的時間則是每日16:15~23:15。

Sirimahannop帆船餐廳

☎020595999 ⏱每日16:00~24:00 🌐www.sirimahannop.com 💳可

皇家海軍在**拉瑪五世國王(1868~1910年)在位期間使用的最後一艘三桅帆船軍艦的複製品**，曾經專職運輸柚木和其他貨物往返於歐洲之間，也是1893年法暹戰爭中保護曼谷免受入侵的6艘船之一。

在萬豪飯店的精心改造下，Sirimahannop搖身一變，成為時髦的復古風酒吧餐廳，既具獨一無二的賞景視野，又有堅強的餐飲團隊，讓有限的空間裡一位難求，打算體驗的人記得要事先訂位。

The Crystal Grill House

☎020595999 ⏱16:30~24:00 (23:30最後點餐) 💳可 🌐www.facebook.com/thecrystalgrillhouse

同由Bangkok Marriott Marquis Queen's Park飯店集團經營打造的The Crystal Grill House時尚燒烤屋，分為**5座晶瑩剔透的水晶屋**，每間分別以波斯、美洲、日本、中國、印度等為主題，布置得精巧優雅，彷彿一件件獨立的藝術品。食材經炭火爐燒烤後，散發出獨特的香氣，使得牛排、海鮮和各種食材的天然風味更加活躍。

每打開一間水晶屋，彷彿穿越到另一個世界。

國立體育館站

運邏站

莎拉當站

鐘那席站

蘇叻沙克站

沙潘塔克辛站

塔叻蒲站

Charoen Nakhon 10
Lord Jim's
Authors' Lounge
The Oriental Spa
Sala Rim Naam
曼谷半島酒店
The Peninsula, Bangkok
(N1) Oriental Pier
lebua at State Tower
Sirocco
Mezzaluna
Silom 19
Chi
香格里拉大酒店
Shangri-La Hotel, Bangkok
Sarnies Bangkok
王子戲院豬肉粥
Centre Point Hotel Silom
Robinson
捷運席隆線 BTS Silom Line Taksin Bridge
恭吞汶里站
Krung Thon Buri
沙潘塔克辛站
Saphan Taksin
蘇叻沙克站
Surasak
中央碼頭Central Pier
(沙吞碼頭Sathorn Pier)
曼谷昭披耶河四季酒店
御庭院Yu Ting Yuan
Brasserie Palmier
Riva
BKK Social Club
Charoen Krung 57
Charoen Krung 63
Charoen Krung 67

飯店專屬接駁船

◎飯店往中央碼頭：
07:00~13:30、15:00~
22:00，每30分鐘一班
◎中央碼頭往飯店：
07:05~13:35、15:05~22:05，每30分鐘一班
◎停靠ICONSIAM班次(從飯店出發)：10:00、
11:00、12:00、13:00、15:00、16:00、17:00、18:00、
19:00、20:00、21:00、22:00
乘船時記得隨身攜帶房卡，以證明自己的住客
身分。
☎020320888

挑高的開放式設計，無
拘無束的氛圍，讓人不自
覺的放輕腳步，身心都
放鬆下來。

② 曼谷昭披耶河四季酒店

🚇沙潘塔克辛站2號出口，步行到中央碼頭搭乘飯店專屬接
駁船，約5~10分鐘船程可達 📍300/1 Charoen Krung Rd,
Khwaeng Yan Nawa, Sathon ☎020320888 💰雙人房約
15,500B起 🌐www.fourseasons.com/zh/bangkok

　　曼谷昭披耶河四季酒店由奢華酒店界的傳奇建築
師Jean-Michel Gathy負責擘畫，共299間客房，**整
體空間大量運用看似無邊際的水塘，既增添清涼
感，也像天然的明鏡般讓每個角度都有出其不意的
複合美景**。無論是接待大廳、客房或是任何空間，
都毫不吝嗇地運用寬敞、挑高，營造出一股無拘無
束的環境氛圍。

御庭院

🕐1F ⏰11:30~14:30、
18:00~22:30
　　御庭院是酒店裡的粵
菜餐廳，特地聘請資歷
豐富的主廚邱曉貴掌理，開業的第一年即獲得米其
林一星的肯定，成為**泰國首間、也是唯一的米其林
粵菜餐廳**。

BKK Social Club

⏰17:00~24:00
　　BKK Social Club被國際酒吧
界權威雜誌評為泰國第一、
全球第21的酒吧經理Philip
Bischoff負責掌舵，2020年甫開幕就造成旋風，2022年
更榮獲**「全球最佳酒吧」第14名、全泰國最佳酒吧冠軍**
的殊榮。

國立體育館站

暹邏站

莎拉當站

鐘那席站

蘇叻沙克站

沙潘塔克辛站

塔叻蒲站

沙潘塔克辛站
Saphan Taksin

> 這間店原來只有當地人才知，因為美味又便宜，也漸漸有遊客專程前來。

① 香格里拉大酒店
Shangri-La hotel, Bangkok

🚇沙潘塔克辛站1號出口步行約5分鐘，或中央碼頭步行約6分鐘 🏠 89 Soi Wat Suan Plu, New Rd. ☎022367777 💲雙人房約5,600B起(房價每日調整) 🈶可 🌐www.shangri-la.com/bangkok/shangrila

曼谷香格里拉位於昭披耶河畔，是**早期擠身濱河邊頂級飯店一級戰區的老品牌**，也是旅遊雜誌票選全球最佳飯店或亞洲飯店的得獎常客。為提供更好的住宿環境與服務，飯店曾逐項更新內部設備與裝潢，**傳統泰式布置與沈靜的氛圍**維持不變，主體建築分為Krungthep Wing和Shangri-la Wing，總計802間客房和套房。

Chi

🏠89 Soi Wat Suan Plu, New Rd. ☎022367777-6072 ⏰10:00~22:00 💲 Traditional Thai Massage 60分鐘 2,700B、Relaxing Aromatherapy Massage 60分鐘2,700B 🈶可

Chi Spa進駐香格里拉飯店自隔年就連續獲頒富比士、AsiaSpa等亞洲最佳Spa或年度最佳Spa的獎項。在硬體上，以「香格里拉」烏托邦為概念，以沈穩的木色為基調，打造一方迷人且謐靜的空間；療程則**融合泰式和亞洲傳統按摩之精華，採用在地天然草本為素材**，讓每位客人都能在此受到最悉心的照護。

② 王子戲院豬肉粥

🚇沙潘塔克辛站3號出口步行約3~5分鐘，或中央碼頭步行約8分鐘 🏠1391 Charoen Krung Rd. ⏰ 6:00~13:00、15:00~23:00

這家位於王子戲院旁、就名為王子戲院豬肉粥的小店，開業已經超過75年。泰國粥裡，有著以豬肉和豬內臟做成像肉羹形狀的肉糰子，**這裡的豬肉糰吃起來特別彈牙又鮮美，再搭配加了蔥和薑絲的細綿清粥**，整碗吃起來好滿足。可依喜好選擇再加生蛋或皮蛋的豬肉粥，營養價值更高。

③ Centre Point Hotel Silom

🚇沙潘塔克辛站3號出口步行約1~2分鐘，或中央碼頭步行約5分鐘 🏠1522/2 Soi Kaysorn 1 (Charoenkrung 50) Charoengkrung Rd. 💲 Deluxe Room約3,500B(房價每日調整) 🈶可 🌐 www.centrepoint.com/silom

Centre Point是**曼谷公寓式飯店的連鎖品牌**，位於Silom區的飯店和Robinson百貨相連，白天隔鄰巷道是傳統市場，百貨公司的超市也近在咫尺，周邊購物餐飲都方便，步行到捷運站和中央碼頭都也不到5分鐘，到市區或搭船遊昭披耶河都便利。

④ lebua at State Tower

沙潘塔克辛站3號出口步行約5~8分鐘，或中央碼頭步行約10分鐘 ⍟ State Tower, 1055 Silom Rd. ☎026249999 ⊙標準套房約4,719B、河景套房約4,568B(房價每日調整) 可 www.lebua.com

lebua自從2006年開幕以來，每年接續獲得不同的媒體或專業評鑑單位，給予**最佳奢華飯店、商務飯店、亞洲最佳飯店等獎項肯定**。lebua所有的房間都是套房，並通通擁有陽台、客廳、臥室、廚房，甚至提供洗衣機、烘衣機等設備，甚至還有24小時管家隨時聽候服務，如此著重細節，可讓住客充分感受到頂級服務的真正意涵。

地圖標示
- Charoen Rat Rd.
- ICONCRAFT
- Baan Khanitha
- ICS
- Charoen Nakhon Rd.
- ICONSIAM
- ICONSIAM
- ICONSIAM
- Warehouse 30
- 泰國郵政總局大樓 Bangkok General Post Office
- 泰國創意設計中心TCDC Surawong Rd.
- (N2)Wat Muang Kae Pier
- 曼谷文華東方酒店 Mandarin Oriental, Bangkok
- Lord Jim's
- Authors' Lounge
- Harmoniuqe
- OUM'S GREAT CREPE AT OURS
- 10010 Bar
- Charoen Nakhon 10
- The Oriental Spa
- Sala Rim Naam
- (N1) Oriental Pier
- lebua at State Tower
- Sirocco
- Mezzaluna
- Silom 19
- 恭吞汶里站 Krung Thon Buri
- 恭吞汶里站 Krung Thon Buri
- 曼谷半島酒店 The Peninsula, Bangkok
- Chi
- Sarnies Bangkok
- 王子戲院豬肉粥
- Centre Point Hotel Silom
- Robinson
- Si Wang Rd.
- Si Wang Rd.
- Surasak Rd.
- 香格里拉大酒店 Shangri-La Hotel, Bangkok
- 捷運席隆線 BTS Silom Line
- Taksin Bridge
- 沙潘塔克辛站 Saphan Taksin
- 蘇叻沙克站 Surasak
- 中央碼頭Central Pier (沙吞碼頭Sathorn Pier)
- 曼谷昭披耶河四季酒店
- 御庭院Yu Ting Yuan
- Brasserie Palmier
- Riva
- BKK Social Club
- Charoen Krung Rd.
- Charoen Krung 57
- Charoen Krung 63
- Charoen Krung 67
- Anantara Riverside Bangkok Resort
- Asiatique河濱碼頭
- 往

右側站名（由上至下）：
國立體育館站 / 暹邏站 / 莎拉當站 / 鐘那席站 / 蘇叻沙克站 / 沙潘塔克辛站 / 塔叻蒲站

> 2019年開業的法式餐廳Chef's Table，短短8個月內獲得米其林一星評價，讓lebua成為泰國唯一擁有兩家米其林星星餐廳的飯店。

Sirocco

⍟ State Tower, 1055 Silom Rd. (lebua at State Tower 64樓)
☎026249555 ⊙18:00~24:00 可

www.lebua.com/sirocco

位居lebua at State Tower 63樓的Sirocco提供了一個俯瞰曼谷的最佳展望台，入口處圓拱空間在燈光的投映之下，成了建築物最醒目的標誌；**Sky Bar**延伸於建築物外，絢麗的圓形吧檯和調酒師最引人注目。

> 如此美麗夢幻的場地和景致，也成為電影《醉後大丈夫2》拍攝場景。

Mezzaluna

⍟65樓 ☎026249555 ⊙18:00~24:00

www.lebua.com/mezzaluna

Mezzaluna自2018年以來獲得**米其林二星評價**，主廚Ryuki Kawasaki採用最好的當季食材，供應現代創意歐洲料理，在餐廳內可坐擁180度的城市及河景，欣賞到經典的曼谷景色；而擁有半戶外空間的Distil Bar則提供許多經典的酒品。

沙潘塔克辛站
Saphan Taksin

> 就像回家吃飯，老闆娘一身好廚藝，餵飽旅人身處異鄉的心。

① Harmonique

🚢 1號碼頭(N1)Oriental Pier步行約8分鐘；或搭捷運席隆線沙潘塔克辛站3號出口，沿著Charoen Krung Rd.往北行，郵局前一個巷子轉進即可達，步行約10~15分鐘 📍22 Charoen Krung 34 ☎022378175 🕐11:00~22:00 💳可

> 達人力推

走進Harmonique，有種回家吃飯的感覺。客人進門點菜，老闆娘都會各桌招呼，姿態像極了照顧外地遊子，與自豪一身好廚藝的媽媽。來此用餐別錯過**前菜拼盤(Set of Appetizer)**，搭配菜色經常更換，而鐵板上吱吱作響的咖哩螃蟹最是下飯，**清湯麵和手工麵點**也都是店家的招牌媽媽味。

② River City

🚢 3號碼頭(N3)Si Phraya Pier步行約3分鐘，或從中央碼頭Central Pier 10:00~20:00搭River City免費接駁船 📍23 Charoen Krung Soi 24 Talard Noi, Sampantawong Bangkok ☎022370077 🕐10:00~20:00 💳可 🌐www.rivercitybangkok.com

> River City是東南亞最大的古董工藝品商場，匯集泰國優質手工藝品、設計師品牌、文創商品、古董和藝術品。

River City位於曼谷昭披耶河旁，是一幢有許多**昂貴工藝品店和船公司晚餐遊船的售票口和起訖點**。除了1樓還有幾家知名咖啡廳的分店、高級服裝店外，幾乎都是藝術品、宗教工藝品、骨董傢俱的天下。若對藝術有興趣，也可以用逛美術館的心態來看看有什麼新靈感。

③ Sarnies Bangkok

> 隱藏在老屋後的網紅咖啡廳。

🚢 沙潘塔克辛站1號出口步行約7分鐘，或中央碼頭步行約10分鐘 📍101-103 Charoen Krung Road 44 North Sathorn 🕐8:00~22:00 💳可 🌐sarnies.com/Bangkok

Sarnies是來自新加坡的品牌，以手工烘焙咖啡豆到煮出風格獨具的咖啡起家，2020年又花了8個月的時間為這間150年的老屋修補容貌，開設了曼谷分店，**濃得化不開的歷史感與巧妙置入的工業風**，讓它迅速吸引眾人的目光。

「Sarnies」是一種澳洲式的三明治，可以隨自己的喜好放進各種食材，到了曼谷，就放進各種熱帶泰國特產的在地材料，各式早午餐和特色咖啡都很受歡迎。

④ Talat Noi壁畫街

🚢 4號碼頭(N4)Marine Department Pier步行約2~3分鐘，或地鐵華藍蓬站1號出口步行13~15分鐘 📍Soi Chareonkrung 22 🕐24小時

泰文的Talat是指「市集」，而Noi有「小」的意思，Talat Noi是**曼谷中國城外圍一處華人集中的社區**，幾乎打從曼谷建城不久即已存在，至今仍可看到聖玫瑰堂等歷史建築。時至今日，這一帶居民仍保留著樸實的生活樣貌，只是把其中一條長長的小徑添上壁畫和歷史圖片的外貌，街道的盡頭坐落著安靜的漢王廟，新舊交錯的奇妙風情，成為年輕人和外國遊客拍照打卡的勝地之一。

> 由鍋碗瓢盆組合而成的裝置藝術。

⑤ Warehouse30

🚢3號碼頭(N3) Si Phraya Pier步行
約2~3分鐘 🏠52-60 Captain Bush
Ln, Bang Rak, 🕐9:00~22:00
www.warehouse30.com

　這座複合式
空間的前身是
二戰時期留下
的倉庫，7座
倉庫以通道相
連，將不同倉
庫稍做區隔，
內部空間明亮且寬敞。倉庫中
進駐了不同性質的品牌，包括
**服飾、生活風格用品、餐廳、
咖啡店、藝廊、工作空間**等，
各自展現魅力，卻又交融出屬
於曼谷的創意風格，值得慢慢
探索。

2017年2月，泰
國創意設計中心從市區
的Emporium百貨內搬
來老城區。

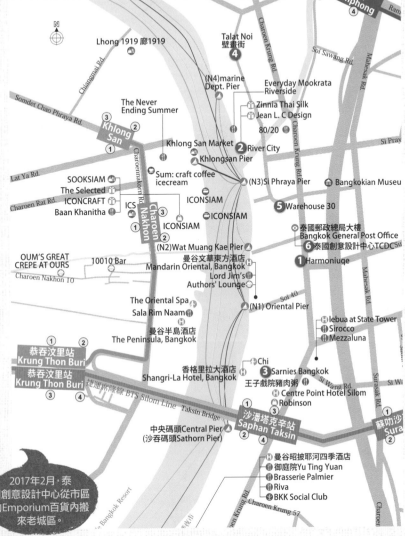

北 N

Lhong 1919 廊1919

Talat Noi
壁畫街 ④

Everyday Mookrata
Riverside

Zinnia Thai Silk

Jean L. C Design

80/20

(N4)marine
Dept. Pier

The Never
Ending Summer

The Ending Summer

Chiangmai Rd

Somdet Chao Phraya Rd.

Khlong
San

Khlong San Market

Khlongsan Pier

River City ②

Si Pray

Lat Ya Rd.

Charoen Rat Rd.

Charoennakorn Rd.

SOOKSIAM

The Selected

ICONCRAFT

Baan Khanitha

ICS

Sum: craft coffee
icecream

(N3)Si Phraya Pier

Bangkokian Museu

ICONSIAM

ICONSIAM

ICONSIAM

Charoen Nakhon

⑤ Warehouse 30

泰國郵政總局大樓
Bangkok General Post Office

⑥ 泰國創意設計中心TCDC Su

(N2)Wat Muang Kae Pier

① Harmoniuqe

OUM'S GREAT
CREPE AT OURS

10010 Bar

Charoen Nakhon 10

曼谷文華東方酒店
Mandarin Oriental, Bangkok

Lord Jim's

Authors' Lounge

The Oriental Spa

Sala Rim Naam

(N1) Oriental Pier

lebua at State Tower

Sirocco

Mezzaluna

曼谷半島酒店
The Peninsula, Bangkok

恭吞汶里站
Krung Thon Buri

恭吞汶里站
Krung Thon Buri

捷運席隆線 BTS Silom Line

Taksin Bridge

香格里拉大酒店
Shangri-La Hotel, Bangkok

Chi

Sarnies Bangkok ③

王子戲院豬肉粥

Centre Point Hotel Silom

Robinson

沙潘塔克辛站
Saphan Taksin

蘇叻沙
Sura

中央碼頭Central Pier
(沙吞碼頭Sathorn Pier)

曼谷昭披耶河四季酒店

御庭院Yu Ting Yuan

Brasserie Palmier

Riva

BKK Social Club

Charoen Krung 57

Bangkok Resort

Maheak Rd

Soi Sawang Rd.

Charoen Krung Rd

Maheak Rd.

Sol 40

Si W

Si Wang Rd.

Surasak Rd.

Charoen Krung Rd

Charoen

國立體育館站

暹邏站

莎拉當站

鐘那席站

蘇叻沙克站

沙潘塔克辛站

塔叻蒲站

⑥ 泰國創意設計中心
Thailand Creative & Design Center

🚢3號碼頭(N3) Si Phraya Pier步行約8分鐘，或沙潘塔克辛站3號
出口步行約15分鐘 🏠1160 Charoenkrung Road ☎021057400
🕐10:30~19:00 🚫週一 🌐web.tcdc.or.th 🏫圖書館以會員制，第
一次入館可憑護照免費使用，之後須辦理年度會員證

　泰國最具指標性的創意設計中心TCDC(Thailand
Creative & Design Center)，**位在石龍軍路上的泰國郵政
總局大樓中**。仍與過去秉持相同理念，培育與提倡創意設
計的思維。除了定期策劃不同的設計展覽，讓居民與遊客
能透過展覽培養美感之外，這裡也收藏大量設計相關的
書籍和資料，更提供文創工作者可以共同協作的空間。

曼谷河岸創意街區

曼谷歷史悠久的河岸
街區「Bang Rak」和
「Klong San」，百年前
曾是外貿特區和首府重
地，而「石龍軍路」(Charoen Krung Road)更是曼
谷最古老的道路之一，1861年泰皇拉瑪四世下令
造路，南北向聯通大皇宮至外國人聚居的河岸商
貿特區「Bang Rak」，有如上海外灘，至今可見許
多歐式老建築。

國立體育館站

暹邏站

莎拉當站

鐘那席站

蘇叻沙克站

沙潘塔克辛站

塔叻蒲站

塔叻蒲站
Talat Phlu

全曼谷最高的佛像，加上華麗又夢幻的室內佛塔，絕對不虛此行！

② 水門寺
○Wat PaknamBhasicharoen

達人力推

🚶從塔叻蒲市場步行，約15分鐘可達；地鐵Bang Phai站1號出口，步行10~15分鐘；捷運Wutthakat站4號出口，步行20~25分鐘 🏠300 RatchamongkhonPrasat Alley, Pak Khlong Phasi Charoen, PhasiCharoen ☎024670811 🕐8:00~18:00 💲免費入場

位於昭披耶河畔的水門寺，是1610年大城王朝時期皇家所建的佛寺，在泰國向來頗具地位與影響力，目前因為金色大佛的完工，再度引起世人的矚目。

水門寺是一座**佔地7.9英畝的寺廟建築群，周圍運河環繞，宛如一座島嶼**。呈12邊形的巨大佛塔達80公尺，5層樓分別陳列著佛像、佛舍利和另一座8公尺高的玻璃佛塔，儼然是個佛教博物館。從佛塔外的露台，可以眺望四周的景觀。而**2021年完工的金色大佛，材料其實是純青銅，高達69公尺將近20層樓**，呈冥想姿態盤坐在佛塔前。

將近20層樓高的金色大佛，十分壯觀！

① Talat Phlu Market塔叻蒲市場

🚶塔叻蒲站2號出口，步行約15分鐘 🏠Talat Phlu, Thon Buri 🕐9:00~24:00

泰文裡Talat其實就是「市集」的意思，這個市場因為之前捷運無法抵達，只能搭火車，而現在就算有捷運線延伸到附近，距離捷運站還是略遠，所以對觀光客來說相對陌生。但也因此，這個市場至今仍保留著比較道地的泰國味。市場的範圍相當大，完全以吃食為主，炸物、燒臘、麵點、冰品、水果等無所不包，應有盡有。

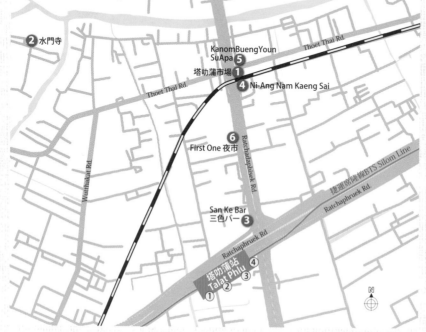

② 水門寺

KanomBuengYoun SuApa ⑤
塔叻蒲市場 ①
④ Ni-Ang Nam Kaeng Sai

Thoet Thai Rd.
Thoet Thai Rd.

⑥ First One 夜市

Wutthakat Rd.
Ratchadaphisek Rd.

San Ke Bar 三色バー ③

捷運席隆線BTS Silom Line
Ratchaphruek Rd.

塔叻蒲站 Talat Phlu
④ ③
① ②

Ratchaphruek Rd

N

國立體育館站

運邊站

莎拉當站

鐘那席站

蘇叻沙克站

沙潘塔克辛站

塔叻蒲站

親切的異國風味小吃！

③ San ke Bar三色吧

🚇塔叻蒲站2號出口，步行10~12分鐘 📍Rainforest Talat Phlu, 137 Ratchadaphisek Rd, Talat Phlu, Thon Buri ☎0659394550 🕐9:00~17:30 🈺週一 💳可 🌐www.facebook.com/sankebar.cafe

位在一個名為「雨林」的文藝園區裡，14,000平方公尺的綠地空間分為4個區域——日本城、中國城、垂柳園和酸豆庭院，而San ke Bar為日本城裡的其中一家餐廳。**以日本為主題，造景相當用心，有日式木屋、橋梁、曲水潺潺流入養著魚群的池塘**，很多角度都適合拍照，整體氣氛頗悠閒自在。

④ Ni-Ang Nam Kaeng Sai

🚇塔叻蒲站2號出口，步行約15分鐘 📍PFCH+52R, Talat Phlu, Thon Buri ☎0819207802 🕐16:00~半夜2:00 💳不可

這家超過40年的冰店，發明**口味獨特的雞蛋冰淇淋**，把生雞蛋的蛋黃加進冰和椰奶裡細細攪拌，上桌前再加顆生蛋黃，記得在蛋黃變硬前趕緊攪拌，**蛋和椰奶、冰沙交織成的口感，沙沙地，很綿密也很對味，一點也不輸進口冰淇淋**；也有鹹蛋黃冰淇淋，把生蛋黃改成鹹蛋黃加進去攪拌，吃起來又多了一味，令人不得不佩服老闆的創意。

雞蛋、椰奶、冰沙交織而成的口感，其他地方吃不到的冰淇淋！

達人力推

⑤ KanomBuengYounSuApa

🚇塔叻蒲站2號出口，步行約15分鐘 📍PFCG+CX, Talat Phlu, Thon Buri ☎0869885054 🕐14:00~20:30 🈺週一 💳不可 🌐www.facebook.com/kanombuengyounsuapa

KanomBuengYounSuApa是個小吃攤，每天傍晚才會把推車推到人行道上固定的位置，熟練地起油鍋、不停忙著煎煎餅。特別的，這裡賣的是**越南口味的煎餅，先把摻有薑黃粉的米漿煎成薄薄的餅皮，然後加入豆干、豆芽菜、椰絲等慢慢炸成一個方形的包**，吃的時候還搭配小黃瓜及酸酸甜甜的醬料，口味非常特別。

親切的異國風味小吃。

⑥ First One Night Market 第一夜市

🚇塔叻蒲站2號出口，步行約15分鐘 📍Ratchadaphisek Rd, Talat Phlu, Thon Buri ☎0991544949 🕐16:00~24:00 🌐www.facebook.com/FirstOneNightMarket

和其他人滿為患的夜市比較起來，新開幕的First One Night Market顯得很井然有序，走道很寬敞、座位區也頗充裕，感覺上更優閒。對搭捷運的觀光客來說可能有點遠，但是因為停車位眾多，對開車的當地人而言更為方便，所以目前這區的遊客也以曼谷當地人居多，**想體驗沒有觀光客「大舉入侵」的夜市，要趁早**。

BTS捷運金線
BTS Gold Line

Data

起訖點：恭吞汶里站Krung Thon Buri←→空訕站Khlong San
通車年份：2020.12.16
車站數：3站
總長度：約5:30~00:00

捷運金線於2020年12月16日正式通車，全線只有3個車站，分別是恭吞汶里站(Krung Thon Buri)、乍能那空站(Charoen Nakhon)和空訕站(Khlong San)，其中恭吞汶里站和捷運席隆線(Silom Line)相交。

最特別的地方是，這條捷運支線原本並不在曼谷大眾運輸系統的建設計畫內，而是Siam Piwat集團專為ICONSIAM於2015年提案建造，並且所有支出皆由Siam Piwat集團承擔。除了ICONSIAM，Siam Piwat集團旗下還有Siam Center、Siam Discovery、Siam Paragon以及Siam Premium Outlets。

乍能那空站Charoen Nakhon・空訕站Khlong San

乍能那空站可以說是完全為ICONSIAM量身訂做的車站，和終點空訕站為前往曼谷半島酒店、Lhong1919提供新的交通方式，不需只靠搭船才能前往。ICONSIAM對面的巷弄裡也有許多值得一訪的小店，若是百貨商場逛膩了可以去探險一番。

空訕站 (G3)
乍能那空站 (G2)
恭吞汶里站 (CEN)
Krung Thon Buri

達人帶你玩BTS捷運金線

→1 ICONSIAM（見P.79）
建議參觀時間：120~180分鐘
是亞洲最大的購物中心之一。除了有多媒體展演秀，還可見識到包含泰國77府文化、建築、飲食特色。另外其藝術社區內，還有特別專為ICONSIAM的獨家創作。

→2 ICS（見P.80）
建議參觀時間：60分鐘
進駐超過200家各大品牌以及80家餐廳，地下層還有泰國第一家Lotus's Privé，為Lotus's首家頂級超市，也是血拼的選擇之一。

→3 廊1919 Lhong 1919（見P.80）
建議參觀時間：120分鐘
這個2017年年底開幕的昭披耶河畔最新景點，其實是座有百年歷史的碼頭，能感受到濃濃的泰國華人移民歷史及氛圍。

BTS
捷運金線

乍能那空站 · 空訕站
Charoen Nakhon · Khlong San

① OUM'S GREAT CREPE at OURS

🚇乍能那空站1號出口 步行約8~10分鐘
🏠240, 1 Charoen Nakhon 10 ☎0616615004 ⏰10:00-20:00 可 🌐www.facebook.com/OUMSGREAT CREPE.OURS

OUM'S GREAT CREPE at OURS採用**非常少女的粉色系美式diner風格，可麗餅口味眾多**，有泰式風味的Crepe Khun Moo(豬肉鬆、腰果、Nutella榛果醬)、中式風味的I was born in Hong Kong(青蔥與烤肉)、韓式風味的Hongdae's Calling(韓式辣醬、泡菜、雞肉)、日式風味的California Maki(海苔、飛魚卵、美乃滋)等16種口味。此外另有店家推薦的6種完美組合，除了Nutella榛果醬與花生醬、香蕉、泰式甜蛋絲的各種排列組合，還有甜蛋絲+起司+煉乳組合，以及鹹味的豬肉鬆佐辣椒醬口味。

> OUM'S GREAT CREPE的飲料、咖啡也頗有特色，來一杯清爽的青蘋果氣泡冰美式，可以解一解可麗餅的甜膩感。

> 讓你少女心大爆發的可麗餅專賣店，每個角落都很好拍。

(地圖 Map)

Lhong 1919 廊1919
Talat Noi 壁畫街
The Never Ending Summer
(N4)marine Dept. Pier
Everyday Riverside
Somdet Chao Phraya Rd.
Chiangmai Rd.
Charoen Krung Rd.
Zinnia Thai
Jean L. C De
80/20
Khlong San
Khlong San Market
River City
Khlongsan Pier
Sum: craft coffee icecream
(N3)Si Phraya Pier
Lat Ya Rd.
SOOKSIAM
The Selected
ICONCRAFT
Baan Khanitha
ICS
War
Charoen Rat Rd.
Charoennakorn Rd.
Charoen Nakhon
ICONSIAM
ICONSIAM
ICONSIAM
(N2)Wat Muang Kae Pier
OUM'S GREAT CREPE AT OURS
10010 Bar
Charoen Nakhon 10
曼谷文華東方酒店 Mandarin Oriental, Bangkok
Lord Jim's
Authors' Lounge
The Oriental Spa
Sala Rim Naam
(N1) Oriental P
Soi 40
曼谷半島酒店 The Peninsula, Bangkok
恭吞汶里站 Krung Thon Buri
恭吞汶里站 Krung Thon Buri
Chi
Sarnies
香格里拉大酒店 Shangri-La Hotel, Bangkok
王子戲院豬肉粥
Centre
捷運席隆線 BTS Silom Line Taksin Bridge
Robins
沙潘塔克辛站 Saphan Taksin
中央碼頭Central Pier (沙吞碼頭Sathorn Pier)

② The Oriental Spa at Mandarin Oriental, Bangkok

🚇乍能那空站2號出口步行約5分鐘，或從1號碼頭(N1)Oriental Pier搭飯店免費接駁船可達 🏠48 Oriental Ave, Khwaeng Khlong Ton Sai ☎026599000 ⏰10:00~20:00 💲招牌精油療程(Oriental Qi)1.5小時5,280B 可 🌐www.mandarinoriental.com

The Oriental Spa位於飯店對岸，一幢擁有蓮花池中庭的獨立建築裡。**療程以純粹泰式古法按摩與藥草學為基礎**，透過旗下受過嚴格訓練的芳療師巧妙穩健之手法，展現其注重細節、尊貴優雅的服務，它不但是泰國第一家Spa，同時成功的引領整個東方Spa的風潮，歷年來屢獲旅遊雜誌或各地Spa公開獎項評選為東南亞或亞洲最佳飯店Spa，成為頂級Spa的代名詞。

> 引領東方SPA風潮，成為頂級SPA代名詞。

3 ICONSIAM

乍能那空站2號、3號出口即達，或從中央碼頭搭乘免費接駁船 🚇299 Soi Charoen Nakhon 5 📞024957000 🕙10:00~22:00 ✅可 🌐www.iconsiam.com/en

達人力推

泰國人創意無上限，只有你想不到，沒有他們做不到！

白天和夜晚的ICONSIAM給人完全不一樣的感覺。

中央碼頭有免費接駁船可到ICONSIAM。

位於6樓的室內人造瀑布，四周是個類型的餐廳，在這裡吃飯別有一番風味。

位於7樓的星巴克從高處俯瞰昭披耶河，是泰國最大的星巴克分店。

位於昭披耶河河畔的ICONSIAM是Siam Piwat集團耗資550億泰銖建成的購物中心，一共地上8層、地下3層，面積達525,000平方公尺，是亞洲最大的購物中心之一。**外觀設計仿造傳統泰式服裝的褶皺和布紋**，看起來宛如隨風飄動。

ICONSIAM有七大奇景：泰國第一條**由非公家機關出資建設的捷運支線「捷運金線」**；超過10,000平方公尺的River Park和ICONSIAM Park不時舉辦活動或市集，可以一邊散步一邊欣賞昭披耶河；號稱東南亞最長的**ICONIC多媒體燈光水舞秀**，每天18:30和20:00準時在River Park上映；位於GF的**室內水上市集SOOKSIAM**，集結了全泰國77府的文化、建築、美食特色；7F的**True Icon Hall**是泰國第一間世界級會展中心，可容納3,000人，除了辦活動、展覽、會議，甚至可以開演唱會；**龐大的藝術社區**，蒐集了超過100位本土和國際藝術家的作品，有些藝術品還是**專門為ICONSIAM的獨家創作。**

而購物方面，ICONSIAM當然也是最紮實炫目的！**25,000平方公尺的ICONLUXE集齊世界各大精品名牌**，且每家品牌的店面設計除了保留自家標誌性的設計，也融入了一些泰國元素，以體現ICONLUXE的「icons within icon」的奢華購物體驗。這裡也進駐了**許多泰國首家旗艦店**，像是Apple Store、高島屋百貨Siam Takashimaya、LV、Michael Kors等。

超奢華風的ICONLUXE集聚了世界各大名牌，globally iconic stores

The Selected

📍1F 🌐www.facebook.com/theselected

一起來發掘泰國好設計！

The Selected是一間選物店，店內販售的商品**來自超過80個泰國在地品牌，多為設計及生活風格類商品。**可以在此找到刻有大皇宮圖像的木質書籤、印有傳統紋路的現代服飾，或者是泰國設計師的前衛設計商品及飾品，甚至沐浴及芳香精油，種類相當多元。

SOOKSIAM

📍GF 🌐www.sooksiam.com

泰國77府，一次吃好吃滿！

SOOKSIAM是ICONSIAM七大奇景之一，**集結了3,000多家本土企業，以室內水上市集的方式呈現泰國77府的藝術、手工業、民族文化和美食，讓訪客可以全方位體驗真正的「泰味」。**

四個角落的傳統建築分別是泰國四大區(北部、東北部、中部、南部)的建築特色，由超過200名當地藝術家合力塑造，旨在成為標誌性的泰式文創中心，讓國內外的訪客都可以欣賞傳統工藝的智慧、選購特色商品。SOOKSIAM也會不時規劃各種主題活動和表演，讓每一次的到訪都有不一樣的新體驗。

乍能那空站‧空訕站
Charoen Nakhon‧Khlong San

① ICS

📍乍能那空站1號出口即達
🏠168 Charoen Nakhon Rd
📞024957164 🕐10:00~22:00
📝可 💻www.facebook.com/ICS.town

　　2023年1月開幕的ICS就在ICONSIAM對面，結合零售、飯店和辦公空間的29層大樓。ICS進駐超過200家各大品牌以及80家餐廳，地下層還有泰國第一家Lotus's Privé，為**Lotus's首家頂級超市**，除了將近27,000件商品包括新鮮的進口與本土食材、3C產品、家電等，也提供肉類、海鮮的切片、去鱗服務。

② 廊1919 Lhong 1919

📍空訕站3號出口步行約8~10分鐘 🏠248 Chiang Mai Rd. 📞0911871919 💻www.facebook.com/lhong1919

> 達人力推
> 昭披耶河畔又一新景點，充滿泰中歷史情懷。

　　文化創意和歷史脈絡總是密不可分，來到曼谷的「廊1919」，更能感受到他的不同，這個2017年年底開幕的昭披耶河畔最新景點，其實

是座有**百年歷史的碼頭**，如今整修後重新開放，不只有設計商店、餐廳，還有媽祖廟、華人風格的塗鴉壁畫，能感受到濃濃的泰國華人移民歷史及氛圍。走進廊1919，絕不僅僅是走進打卡聖地而已。

> 聚寶堂中的「惠此中國」區額，是由中國晚清大臣張之洞所提。

媽祖廟

🕐8:00~18:00

> 正廳兩旁掛著的巨型中式服裝，是遊客拍照打卡的首選。

　　在「廊1919」的園區範圍中，**最醒目的就是位於正廳的「媽祖廟」**，正廳前方有香爐，可以持香在此參拜，工作人員也會教導遊客如何參拜；而正廳內部也有展示，也可以在此抽籤、看籤詩，正廳兩旁掛著的巨型中式服裝則是遊客拍照不可錯過的首選；而建築二樓目前僅開放供奉媽祖的聚寶堂，其他空間大多還在修復，不對外開放。

（地圖標示）

N

Lhong 1919 廊1919 ②
The Never Ending Summer
Talat Noi 壁畫街
(N4)marine Dept. Pier
Everyday Riverside
Zinnia Thai S
Jean L. C De
80/20

Somdet Chao Phraya Rd.
Chiangmai Rd.

③ Khlong San ②
①
Charoennakorn Rd.

Khlong San Market
River City
Khlongsan Pier
④ Sum: craft coffee icecream
(N3)Si Phraya

Lat Ya Rd.
SOOKSIAM
The Selected
ICONCRAFT
Baan Khanitha
ICONSIAM
War
ICONSIAM ① ICS
ICONSIAM
③
Charoen Nakhon
②
(N2)Wat Muang Kae Pier

Charoen Rat Rd.

UM'S GREAT
EPE AT OURS
Charoen Nakhon 10
10010 Bar
曼谷文華東方酒店
Mandarin Oriental, Bangkok
Lord Jim's
Authors' Lounge

The Oriental Spa
Sala Rim Naam
(N1) Oriental P
Soi 40

曼谷半島酒店 ③
The Peninsula, Bangkok

恭吞汶里站 ① ②
Krung Thon Buri
恭吞汶里站
Krung Thon Buri
③ ④
捷運席隆線 BTS Silom Line

香格里拉大酒店
Shangri-La Hotel, Bangkok
Chi
Sarnies B
王子戲院豬肉粥
Centre
Robins

沙潘塔克辛站
Saphan Taksin
①

廊1919的發展史

「廊1919」的前身為「火船廊」，是興建於1850年的蒸汽船碼頭。中國商人陳慈黌來到泰國後，在火船廊創立了陳黌利行，做起以暹羅米為主的出口貿易，更興建了新式碾米廠。由於當時泰中貿易繁盛，乘船移民而來的華人紛紛落腳於此，也讓此區及對岸Talat Noi一帶漸漸形成華人聚落。火船廊的建築由黌利家族故居及倉庫組成，建築呈U字形面對昭披耶河。

5座兩層樓的建築在過去百年來都是家族員工的居所，由於建築年久失修，黌利家族後人近年決定整修房舍，修繕時發現建築有許多珍貴的中式壁畫及詩作，經過評估，決定在「火船廊」修復後做為「廊1919」開放，並且定位為泰中藝術史碼頭。

③ 曼谷半島酒店
The Peninsula, Bangkok

🚇乍能那空站2號出口步行約10分鐘，或從中央碼頭Central Pier搭飯店免費接駁船 🏠333 Charoennakorn Rd., Klong San ☎020202888 💰雙人房約18,000B起(房價每日調整) 💳可 🌐www.peninsula.com/en/bangkok/5-star-luxury-hotel-riverside

即便坐落昭披耶河西岸，在開幕初期令許多人跌破眼睛的曼谷半島酒店，卻以其坐看繁忙東岸的優雅，創造了一方度假天地，**正符合其飯店定位「City Resort」的都市悠閒。**

曼谷半島酒店「W」型的乳白色建築偎著河岸，370間客房都享有面向昭披耶河的完整景致，客房以暖色、米色、深色拼貼的偌大空間，展現沈穩而不繁複的成熟品味。此外，在建造之初，設計師就以**當代亞洲藝術作品**為主軸，貫穿整體的裝潢與設計，如今這些從東南亞各國蒐羅的瑰麗藝術品，已然成為飯店精髓所在，從踏進大廳開始，就像進入鑑賞家的寶庫或藝廊，為飯店更添尊貴氣質。如此奢華頂級的軟硬體服務，也總讓它年年登上全球各大旅遊雜誌的最佳飯店之選。

店家的推薦菜黃咖哩螃蟹。

傳統與現代結合的泰餐佳餚。

④ The Never Ending Summer

達人力推

🚇空訕站2號出口步行約10分鐘 🏠760 1 Lat Ya Rd, Khlong San ☎0616416952 🕐11:00~22:00 💳可 🌐www.facebook.com/TheNeverEndingSummer

幢外表看起來斑駁的水泥建築，一旦登堂入室，會發現刻意裸露的紅磚、水泥牆雖然老舊，但是屋頂現代建材所透進的自然光，充滿蓬勃的朝氣。這家名為The Never Ending Summer的餐廳，**供應的是傳統泰國菜**，用餐區和廚房之間，隔著完全透明的玻璃牆，不但讓餐廳看起來更寬敞明亮，而且廚房裡的食材品質、

BTS蘇坤蔚線
BTS Sukhumvit Line

Data
起訖點：窟口站Khu Khot←→凱哈站Kheha
通車年份：1999.12.5
車站數：47站
營業時間：05:15~00:46

蘇坤蔚線跨越的區域很廣，等於斜對角切開曼谷市區。北邊的蒙奇站(Mo Chit)可通知名的札都甲週末市集(不過本書是放在地鐵甘帕安碧站介紹，見P.186)；中段在暹邏站(Siam)和席隆線(Silom Line)交接，阿索克站(Asok)和地鐵蘇坤蔚站(Sukhumvit)有空橋相連，兩線轉乘更便利，往南最新開通到班里站(Bearing)。
這條線路以奇隆站連接了兩大購物商圈最為熱鬧；接下來的那那站(Nana)、阿索克站、澎蓬站(Phrom Phong)、東羅站(Thong Lor)和伊卡邁站(Ekkamai)周邊，也是飯店、美食、百貨、市集和夜店不斷，整條路線無論何時都可謂人潮滿滿。

奇隆站

和暹邏站一樣是百貨公司的超級戰場，而且發展較久、範圍也更大。百貨包括Central World、Central Chidlom、Gaysorn、Amarin等，再往南走可以抵達超便宜的水門市場區，這個重要的捷運站可說串連起曼谷最龐大的購物重心，每天無論何時人潮都川流不息、熱鬧非凡。

另外，曼谷最有名的四面佛也在這站附近。

奇隆商圈
奇隆站連接了曼谷重要的購物商圈，包括Central Chitlom、CentralWorld、ZEN、Gaysorn、Amarin及Erawan等百貨，其中以Rajadamri Rd.為主軸，並向四周發展的Ploenchit Rd.、Wireless Rd和Rama 4 Rd.共4條路圍成的區域，更被視為曼谷的中心「Central Bangkok」；如果願意邊走邊逛，往北走則可抵達水門市場。

四面佛 Erawan Shrine
傳說中超靈驗的泰國四面佛就位在Erawan百貨裡，儘管規模不大卻金碧輝煌，整天人潮不斷。

那那站Nana·阿索克站Asok

和暹邏站一樣是百貨公司的超級戰場，而且發展較久、範圍也更大。百貨包括Central World、Central Chidlom、Gaysorn、Amarin等，再往南走可以抵達超便宜的水門市場區，這個重要的捷運站可說串連起曼谷最龐大的購物重心，每天無論何時人潮都川流不息、熱鬧非凡。

小中東區
許多阿拉伯人聚集的小中東區也集中在這一帶，讓這裡也增添另一種神秘的異國情調。

Terminal 21
以國際機場和航站為設計概念的Terminal 21，每一層以全世界著名城市為名，從設計和布置都與這個城市的風情相關，並設置了不少裝置藝術，堪稱是曼谷最有特色的購物中心。

往Khu Khot站
↗

(N)
Wat Phra Sri Mahathat
N15 11th Infantry Regiment
N14 Bang Bua
N13 Royal Forest Department
N12 Kasetsart University
N11 Sena Nikhom
N10 Ratchayothin
N9 Phahon Yothin 24
(百) Ha Yaek Lat Phrao
(百) 蒙奇站 Mo Chit
可步行至MRT恰圖恰公園站Chatuchark Park 轉乘地鐵MRT線
N6 山烹卡威站 Saphan Khwai
N5 阿黎站Ari
N4 沙汗拋站 Sanam Pao
N3 勝利紀念碑站 Victory Monument
(百) 帕亞泰站 Phaya Thai
可在此轉搭機場快線Airport City Line 前往蘇汪那普機場
N1 拉差裡威站 Ratchathewi

E1 奇隆站 Chit Lom
E2 菲隆奇站 Phloen Chit
E3 那那站 Nana

暹邏站 Siam
可在同站內轉搭捷運BTS席隆線

E4 阿索克站 Asok
可步行至MRT 蘇坤蔚站Sukhumvit 轉乘地鐵MRT線
E5 澎蓬站 Phrom Phong
E6 東羅站Thong Lo
E7 伊卡邁站Ekkamai
E8 帕卡儂站Phra Khanong
E9 安努站On Nut
E10 班差站Bang Chak
潘那威提站Punnawithi
E11
攸登薩站Udom Suk
E12
班那站Bang Na
E13
班里站Bearing
E14
三龍站Samrong
Pu Chao
Chang Erawan
往Kheha站

P.84-89
P.90-93
P.94-103
P.104-109
P.120-127
P.128-137
P.110-119
P.138-139
P.40-49

阿黎站
阿黎站是新興的「文青區」，附近有許多清新可愛的咖啡館、餐廳和設計小店可以讓人閒逛、挖寶。

勝利紀念碑站
勝利紀念碑周邊的大圓環，是曼谷市區重要的巴士轉運站，也是部分上班族必經路線，周邊便宜衣飾的市集也應運而生。

圓環商圈
在捷運站和圓環周邊有皇權免稅店，也有Victory Point市集，不少餐廳、小吃營業時間也長，是個好逛、好食的市民生活商圈。

菲隆奇站
菲隆奇站雖是進入蘇坤蔚路的第一站，卻沒有周邊那那站和阿索克站的熱鬧氣氛，但如果選擇住在這裡，可享受到進可攻進觀光商圈、退可享受住房寧靜的好處。

Stop by Stop零殘念精華路線推薦
達人帶你玩BTS捷運蘇坤蔚線

暹邏站

1 暹邏商圈 （見P.40）
建議參觀時間：60~120分以上
絕對讓敗家男女淪陷的天堂，如果你超愛血拼，BK購物中心以東、包含Siam Square One和Centerpoint Siam Square等購物中心在內的這一大片區域全逛完，同時參觀曼谷海洋世界或杜莎夫人蠟像館，如果逛不過癮，可以再走到奇隆站繼續購物！

奇隆站

3 奇隆商圈《見P.96》
建議參觀時間：60~120分以上
奇隆站周邊超級好逛，從平價可親的CentralWorld商場到高檔的Central Chitlom、Gaysorn，絕對滿足各種購物需求；曼谷大型連鎖超商Big C也近在咫尺，往北走則是跑單幫客的天堂——水門市場。

阿索克站

4 Terminal 21 （見P.112）
建議參觀時間：30~90分以上
Terminal 21的設計與國際機場和航站為概念，每一層以全世界著名城市為名，從設計和布置都與這個城市的風情相關，並設置了不少裝置藝術；來這裡不僅可以購物，很多人還忙於拍照，堪稱是曼谷最有特色購物中心。

東羅站或伊卡邁站

6 時尚夜店 （見P.131）
建議參觀時間：60~120分以上
曼谷夜生活的精采，已在知名旅遊網站《TripAdvisor》裡被推舉為全球前十名，除了RCA、拷桑路之外，在東羅路(Soi 55)和伊卡邁路(Soi 63)之間的巷道裡，有不少時尚夜店，每當週末夜幕低垂之際，載著潮男、辣妹們的計程車陸續開進巷子，像是要揭開狂歡之夜的序幕。

奇隆站

2 四面佛（見P.94）
建議參觀時間：60~120分以上
絕對讓敗家男女淪陷的天堂，如果你超愛血拼，BK購物中心以東、包含Siam Square One和Centerpoint Siam Square等購物中心在內的這一大片區域全逛完，同時參觀曼谷海洋世界或杜莎夫人蠟像館，如果逛不過癮，可以再走到奇隆站繼續購物！

澎蓬站

5 Emporium （見P.124）
建議參觀時間：60~90分以上
Emporium是曼谷第一家以精品百貨現身的購物商場，舉凡Cartier、LV、Dior等名牌收藏迷們，都可在這商場內逛個過癮。

安努站

7 安努按摩街On Nut Massage Street（見P.139）
建議參觀時間：60~120分以上
安努站的Soi 77/1後半段，聚集了不少家按摩店，號稱「按摩一條街」，一個小時的泰式按摩只要250泰銖，這種價格在曼谷鬧區裡已經愈來愈難找到了。然而在這條街上因為店家眾多、競爭激烈，品質仍是在水準之上。

BTS

捷運蘇坤蔚線

阿黎站

勝利紀念碑站·
泰站·拉差裡威站·帕亞

奇隆站

菲隆奇站

那那站·阿索克站·

澎蓬站

伊東羅站·卡邁站·

班安差努站·

阿黎站
Ari

① Gump's Ari Community Space

与Gump's Ari Community Space對門而立,不但外表漆得燦爛奪目,裡面更是個花花世界,完全不讓Gump's Ari Community Space專美於前。

🚇阿黎站3號出口步行7~10分鐘 🏠25 Ari 4 Fang Nua Alley, SamsenNai, Phaya Thai ⏰24小時（各店家營業時間不一）🌐www.facebook.com/GumpsAri

每個店家都是美景,每個角落都好拍照!

達人力推

很明顯,這是一處**專為愛拍照的網美追蹤族開闢的天地**:崭新的兩層樓建築,交錯合抱成一個天井小廣場,廣場四周圍繞著**餐廳、速食店、糕餅店、酒吧,甚至還有時髦的理容店**,每家內外都妝點得風格突出,讓遊客可以在不同角落拍出不同感覺的美照;夜晚燈光亮起,又是好幾番不同的風情。

華麗的花花世界,包妳拍出令人驚豔的網美照!

阿黎地區新興的拍照打卡熱點。

【地圖】
Calm Spa Ari ↑往 ④
Thongyoy Cafe ②
GUMP's Ari Community Space ①
Gump's Ari Community Space
Soi Phahon Yothin 7
Soi Phahon Yothin
NANA Coffee Roasters Ari
Salt
Tuzani Galleria
KINU Donut
Shamballa Somtam
Lay Lao
Baan Nueng@Aree 5
Soi Ari 5 / Soi Ari 4 / Soi Ari 3
Ongtong Khaosoi Ari Branch
Witty Ville ⑥
Sis&Me Bakery Studio ⑦
O'glee
③
④ La Villa
Thitaya
捷運蘇坤蔚線 BTS Sukhumvit Line
Phaholyothin Rd.
阿黎站 Ari
⑤ Puritan Café
Shaka Grill & Bar
SATI Handcraft - Ari
& Laliart
Hor Hidden Café
①
②
Villa Market
HOBS Away
Bon Chon Chicken
After You
Soi Ari 2
A - ONE Ari ③
Guss Damn Good (Ari)
Thanee Restaurant
Soi Ari Samphan 4/3/2
Rama VI Soi 30
Phahon Yothin 5
Phahon Yothin 2
The Yard Hostel
Paper Butter and The Burger

華麗的花花世界,包妳拍出令人驚豔的網美照!

② Thongyoy Café

達人力推

🚇阿黎站3號出口步行7~10分鐘 🏠24 Ari 4 Fang Nua Alley, SamsenNai, Phaya Thai ☎0987484661 ⏰10:00~20:00 可🌐www.facebook.com/thongyoycafe

Thongyoy Café共有4層樓,每層自成一個華麗的天地,**無論是牆壁、柱子還是天花板,都運用花朵布置得美輪美奐**。難得的是如此大手筆布置的環境,消費居然頗平價,眾多泰式傳統甜點,色彩和室內布置一樣艷麗。可説是CP值很高的甜點及咖啡館。

阿黎站

勝利紀念碑站·拉差裡威站·帕亞

奇隆站

菲隆奇站

阿那索那克站·

澎蓬站

伊卡邁站·東羅站

班差站·安努站

③ A-ONE Ari

阿黎站3號出口步行約5分鐘 Soi Ari 1, SamsenNai, Phaya Thai 0861020009 24小時 可 www.facebook.com/aoneari

　　A-ONE Ari是一個美食廣場,周圍聚集數家餐廳、咖啡廳、甜品店、冰店,甚至有理髮廳和按摩店,中央則設置著舒適的座位,整體宛如一處戶外的美食街,買好自己想吃的食物就可以自在地坐下來,不會有人驅趕,很符合這一區自在無拘束的消費氛圍。

④ Calm Spa Ari

阿黎站3號出口步行11~15分鐘 13 Soi Ari 4 North Alley PhayathaiPhaya Thai 0969418645 11:00~21:00 招牌Calm油壓75分鐘2,000B 可 calmspathailand.com

　　這個在鬧中取靜的水療中心,認為美妙的放鬆感應該不只是從常規生活中逃脫而已,而是在身體獲得完美的平靜,而自己也的確沉浸其中的那一刻。所以招牌療程就是希望透過減壓的指法和優良的芳療品,讓身體的7種感官都獲得真正的舒緩。當然也提供古法泰式按摩、腳底按摩等基礎療程。

邁入Puritan的大門,頓時有進入另一個世界的錯覺,你很難說它是歐式、泰式還是什麼風格,整體像個包羅萬象的趣味藝廊。

風格亂中有序的藝廊咖啡廳,招牌甜點同樣帶來強烈味覺印象。

達人力推

⑤ Puritan Antique Gallery & Café Bistro

阿黎站1號或3號出口步行約15分鐘 46/1 Soi Ari 5, Phahonyothin Rd. 023571099 週二至週五13:00~18:00,週六及週日11:00~18:00 週一 www.facebook.com/Puritan.cafe 進門要脫鞋;甜點菜單每日更換

　　沿著5巷走到幾乎巷子底,如果不是門口高掛著illy咖啡的紅色標誌,不會發現這裡藏著一家咖啡廳;從入口的中庭開始,就擺著眾多佛像、雕像、藝術作品,看似信手拈來隨便堆疊,沒什麼邏輯卻又亂中有序。招牌甜點清教徒蛋糕(Puritan)是以百香果、草莓、柳橙、藍莓等多種個性強烈的水果堆疊而成,倒是與室內裝潢風格頗相呼應;黑莓蛋糕也很受歡迎。

⑥ Witty Ville

店內的鬆餅都是每天現烤的,香鬆好吃,吸引不少忠實顧客。

阿黎站3號出口步行4~6分鐘 1766 Soi Ari 1, SamsenNai, Phaya Thai 0946393653 9:30~18:00 www.facebook.com/wittyville

　　Witty Ville的店面很小,小到一不留神就會錯過它的存在,但是小小的空間裡,卻放滿多種口味的英國鬆餅(Scone)、布朗尼(Brownies)和一些主要從日本直接進口的陶瓷壺、杯、盤等生活小物,把空間利用發揮得淋漓盡致。店主本是一位上班族,平常酷愛親手製作英國鬆餅,後來乾脆辭去工作,專心在家烤餅,店面也交由店員打理。

⑦ Sis & Me Bakery Studio

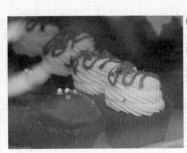

阿黎站3號出口步行4~6分鐘 Soi aree1 Phaholyothin7, 4/1 Samseannai, Phayathai 0942956645 10:30~18:30 (15:00~16:00休息) 可 www.facebook.com/sisandmebakerystudio

　　與Witty Ville比鄰而居,店面一樣迷你,小巧的杯子蛋糕上面點綴著滿滿的鮮奶油、巧克力、鮮果、糖粉、堅果等,每一種都看得人垂涎欲滴。除了多達17種口味變化的杯子蛋糕外,也有手工餅乾、布朗尼、慕斯蛋糕等。

阿黎站

勝利紀念碑站·
泰站·拉差裡威站·帕亞

奇隆站

菲隆奇站

阿那索那克站·

澎蓬站

伊卡邁站·東羅站·

班差站·安努差站·

阿黎站
Ari

① The Yard Hostel

> 網路評價超人氣！入住青年旅舍當文青、交朋友。
>
> 達人力推

🚇阿黎站1號出口步行約8分鐘 🏠51 Soi 5, PhahonyothinRd. ☎0653285999 💲通鋪每晚550B起、雅房每晚1,500B起 🈯可 🌐www.theyardhostel.com

　　The Yard Hostel於2015年2月開始經營的**超人氣青年旅舍**，住宿的建築包圍著中庭而立，雖然是舊建築重新整理，卻布置得舒適、雅致，都具有空調設備。共有10間房和3個貨櫃屋，大致分成5種房型，包括通鋪、單人房、雙人房與家庭房等，可以適合不同型態出遊的旅客。有房客可以使用的公用廚房，中庭也很適合聚餐、聊天、認識新朋友。房價包含早餐。

Paper Butter and The Burger

🚇阿黎站1號出口步行約8分鐘 🏠51 Phahonyothin 5, SamsenNai, Phaya Thai ☎0816491227 ⏰週一至週五11:00~14:00、17:00~21:00，週六11:00~21:00 ❌週日 🌐www.facebook.com/PaperButter

　　The Yard Hostel的門口有個小貨櫃屋，這是由兩個年輕朋友創業的漢堡店。每天新鮮手作的漢堡，**有豬、牛兩種肉類作基本，再分成招牌、夏威夷、重起司、清邁等4種口味選擇**，可依個人喜好加減肉、培根、起司、鳳梨片等配料，再沾上獨家特調的醬汁，頗受歡迎。

> 新鮮手作漢堡小店，多種配料、口味任君選擇。

> 輕鬆無壓力的咖啡空間。

② Hor Hidden Café

> 達人力推

🚇阿黎站3號出口步行約6分鐘 🏠40, 2 Soi Ari 1, SamsenNai, Phaya Thai ☎0889740419 ⏰週日至週五10:00~22:30，週六10:00~23:30 🈯可 🌐www.facebook.com/HorHiddenCafe

　　站在Hor Hidden Café的門口往裡瞧，怎麼看都像是一間還沒開始營業的餐廳，正打算離開時，卻發現餐廳身旁有一條狹窄的小徑，真正的咖啡廳原來藏在小徑的深處，頓時領悟「**隱藏(Hidden)**」之名果然其來有自。咖啡廳旨在提供消費者一個輕鬆、沒有壓力的空間，所以即使只是點一杯飲料，也不會趕客人、更是當年率先提供免費高速無線上網的咖啡廳之一，因此吸引了不少當地人到此消磨時間。除了冰品、飲料、甜點外，也提供義大利麵等簡餐。

③ Lay Lao

> 在地人推薦的道口味餐廳，辣度夠勁的泰國東北菜。

阿黎站3號出口步行約4分鐘 ⊙65 Phahonyothin7 Rd.
022794498 ⊙11:00~22:00 ⊙www.facebook.com/laylao.restaurant

> 達人力推

由於泰國東北的地理位置相當靠近寮國，飲食習慣和口味頗受寮國影響，辣度比一般泰國菜更夠勁。**Lay Lao店裡的招牌菜Som Tam，其實就是東北口味的青木瓜沙拉**，套餐還會搭配糖心蛋、越南式香腸、泰式酸豬肉、粄條、酸菜、魚露醬等，一次遍嘗店裡的人氣小菜。從2018年起，每年都連續獲得米其林必比登推薦。

> Lay Lao並不起眼，但是頗受當地人推薦，如果想品嚐寮國料理或是泰國東北菜，來這裡就對了。

④ Guss Damn Good (Ari)

阿黎站3號出口步行約5分鐘 ⊙1199 Phahonyothin Road, SamsenNai, Phaya Thai ⊙0973569268 ⊙10:00~23:00 ⊙可
⊙www.facebook.com/gussdamngood

2014年創立於波士頓的手工冰淇淋品牌，口感綿密，口味不斷推陳出新，包括黑巧克力、海鹽杏仁脆片、日本萊姆或柚子、草莓果醬香草、綠茶柑橘檸檬等，不但多得令人眼花撩亂，**有些光聽名字還很難想像究竟是什麼口味，讓人每種都想嘗嘗看。**

> 以實力取勝的泰北佳餚。

> 達人力推

⑤ OngtongKhaosoi

阿黎站3號出口步行約3分鐘 ⊙31 Phahonyothin Soi 7, SamsenNai, Phaya Thai ⊙020035254 ⊙9:00~20:00 ⊙可
⊙www.facebook.com/ongtongkhaosoi

坐落於阿黎的主要街道，窗明几淨、沒有花俏的裝潢，2019~2022年連續獲得米其林必比登的推薦肯定。OngtongKhaosoi的業主**來自泰北，旨在傳承阿嬤的食譜的味道。**泰北特有的**咖哩金麵**分別搭配豬肉、雞腿或牛肉，是招牌美食；加有雞血、豬肋肉的**泰北辣湯麵**也很夠勁。

地圖標示：
- Thongyoy Cafe
- GUMP's Ari Community Space
- Soi Phahon Yoti
- NANA Coffee Roasters Ari
- Salt
- Tuzani Galleria
- KINU Donut
- Shamballa Somtam
- ③ Lay Lao
- Baan Nueng@Aree 5
- Ongtong Khaosoi Ari Branch
- ⑤
- Thitaya
- Witty Ville
- Sis&Me Bakery Studio
- O'glee
- La Villa ④
- Puritan Café
- Hor Hidden Café ②
- ④
- Villa Market
- HOBS Away
- Bon Chon Chicken
- After You
- Shaka Grill & Bar
- SATI Handcraft - Ari
- A - ONE Ari
- Guss Damn Good (Ari)
- Thanee Restaurant
- ① The Yard Hostel
- Paper Butter and The Burger
- 捷運蘇坤蔚線 BTS Sukhumvit Line
- Phahonyothin Rd.
- 阿黎站 Ari
- Soi Ari 5 / Soi Ari 4 / Soi Ari 3 / Soi Ari 2 / Soi Ari 1
- Watthana 8
- Soi Phahon Yothin 6
- Phahon Yothin
- Soi Phahon Yothin 2
- Rama VI Soi 30
- Soi Ari Samphan 3 / Soi Ari Samphan 2
- & Laliart

阿黎站
Ari

Thongyoy Cafe
GUMP's Ari Community Space
NANA Coffee Roasters Ari
Salt ④
Tuzani Galleria ③ ②
KINU Donut
Shamballa Somtam
Lay Lao
Baan Nueng@Aree 5 Ⓗ
Ongtong Khaosoi Ari Branch
Witty Ville
⑤ Thitaya
Sis&Me Bakery Studio
O'glee
La Villa ⑥
Villa Market
HOBS Away
Bon Chon Chicken
After You
Puritan Café
Shaka Grill & Bar
SATI Handcraft - Ari
Hor Hidden Café
A - ONE Ari
Guss Damn Good (Ari)
Thanee Restaurant
Ⓗ The Yard Hostel
Paper Butter and The Burger

> 咖啡好喝、環境優美、氣氛佳。

① Nana Coffee Roasters Ari

> 達人力推

📍阿黎站3號出口步行7~10分鐘 ⊙24, 2 Ari 4 Alley, SamsenNai, Phaya Thai ☎0839082222
🕐週一至五7:00~18:00，週六至週日8:00~18:00 💳可 🌐nanacoffeeroasters.com

Nana Coffee Roasters是曼谷相當知名的咖啡品牌，**創始人從最開始不喝咖啡、到愛上後全心投入，咖啡沖泡技術經常在國際比賽獲得冠軍。**阿黎這間分店是幢兩層樓的新穎建築，坐落在綠意盎然的熱帶庭園裡，文青風中又透著豪宅的貴氣，看得出來樹木、植栽維護得相當用心，既適合放空又適合拍照。

② Shamballa Somtam

> 用料鮮美的傳統小店。

> 達人力推

📍阿黎站3號出口步行約5分鐘 ⊙71/1 Phahonyothin Soi 7, SamsenNai, Phaya Thai ☎023571597 🕐11:30~21:00 💳不可

位在阿黎主要街道與某條巷口的三角窗，外觀很普通，裡面雖然不大，卻也窗明几淨，既然店名以Somtam為名，涼拌青木瓜應是招牌料理。其實光是涼拌菜，菜單上就琳瑯滿目，包括加了鱸魚乾的木瓜沙拉、加了醃螃蟹的木瓜沙拉、加了明蝦的木瓜沙拉、還有泰式生蝦沙拉、小黃瓜沙拉等，關鍵在於用料新鮮，雖是傳統小店，呈盤卻有西餐的繽紛明亮。除了沙拉外，炒河粉、炸蔬菜、烤豬肉沾羅望子醬等，都頗受推崇。

③ Tuzani Galleria

📍阿黎站3號出口步行約5分鐘 ⊙71/5 Soi Phahonyothin 7 ☎026170254 🕐10:00~21:00 💳可

Tuzani Galleria是個泰國本土崛起的服裝設計品牌，由一位年輕設計師主導，2013年在阿黎巷的主街上設立據點，**風格強調在簡單中展現浪漫**，期望能設計出穿起來高雅、時尚又舒適的服裝。無論是晚禮服、成衣、制服等都可接受訂製，也很樂意與盤商合作。

La Villa和阿黎巷兩地相輔相成，為這個地區帶來蓬勃朝氣。

阿黎站

泰站·勝利紀念碑站·拉差裡威站·帕亞

奇隆站

菲隆奇站

阿那那克站·

澎蓬站

伊卡遢站·東羅站

班差站·安努站

④ Salt

🚇阿黎站3號出口步行約6~8分鐘　🏠111/2 Soi Ari, corner Soi Ari 4, Phahonyothin 7　📞 0987424989　🕐週一至週五16:00~00:00，週六至週日12:00~00:00　💳可　🌐www.facebook.com/SaltBangkok

從阿黎巷主要道路走到4巷口附近，眼光不自覺會被這家名叫Salt的餐廳所吸引，看似  剝落的清水模外牆，設立大片玻璃窗，使用的家具、飾品也都走極簡風，後側還有靠木頭燃燒的烤爐。這家2011年開幕的餐廳兼酒吧，**提供法、義、日等國際風格的料理，**吃得到高品質的生魚片、壽司、生蠔，也有手工窯烤比薩，還有琳瑯滿目的葡萄酒、雞尾酒等；可在室內享受冷氣，也可在露天用餐區享受悠閒。雖然消費不便宜，仍然叫好又叫座。

⑤ Thitaya

🚇阿黎站3號出口步行約13分鐘　🏠40 Soi Ari 5, Phahonyothin Rd.　📞0855046689　🕐11:00~17:30週六、週日　🌐www.facebook.com/thitayabakery/

Thitaya最早只是一家透過網路行銷的蛋糕店，**專門賣手工烘焙的蛋糕，**包括巧克力、橘子、草莓、胡蘿蔔等口味；因為生意不錯，2013年開始才設立這個實體據點。目前除了蛋糕、派餅外，也有各種口味的咖啡、飲料和簡餐。空間雖然不大，但草木扶疏，氣氛很像在朋友家的花園聚會一般。

⑥ La Villa

🚇阿黎站4號出口，出站即達　🏠356 Phahonyothin Rd.　🕐7:00~22:00(各店不一)　🌐shop.villamarket.com

　　La Villa 3個樓層的空間裡分布著許多餐廳、咖啡館、甜品店、服飾店等，包括Starbucks、HOBS Away、CHOB、FUJI、After You等，還有Boots藥妝店和超級市場，消費類型相當多元，又因為距離不遠處的阿黎巷(Soi Ari)颳起咖啡廳風潮，吸引年輕人湧入，而**LaVilla就在阿黎站旁，占盡地利之便。**

Villa Market

🏢1F　📞027791000　🕐7:00~22:00　💳可　🌐shop.villamarket.com

　　Villa Market創立於1974年，是**泰國相當早期出現的超級市場，**當第一個據點出現在蘇坤蔚路的Soi 33時，某種程度地扭轉了泰國人在露天市集採購生活用品的習慣，提供大家更舒適的採購環境。貨品以進口商品為主，蔬菜、水果、肉品、海鮮、糕餅、罐頭等幾乎無所不包，它也率先提出客人滿意保證等售後服務，顯示對產品品質的自信與負責。

Bon Chon Chicken

🏢3F　📞0833629986　🕐09:00~02:00　💳可　🌐www.bonchonthailand.com

　　Bon Chon中文翻譯為「本村」，是一家**從美國發跡的韓式炸雞企業，**不但紅回韓國，還在菲律賓、泰國、印尼、新加坡等國陸續開設分店，油炸火候的拿捏、獨家口味的沾醬，還有夠味的雞翅、章魚、薯條等，也可以吃到泡菜、拌飯、豆腐鍋等韓式料理。

阿黎站

勝利紀念碑站・拉差裡威站・帕亞泰站

奇隆站

菲隆奇站

阿那那克站・

澎蓬站

伊卡邁站・東羅站・

勝利紀念碑站・拉差裡威站・帕亞泰站・珂隆努站

勝利紀念碑站・帕亞泰站・拉差裡威站

Victory Monument・Phaya Tha・Ratchathewi

❶ Café Narasingh

📍勝利紀念碑站3號出口步行約15分鐘
📍315 Ratchawithi Road　📞0644623294
🕐週一至週五8:00~18:00，週六至週日
8:30~18:00　🌐www.facebook.com/
CafeNarasingh

　Phaya Thai Palace原本為國王拉瑪六世的行宮，而其中Café Narasingh的位置，則是**當時國王用來接見外賓和等待晉見客人的貴賓室**，目前則做為咖啡館經營，古色古香的歐式裝潢細節和家具擺件，充滿了懷舊的歐式風情。

　推開厚實的木門，Café Narasingh從天花板的繁麗圖繪、拱廊門窗，人字拼木地板，以及沙發桌椅的選擇，無一不典雅精緻，像是電影中的浪漫場景。因Café Narasingh提供平價的咖啡和甜點，也吸引了不少當地人客群，店內可見年輕的大學生、觀光客，以及鄰近醫院的員工等，不過餐點水準則一般，不須有太大的期待。

Café Narasingh位於原本國王晉見外賓的貴賓室，店內保留了歐式的裝飾細節。

❷ 白菜園宮殿
SuanPakkad Palace Museum

📍帕亞泰站4號出口直行轉進Sri Ayudhya Rd.再直走，約3~5分鐘可達　📍352 Thanon Si Ayutthaya, ThanonPhaya Thai, Ratchathewi　📞022454934　🕐9:00~16:00　💲門票100B　🌐www.suanpakkad.com

> 園內有多個主題展覽，喜愛泰國傳統藝術的人不要錯過！
>
> 達人力推

　博物館所在地的前身只是一座菜園（泰文為SuanPakkad），爾後成為朱拉隆功大帝皇孫ChumbhotParibatra王子的住所，就直接命名為白菜園宮殿，現為基金會代管。

　從售票處進場的**2樓藝廊**不定期展出現代藝術畫作，**1樓展覽室**收藏有東北地區萬清(Ban Chiang)出土的史前文物。循著參觀動線進入園區8座傳統柚木建築，每座都有主題展覽，包括當時貴族收藏的藝術品、器皿等，其中最美的漆器涼亭(Lacquer Pavilion)是整幢從大城移來的大城時期建築，精緻的手工壁畫展現泰國傳統工藝的精湛技巧；而另一座以泰國傳統箜劇為題的展館，則詳細說明箜劇的由來並展示戲服和面具。

❸ fyn Hotel

📍勝利紀念碑站4號出口步行約8~10分鐘　📍17, 1 Soi Ratchawithi 9, ThanonPhaya Thai, Ratchathewi　📞022454300　💲雙人房每晚1,350B起　🌐www.fynhotel.com

　勝利紀念碑站雖然不是觀光要站，但是居中的地理位置，搭乘捷運南來北往都很方便，而且**捷運只要1站就可以轉接上往返機場的機場快線**，所以是暢遊曼谷頗理想的據點。備有49間客房的fyn Hotel布置簡單、明亮、舒適，**會客大廳隨時提供免費的咖啡、菊花茶、杯子蛋糕、布朗尼等簡單飲料與甜點**，方便房客隨時可解渴或打打牙祭。

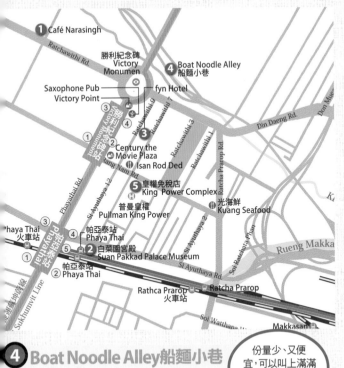

阿黎站
勝利紀念碑站・拉差裡威站・帕亞泰站
奇隆站
菲隆奇站
阿索克站・阿那那站
澎蓬站
伊卡邁站・東羅站
安努站・班差站

（圖中）
Café Narasingh ①
Ratchawithi Rd.
勝利紀念碑 Victory Monumen
④ Boat Noodle Alley 船麵小巷
Saxophone Pub
Victory Point
fyn Hotel
Din Daeng Rd.
Don Mue
Ratchawithi 9
Ratchawithi 7
Ratchawithi 3
Ratchawithi 1
Century the Movie Plaza
Isan Rod Ded
Rang Nam Rd.
⑤ 皇權免税店 King Power Complex
光海鮮 Kuang Seafood
Ratcha Prarop Rd.
普曼皇權 Pullman King Power
Phaya Thai 火車站
帕亞泰站 Phaya Thai
② 白菜園宮殿 Suan Pakkad Palace Museum
帕亞泰站 ② Phaya Thai
Si Ayuthaya Rd.
Rueng Makka
Rathca Prarop 火車站
Ratcha Prarop
Soi Watthana
Makkasan
Phayathai Rd.
Sukhumvit Line

④ Boat Noodle Alley 船麵小巷

🚇勝利紀念碑站4號出口步行約8~10分鐘 📍2/16-18 Phahonyothin Road, SamsenNai, Phaya Thai 🕐9:00~18:30(有些店家週一休) ⊘不可

份量少，又便宜，可以叫上滿滿一桌，把所有味道都嘗遍。
達人力推

一碗麵18泰銖，有沒有搞錯？沒錯，這就是傳說中的「船麵」，**小小一碗僅夠打牙祭，想吃飽就多點幾碗，正好符合觀光客什麼都想嘗一點的小確幸。**

在1700年代後期，曼谷的運河是交通和貿易的樞紐，划著小木船的攤販們用碗盛著湯汁不多的麵給顧客，以免船身晃動不小心灑了出來。隨著大都市的發展，運河交易逐漸退卻，船麵也不再那麼容易吃到了。

勝利紀念碑北邊的Khlong Samsen運河旁，目前還存在著好幾家供應船麵的店家，形成船麵小巷，因為好吃又便宜，用餐時間總是排著長龍，尤其橋的左邊這家Baan KuayTiewRuathong生意更是興隆，建議非尖峰時間前往，可省下不少排隊的時間。

國際精品雲集，還有名店齊聚的美食廣場，逛起來很舒適。
達人力推

⑤ 王權免税店
King Power/King of Duty Free

🚇勝利紀念碑站2號出口沿Century the Movie Plaza大馬路再轉進Rang Nam Rd.，步行約5~8分鐘 📍8 Rangnam Rd. ☎026778888 🕐10:00~20:00 ⊘可 🌐www.kingpower.com
❗必須攜帶護照，進場消費前要先到登記櫃檯辦理手續，才可以帶著免税折扣券購物

這間王權免税店是**該集團在曼谷市區裡最大的精品免税店**，經過改裝與擴建之後，在2018年重新開幕，為顧客帶來更嶄新舒適的購物空間。入口處呈半球型的玻璃建築裡，商場1到2樓有Hermes、Prada、Burberry、Gucci等世界知名精品，2樓包括珠寶、美妝、名錶，3樓則是泰國品牌像是著名的泰絲品牌Jim Thompson及各式泰國手工藝品、伴手禮、香氛、精油製品等，都是送禮自用兩相宜的商品，**更有佔地頗廣的餐飲區Thai Taste Hub**，齊集曼谷知名的餐廳和街頭小吃，如nara、胖哥釀豆腐麵等，甚至有鬼門炒河粉的分店——而且不必排隊。

阿黎站

勝利紀念碑站・拉差裡威站・帕亞

奇隆站

菲隆奇站

阿那索克站・

澎蓬站

東羅站・伊卡邁站

班差站・安努站・

勝利紀念碑站・帕亞泰站・拉差裡威站
Victory Monument・Phaya Tha・Ratchathewi

1 普曼王權 Pullman King Power

🚇勝利紀念碑站2號出口沿Century the Movie Plaza大馬路再轉進Rang Nam Rd.，步行約3~5分鐘 🏠8/2, Rangnam Rd. ☎026809999 💰雙人房約4,250B起（房價每日調整）💳可 🌐www.pullmanbangkokkingpower.com

Pullman Bangkok King Power Hotel是Pullman進軍亞洲的首次出手，和Sofitel同屬法國Accor店管理集團。有別於五星級的奢華，飯店設計風格以簡約俐落為主，1樓大廳挑高4層樓，藉由整幕落地玻璃將自然光引進室內，坐在室內，視野所及的是圍繞中庭的小花園，別有一番風景。客房共計354間，**強調選用高級寢具材質，並關注旅客入住後舒適度**。此外，飯店直接和王權免稅店相連結，周邊的Rang Nam路一到傍晚也是熱鬧非凡，住在這裡飲食購物都很便利。

2 Isan Rod Ded

🚇勝利紀念碑站2號出口沿Century the Movie Plaza大馬路再轉進Rang Nam Rd.，步行約3~5分鐘 🏠3/5-6 Rang Nam Rd. (皇權免稅店對街) ☎022464579 🕐11:00~22:00

達人力推

口味酸辣夠勁，堪稱是Rang Nam 路上最好吃的東北料理。

在曼谷發行的《bangkok101》在地導覽書，強力推薦這一家，它堪稱**Rang Nam路上最好吃的東北料理**。餐廳有大家熟知的東北烤雞(Gai-yang)、青木瓜沙拉(Somtam)、酸辣蝦湯、打拋等；而將魚肉炸的酥鬆、拌上青芒果絲、撒上花生後上桌的涼拌菜，則是路邊攤也少見的傳統泰式小菜。因為口味道地，店家酸辣口味絕對夠勁，如果不嗜辣，則可以請店家酌量料理。

3 光海鮮Kuang Seafood

🚇勝利紀念碑站2號出口沿Century the Movie Plaza大馬路再轉進Rang Nam Rd.，步行約8~10分鐘 🏠107/12-13 Rang Nam Rd. ☎026425591 🕐11:00~1:00 💳可 🌐www.facebook.com/Kuangseafood.soirangnam

光海鮮營業到半夜，適合半夜還想大啖美食的夜貓子。

位於Rang Nam路上的這家光海鮮營業時間很長，從早上一直到半夜，加上它離機場快線Ratchaprarop站也近，若住在附近的飯店又搭晚班機進曼谷，或是想在離開曼谷前再好好大啖美食，這裡會是不錯的選擇。**各式海鮮料像是咖哩螃蟹、酸辣蝦湯等都是店家招牌菜**，且價格不算高，3、4人一同用餐最划算。

4 Saxophone Pub

> 這裡有高水準現場音樂，來度過浪漫的薩克斯風之夜吧！

達人力推

勝利紀念碑站4號出口沿著空橋往北走步行約3~5分鐘 ⌖3/8 Phaya Thai Rd. ☎022465472 ⦿ 8:00~2:00 ⦿可 ⦿www.saxophonepub.com

在Victory Point旁邊的巷子裡，有一家以薩克斯風為主題的Saxophone Pub，從1987年開幕至今，吸引不少國內外喜歡薩克斯風、爵士樂或藍調音樂的人士，到此度過浪漫的薩克斯風之夜。**它是酒吧也是餐廳，提供口味道地的泰式料理，還有選擇眾多的雞尾酒單。**

Saxophone Pub裡面的布置充滿歐洲風情，東方與西方的音樂完美交融、高度水準的現場音樂，從1999年以來就被英國的Metro雜誌肯定為「泰國最佳Pub」。此外，每月都有不同畫家的繪畫展出，畫展的收益捐給Sound and Vision基金會做為兒童們的藝術教育基金。

5 勝利紀念碑市集
Victory Point

勝利紀念碑站4號出口沿著空橋往北走步行約3分鐘 ⌖捷運勝利紀念碑站旁 ⦿約傍晚最熱鬧

就在捷運站空橋下，Victory Point像是一個市集廣場，有成衣攤也有各式各樣的美味小吃，由於攤商**價格經濟實惠**，像是背心、成衣、長版洋裝、襯衫等都很便宜，吃碗炒粿條也只要幾十泰銖，因此吸引眾多學生、年輕人聚集。

阿黎站

勝利紀念碑站・拉差裡威站・帕亞

泰站・

奇隆站

菲隆奇站

阿那那克森站

澎蓬站

伊卡邁站・東羅站・

班安努差站・

奇隆站
Chit Lom

香、燭、花環等供品可以在四面佛廣場裡面買，有公定價。

參拜前可用聖水洗雙手，參拜後再舀一點聖水灑頭頂。

① 四面佛
Erawan Shrine

有求必應、香火鼎盛的四面佛心想事成後一定還願！

🚇 奇隆站2號出口步行約3~5分鐘　🏛 Grand Hyatt Erawan Bangkok旁

達人力推

四面佛源自印度的布茹阿瑪神，在印度三位一體、至高無上的三相神(Trimurti)——布茹阿瑪(Brahma)、維斯紐(Vishnu)和希瓦神(Shiva)中，布茹阿瑪是宇宙和所有生物的創造之神，四面佛寺內供奉的就是能帶來好運及幫助實現願望、擁有四張臉及四隻手臂的布茹阿瑪神。

曼谷四面佛建於1956年，落成於知名的Erawan Hotel(現為Grand Hyatt Erawan Bangkok)開幕後的1年，該飯店的名稱即取自布茹阿瑪神33頭神象之名「Erawan」。四面佛之所以坐落在飯店附近的十字路口上，據傳是1956年Erawan Hotel幾近完工時，特別請星象師挑選一個良辰吉日開張，星象師卻表示飯店動土立基的日期不好，建議在特定位置上蓋一座四面佛，改掉當初的錯誤，祈求未來營運順利。於是，飯店請來泰國藝術部門根據傳統協助設計及鑄造四面佛像，並於1956年11月9日安置在飯店旁。

曼谷的四面佛因為台、港兩地藝人皆為其信眾，加上**傳說其有求必應，每天都有許多在地人和遊客前往參拜**，就算沒有華麗的廟宇供奉仍香火鼎盛。據說只要參拜固定方向，並留意每個方位該供幾柱香，加上誠心許願就能心想事成。但當地人告誡，**心願成真後一定要來還願**，一旁的涼亭裡，不時有舞者表演Lakhon Chatree傳統舞蹈，就是民眾來還願的方式之一，而這4分鐘的舞蹈，舞者會朗誦還願者的姓名，還願者則跪在舞者前、面朝四面佛。

Citin Pratunam

Ratchaprarop 火車站

Baiyoke Sky Hotel
Bangkok Sky Restaurant

Indra Square

Groove@CentralWorld
KARMAKAMET

Soi Watthana Wong

Pantip Plaza

水門市場
Pratunam Market

Amari Watergate Hotel

The Palladium World

Platinum Fashion Mall

紅大哥水門海南雞飯

Kuang Heng

Red Sky

Indara Massage

Centara Grand at CentralWorld

三面神 Trimurti Shrine

象神Ganesha

Big C

Nai Lert Park Heritage Home

Soi Nai Loet

CentralWorld

雪山神女Uma

gorn

Arnoma Hotel

Gaysorn Village

吉祥天女Lakshmi

Ploenchit Rd.

Amarin Plaza

Green Cotton

英國大使館

曼谷柏悅飯店
Park Hyatt B

InterContinental Bangkok

① ③

那羅延 Narayana

① ②

奇隆站Chit Lom

Indra

因陀羅

Central Chidlom

Dean & Deluca

n 64

四面佛 Erawan Shrine

Grand Hyatt Erawan Bangkok

King Kong 日式燒肉

Mercury Ville

② ③
⑤

菲隆奇站 Phloen Chit

① ②

⑤ ②

④

Siam Square One

Bliston Suwan Parkview Hotel

Novotel Banc Ploenchit Sukhu

Anantara Siam Bangkok Hotel

Soi Mahatlek Luang

星巴克 Langsuan

曼谷雅典娜皇家艾美
The Athenee Hotel,

奇隆站周邊其他印度神

奇隆站周邊除了四面佛之外，其實還有不少印度神的神像，如果有興趣，不妨一一走訪。

三面神Trimurti

🏠伊勢丹百貨前方

這尊三面神是印度教裡的創造者大梵天(Brahma)、運作者威斯奴(Vishnu)和毀滅者溼婆神(Shiva)，據傳在此求愛情相當靈驗，而且要選在每週四21:30，三面神下凡的時間，帶著紅玫瑰、紅蠟燭、9寸香祭拜祈願最靈。西洋情人節則是另一個祈願高峰。

因陀羅Indra

🏠Amarin Plaza旁

因陀羅是吠陀經記載之眾神之首，這尊神像為翡翠色，不少民眾會來此參拜，並且獻上大象雕像和萬壽菊。

象神Ganesha

🏠伊勢丹百貨前方

在三面神旁邊的象神格涅沙(Ganesha)是溼婆神的兒子，想求生意財富、智慧靈感，別忘了獻上水果、牛奶等供品，對祂誠心一拜。

雪山神女Uma

🏠Big C前

雪山神女烏瑪(Uma)是濕婆神的愛妃，祂有許多化身，信眾來此祈求神力保佑。

吉祥天女Lakshmi

🏠Gaysorn 4樓 🕙10:00~20:00

位於Gaysorn 4樓的吉祥天女拉克什米(Lakshmi)，在大樓開放時間才能進入參拜。祂是那羅延(Narayana)的妻子，身著粉紅沙麗，站在蓮花上方。信眾常來此祈求生育及財運。

那羅延Narayana

🏠InterContinental Bangkok前

那羅延是毗濕奴的化身，是印度教中的保護之神、仁慈之神，其坐騎是大鵬金翅鳥迦樓羅(Garu a)。神像坐落於洲際飯店前方，保護周邊和生意興隆。

拜四面佛不燒香！

從2018年3月中開始，基於環保及健康因素，四面佛已公告請信眾勿點香或蠟燭，以往香煙繚繞的情況已不復見。不過這個規定並不是全面取消持香，其實還是有販售香燭，所以參拜方式幾乎和往常一樣，只是不點燃香燭而已。

阿黎站
勝利紀念碑站・拉差裡威站・帕亞
奇隆站
菲隆奇站
阿索克站・
澎蓬站
伊卡邁站・東羅站・
安努站・班差站・

阿黎站

勝利紀念碑站・拉差裡威站・帕亞泰站

奇隆站

菲隆奇站

阿索克站・那那站

澎蓬站

伊東站・卡邁站

班差站・安努站

奇隆站
Chit Lom

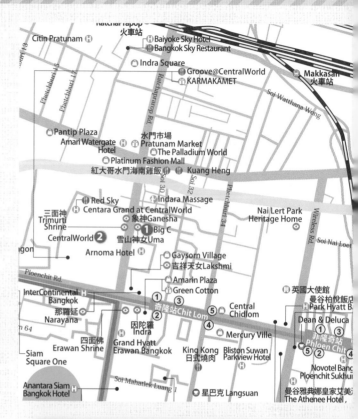

1 Big C Supercenter Ratchadamri

🚇奇隆站1號出口步行約6~10分鐘　⊙97/11
Ratchadamri Rd.　☎022504888　🕐9:00~2:00
📶可　🌐www.bigc.co.th

　　Big C是泰國大型連鎖超商之一，商品皆為批發價，光是成衣價格就和周邊的水門市場有得拚，**而生鮮超市最受旅客歡迎的就是大包裝的零食、泡麵和各種泰式料理包**，買回家自用送人都划算，倘若需要添購旅行日常用品，開架式美妝品和小份量的洗髮精、沐浴乳都有，對旅人來說相當方便。此外，Big C美食街也很精采，消費比同區賣場略低。

> 泰國商店現在都不提供免費塑膠袋了，可自備購物袋或是另外花錢購買店家的環保袋。

2 Central World

> :不斷求新求變的超大型百貨，多方面搶佔消費者的心。

🚇奇隆站先往1號出口方向(但不出站)，再沿空橋指標可直達商場　⊙999/9 Rama 1 Rd.　☎026407000　🕐10:00~22:00　📶可　🌐www.centralworld.co.th

> 達人力推

　　Central World面積寬達830,000平方公尺(近17萬坪)，裡頭有**超過500間店鋪，其中多間為旗艦店或首間開在曼谷的店，此外還有100間餐廳、大型超市、電影院、溜冰場。**Central World主打年輕、休閒與時尚路線，擁有許多深受年輕人喜愛的平價品牌，如Camper、Ted Baker、CK Jeans、Mango、Zara……另外，不少知名的泰國設計品牌也進駐Central World，像是Fly Now III、JASPAL、SODA；愛美的人，則可以進來享受Spa按摩，或是到Harnn、Thann或Karmakamet購買芳療用品。

美食廣場旁的good goods是Central集團推廣本土手工藝術的平台,可以選購富有特色的伴手禮。

外國遊客優惠Tourist Privilege

觀光客只要憑護照到遊客服務櫃檯,即可當場申辦一張「遊客優惠卡」(The 1 Card),之後只要到貼有「The 1 Card」標籤的專櫃消費,可以獲得5~50%不等的優惠。這樣優惠同樣適用於Central集團名下的百貨公司,包括Central Chidlom和Central Embassy、Central Village等,喜歡購物的旅客可以多多利用。

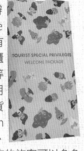

📍Central World 1F兌換櫃檯(Victoria's Secret旁)

Hug Thai

📍1F, Hug Thai / Street food zone

Central World全新的美食廣場Hug Thai主打**泰國經典街頭小吃**,像是海南雞飯、泰式炒河粉、醃豆腐魚丸湯麵、芒果／榴槤糯米飯、椰子冰淇淋……和曼谷其他購物中心的美食廣場一樣,這裡也需要先購買一張儲值卡,再以卡片點餐付款,

Hug Thai的交易只接受儲值卡付款喔!

若儲值卡有剩餘的金額可以交由服務人員計算並退回剩下的現金。若想搭乘**接駁車前往Central集團的精品Outlet——Central Village**,上下車的地方就在Hug Thai區的大門外,每天有3班車次。

Divana Signature Cafe

📍2F ☎022522614 🕙10:00~21:30 🌐www.facebook.com/divanasignaturecafe

頂級SPA品牌Divana也跨足餐飲業了!設店在**Central World**的Divana Signature Café為旗下第一間咖啡館於2018年2月開幕,利用歐式的圓形拱廊和大量的花卉植栽,與人來人往的百貨區優雅畫出分野,形成了一處浪漫自然的歐風下午茶花園。

歐式下午茶必備的點心司康

餐桌邊會擺放手搖鈴和自家品牌的護手霜

TAZiTA Spa and Art Design

📍7F (Central百貨裡的角落) 💲按摩300~500B、美甲700B起 🌐www.facebook.com/tazitaofficial

隱藏在百貨公司角落的TAZiTA,除了提供**基本的按摩與護膚療程,也可以做手部和足部的指甲彩繪**。小小的入口處用綠色植物裝飾,彷彿進入一個小小的花園,讓人感到心平氣和,逛街逛累了不妨到這裡放鬆一下。

Tops Food Hall

📍7F, Zone Dazzle

雖然名為Food Hall,但它不是只賣食物,2,481坪的空間堪稱是全亞洲最大的超市,裡頭從零食、蔬果肉類、小吃、麵包店到生活用品、藥妝……什麼都有,大家最愛的**泰國小物、零嘴**在這裡也幾乎可以滿載而歸。

NaRaYa

📍1F, Zone Beacon

☎022559522

若説許多人來曼谷一定要逛的百貨公司是Central World的話,那NaRaYa很可能是他們非得拜訪的首站。**這家分店的規模不是最大,但生意很好。**

阿黎站

泰站·勝利紀念碑站·拉差裡威站·帕亞

奇隆站

菲隆奇站

阿索克站·那那站

澎蓬站

伊卡邁站·東羅站

班差站·安努站

奇隆站
Chit Lom

① Centara Grand at Central World

🚇奇隆站1號出口或從空橋穿過Central World，步行約10~15分鐘 📍999/99 Rama 1 Rd. ☎021001234 💰雙人房約5,100B起(房價每日調整) ◻可 🌐www.centarahotelsresorts.com/centaragrand/cgcw

位在Central World範圍的五星級飯店Centara Grand**共有505間套房，包括有8家餐廳以及酒吧**，其中位在51樓的行政樓層提供私人的空間，客人可以享有管家以及咖啡、下午茶的服務；設施方面包括健身中心、室內戶外游泳池、網球場，而位在25樓的Spa Cenvaree則提供各式按摩與舒壓體驗。

Red Sky

📍55F ☎021006255 🕐17:00~1:00(最後點餐23:30) ◻可 ❶CRU不可著短褲、背心、拖鞋入場

> 曼谷知名Sky Bar，以國際料理和夜景景色最出名。

> 達人力推

Red Sky最顯眼的就是**在戶外座位區設計了大型的拱型屏障**，夜晚點燈後投射七彩燈光，非常漂亮。店內約可容納230名客人，餐飲以單點為主，前菜、主菜、飲料一頓下來大約要2,000~3,000B，再點瓶酒價格更高。這裡的酒藏室非常特別，以兩層樓的圓柱形玻璃設計呈現，藏酒有2,000多瓶，服務生拿酒還得吊鋼絲，也是奇景之一。

從Red Sky還可以搭乘透明膠囊電梯前往**59樓的CRU Champagne Bar**(簡稱CRU)，平均消費略高於Red Sky，最受歡迎的調酒Swallow's Nest盛裝於鏤空金屬籠子中，紫紅色的調酒以伏特加為基底，加入君度橙酒、石榴汁、甜菜汁、百香果汁、萊姆汁等調製而成，清爽果香中帶有伏特加的醇烈韻味，搭配精巧外觀，相當受女性顧客歡迎。

入夜後投射燈光的拱型屏障，是Red Sky最顯眼的招牌

② Central Chidlom

🚇奇隆站5號出口，從空橋可直達商場 📍1027 Ploenchit Rd., Lumpini, Pathumwan ☎027937777 🕐10:00~22:00 ◻可 🌐www.central.co.th

Central Chidlom是曼谷最受歡迎的百貨公司之一，擁有不少國際頂級精品和獨家品牌。Central Chidlom最特別的在於提供**「個人時尚造型服務」(Personal Shopper Service)**，只要一通電話，就有專業的造型師給予客人最貼切的建議，而且完全免費。

更值得一提的是，觀光客只要憑護照到遊客服務櫃檯，可申辦**遊客優惠卡「The 1 Card」**，之後到配合的專櫃消費，即可獲得折扣優惠；這項福利不僅適用Central Chidlom，在它的姐妹百貨公司，如Central World、Central Embassy都可以多加利用。

Pañpuri

📍5F ◻可 🌐www.panpuri.com

Pañpuri是泰國相當知名的奢華香氛品牌，以金色孔雀作為商標，強調天然萃取，不添加任何對人體有害的成分，是**全泰國第一個完成國際兩大天然有機機構認證的品牌**，推出後很快便打進高檔的居家生活市場。產品線眾多，包括香水、擴香、滋養油、按摩油、護手霜等；還有特別設計的薰香包，隨身攜帶即可鎮日散發淡淡的怡人清香。

阿黎站

勝利紀念碑站·拉差裡威站·帕亞
泰站

奇隆站

菲隆奇站

阿那克索站·

澎蓬站

伊東羅站卡
邁站·

安努差站

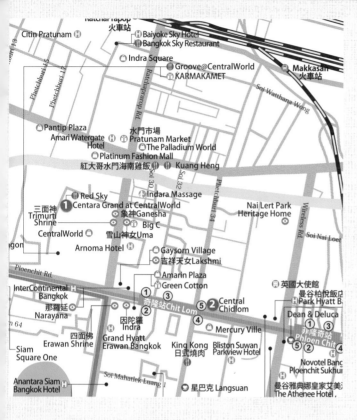

灰狗咖啡館
Greyhound Café
🏠4F　☎022556964　⭕可　🅿

www.greyhoundcafe.co.th

　Greyhound Café主打泰式料理，實際卻融合了日式、義式美食特色的Fusion風格；招牌推薦菜有**複雜麵(Complicated Noodle)**，吃時將像河粉一樣的Q彈麵皮，依喜好加上肉醬汁、加了薄荷的辣椒醬、香菜，再和生菜包在一起食用，口味清爽，一份就有飽足感，適合炎炎夏日品嘗。

　辣醬生鮭魚片(Salmon Sashimi in Spicy Hot Sauce)其實口感不會太辣，反而因為鮭魚吃起來鮮美香嫩，加了薄荷醬汁就更加開胃；荸薺椰子冰(Tub Tim Krob Greyhound Style)是常見的泰式甜品，Greyhound添加了椰肉和椰奶，味道濃厚香甜，是絕佳消暑良品。

> 同一櫃位還有來自義大利佛羅倫斯的重量級香氛Dr. Vranjes，亦強調自然萃取的怡人香氣，如紅酒擴香、青蘋果白蘭地擴香等。

Officine Universelle Buly
🏠2F　☎02793777　⭕可　🅿buly1803.com

　Buly是來自法國的藥妝店，由集香水蒸餾師、調香師及化妝品專業於一身的Jean-Vincent Buly創立於西元1803年，所有的產品像是身體滋潤油、香皂、護手霜等皆採用天然配方，不含人工添加物、化學防腐劑、矽靈等，香氛產品亦不含任何會干擾氣味的成分，運用最先進的科技把自古流傳下來的美容配方加以改良，將可能造成敏感的因素降至最低。品牌於2014年重返巴黎，並引發美妝界的熱門話題，獨家以水為基底的香水是最具品牌精神的商品之一。

　店內裝潢重現19世紀風靡貴族與名媛的優雅風情，產品在外包裝上採用手繪插圖，生動地展現商品的特性。店員們還會根據顧客的需求，在外盒標籤印上客人的姓名等字樣，量身訂製獨特的攜帶包裝。

> Officine Universelle Buly全曼谷僅在Central Chidlom設有唯一的專櫃，別無分號。

香朵娜Donna Chang
🏠5F　⭕可　🅿donna-chang.co.th

　泰國有眾多香氛品牌，其中香朵娜(Donna Chang)是**連泰國皇室也愛用的品牌**，旨在利用天然的材質創造最精緻的產品，以花朵、香草等為基底，不含礦物油、防腐劑和其他化學成分，力求讓日常生活充滿舒適的香氣，所以名稱也令人聯想到亞洲女性的溫婉之美。目前**以擴香最受歡迎**，分別有梔子花、杏仁香草、荳蔻檀香等高雅香氣。

阿黎站

勝利紀念碑站・拉差裡威站・帕亞

泰站・

奇隆站

菲隆奇站

阿索那站站・那

澎蓬站

伊卡邁站・東羅站・

安努站・班差站

奇隆站
Chit Lom

① Grand Hyatt Erawan Bangkok

🚇奇隆站2號出口步行約6~8分鐘，或捷運席隆線拉差當梅站4號出口步行約8分鐘 🏠494 Rajdamri Rd. ☎022541234 💲雙人房約7,335 B起(房價每日調整) 🅿可 🌐bangkok.grand.hyatt.com/en/hotel/home.html

Grand Hyatt Erawan飯店結合高階商務性能與度假設施，各式餐廳則提供義大利、亞洲、傳統歐洲、泰式等多國料理。位於飯店5樓的i.sawan Residential Spa & Club，由美國知名室內設計師Tony Chi設計，設有室外泳池、頂級Spa別墅、健身中心、美甲美髮沙龍等多項設施。在泰文中，「i.sawan」的意涵為「天堂的第五層」，便是希望旅客在這裡能遠離城市喧囂，盡情享受度假氛圍。

② Gaysorn Village

🚇奇隆站先往1號出口方向(但不出站)，再沿空橋指標可直達商場 🏠999 Ploenchit Rd. ☎026561149 🕐10:00~20:00 🅿可 🌐www.gaysornvillage.com

　　Gaysorn取自創辦人曾祖母的名字，商場主打頂級精品，擁有許多國際最具知名度的品牌。建築物中央特意保留最舒適的挑高空間，引進從天井流洩的自然光源，更顯建物的明亮貴氣。

　　商場空間從Lobby Level至3樓，共有5層樓，除了全球精品之外，3樓著重於生活家飾精品和泰國時尚設計品牌，而泰國Spa精品如**THANN和Pañpuri**在這裡也找得到。逛累了，商場提供多種美食料理，像是法、義料理、泰國創意菜等，每家餐廳提供的不僅是美味，更是悠閒的用餐回憶。

Thann Sanctuary

> 全球最棒的SPA之一，專業按摩師運用自家芳療產品，為顧客回復身心健康。

🏢3F ☎026561423 💲Thann Sanctuary招牌按摩90分鐘3,000B 🅿可 🌐www.thannsanctuaryspa.info

達人力推

　　在Gaysorn百貨公司的3樓，不但有Thann的產品專櫃、Thann的主題咖啡廳，還有一間**Thann的Spa療程中心Thann Sanctuary**，讓專業的芳療師運用Thann的產品，幫助消費者回復心理和身體深層的健康，並曾在《Condé Nast Traveler》的讀者票選中，榮登全球最棒的55個Spa之一。

　　Thann Sanctuary在百貨公司裡布置出一個寧靜祥和的環境，讓人一踏進就感覺輕鬆。療程眾多，包括泰式按摩、泰式芳療按摩、藥石按摩、瑞典式按摩、護臉、護腳等。其中，**招牌按摩療程是一種深層組織的油壓按摩**，芳療師透過手掌和拇指的按壓，緩解並撫療客人肌肉的痠疼。

③ Kuang Heng

🚇奇隆站1號出口步行約12~15分鐘 🏠930 Phetchaburi Rd ☎022518768 🕐6:00~0:00 🌐www.facebook.com/kuangheng1932

　　Kuang Heng開業自1932年，因店員都穿綠色制服，所以遊客常説他是**「綠色制服海南雞飯」**，和粉紅制服的紅大哥水門雞飯做區隔。店內**除了有海南雞飯，也有雞肉和豬肉沙嗲**，沙嗲口味不錯，價格也很便宜，另外也有泰式奶茶、烤吐司甜點等。

不只水門市場是最大的成衣市場，整個水門地區(Pratunam)可說是曼谷批貨中心，集中很多批發商場和購物中心。

④ 紅大哥水門雞飯(總店)
Go-Ang Pratunam Chicken Rice

雞肉軟嫩、沾醬口味好，顧客川流不息的老字號店家。

達人力推

📍奇隆站1號出口步行約12~15分鐘 🏠962 Phetchaburi Rd◉
⏰6:00~14:00、15:00~22:00 🌐www.facebook.com/
GoAngPratunamChickenRice

海南雞飯在泰國到處可見，細嫩的白切雞肉、白飯，加上一些大黃瓜片或細蔥和一盤沾醬，基本條件每家店都一樣，差別在於雞肉口感以及最重要的沾醬。這家**位於水門市場附近的老字號店家**，據說絕大部份曼谷的計程車司機都知道，營業時間跨三餐加宵夜，不分時段客人都川流不息；這裡雞肉烹調恰當肉質軟嫩不柴、米飯口感適中，最屬害的就是沾醬，豐富了平淡雞飯的味道。

這家海南雞飯不只平價、好吃，連米其林指南也選入必比登推薦！

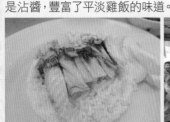

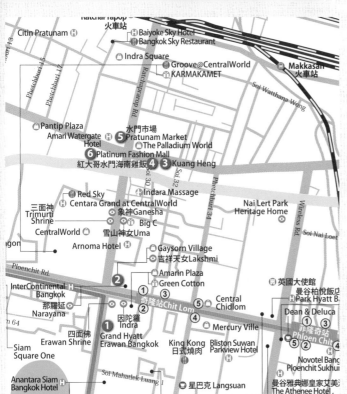

⑤ 水門市場
Pratunam Market

📍奇隆站1號出口或從空橋穿過Central World，步行約15~18分鐘 🏠Ratchaprarop Rd.和Phetchaburi Rd.路口
⏰10:00~21:00

水門市場是曼谷最大的外銷成衣市場，價格相當低廉，彎彎曲曲的市場內巷道，藏著許多成衣店鋪，**以簡便樣式的成衣居多，一樣可以講價**。水門市場歷史悠久，雖然吸引許多人造訪，但開放式的店鋪相當炎熱；後來對面因此2004年以批發為主的商場Pratunam Center在其對面開幕，後來這座商場又改為**The Palladium World Shopping Mall**，**內部以批發為主**，觀光客也可用較為便宜的價格零買商品，包括服裝、手工藝品到薰香製品都有，還有小吃攤、咖啡店和SPA店。

⑥ Platinum Fashion Mall

📍奇隆站1號出口或從空橋穿過Central World，步行約15~18分鐘 🏠222 Petchaburi Rd. ☎021218000 ⏰9:00~20:00 💳可 🌐www.platinumfashionmall.com

Platinum Fashion Mall是**曼谷當地人和跑單幫的朋友不約而同推薦的逛街聖地**，想要購物搶便宜又不準備到週末市集曬太陽，這裡是非常合適的購物中心。商場地上8層、地下1層，每一層店家少說上百間，總共有超過2,000家的店鋪，衣、飾、包、鞋等用品都有，單價原本就比其他夜市便宜，尤其是成衣，一件百元泰銖的標價到處可見，或購足店家的批發標準，殺價空間更大。

這裡是搶便宜又不用曬太陽的逛街好選擇！

地圖標示

Citin Pratunam Ⓗ
Ratchaprarop 火車站
Baiyoke Sky Hotel
Bangkok Sky Restaurant
Indra Square
Groove@CentralWorld
KARMAKAMET
Makkasan 火車站
Soi Watthana Wong
Phetchaburi 15
Phetchaburi 17
Ratchaprarop Rd.
Pantip Plaza
Amari Watergate Hotel
⑤ 水門市場 Pratunam Market
The Palladium World
⑥ Platinum Fashion Mall
紅大哥水門海南雞飯 ④ ③ Kuang Heng
Soi 32
Soi 30
Phetchaburi 34
Red Sky
Centara Grand at CentralWorld
象神Ganesha
Indara Massage
Nai Lert Park Heritage Home
Wireless Rd.
三面神 Trimurti Shrine
Big C
CentralWorld
雪山神女Uma
Soi Nai Loet
...gon
Arnoma Hotel Ⓗ
Gaysorn Village 吉祥天女Lakshmi
Ploenchit Rd.
Amarin Plaza
Green Cotton
英國大使館
曼谷柏悅飯店 Park Hyatt B...
② ①
③
奇隆站 Chit Lom
Central Chidlom
InterContinental Bangkok Ⓗ
那羅延 Narayana
① ②
①
因陀羅 Indra
④
Dean & Deluca
Mercury Ville
① ③
菲隆奇站 Phloen Chit
⑤ ② ④
Soi 64
四面佛 Erawan Shrine
Grand Hyatt Erawan Bangkok Ⓗ
King Kong 日式燒肉
Bliston Suwan Parkview Hotel
Novotel Bang... Ploenchit Sukhu...
Siam Square One
Anantara Siam Bangkok Hotel Ⓗ
Soi Mahatlek Luang I
星巴克 Langsuan
曼谷雅典娜皇家艾美... The Athenee Hotel

阿黎站
勝利紀念碑站・拉差裡威站・帕亞
奇隆站
菲隆奇站
阿索克站・那那站
澎蓬站
伊卡邁站・東羅站
安努站・班差站

阿黎站 ─ 勝利紀念碑站・泰站・拉差裡威站・帕亞 ─ 奇隆站 ─ 菲隆奇站 ─ 阿那索克站・ ─ 澎蓬站 ─ 伊卡邁站・東羅站・ ─ 安努站・班差站

奇隆站
Chit Lom

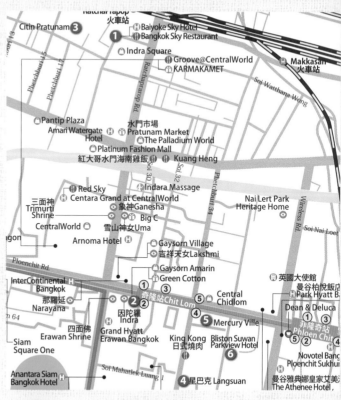

地圖標示：Ratchaprapop 火車站、Citin Pratunam ③、Baiyoke Sky Hotel ①、Bangkok Sky Restaurant、Indra Square、Makkasan 火車站、Groove@CentralWorld、KARMAKAMET、Pantip Plaza、Amari Watergate Hotel、水門市場 Pratunam Market、The Palladium World、Platinum Fashion Mall、紅大哥水門海南雞飯、Kuang Heng、Red Sky、Centara Grand at CentralWorld、Indara Massage、三面神 Trimurti Shrine、象神Ganesha、Nai Lert Park Heritage Home、CentralWorld、雪山神女Uma、Big C、Arnoma Hotel、Gaysorn Village、吉祥天女Lakshmi、Gaysorn Amarin、Green Cotton、英國大使館、曼谷柏悅飯店 Park Hyatt B、InterContinental Bangkok、奇隆站Chit Lom、Central Chidlom、Dean & Deluca、那羅延 Narayana、因陀羅 Indra、Mercury Ville、菲隆奇站 Phloen Chit、四面佛 Erawan Shrine、Grand Hyatt Erawan Bangkok、King Kong 日式燒肉、Bliston Suwan Parkview Hotel、Novotel Bang Ploenchit Sukhu、Siam Square One、Anantara Siam Bangkok Hotel、Soi Mahatlek Luang 1、星巴克 Langsuan、曼谷雅典娜皇家艾美 The Athenee Hotel ,

① Baiyoke Sky Hotel

🚇奇隆站1號出口或從空橋穿過Central World，
步行約20~25分鐘，建議搭計程車或嘟嘟車前往
🏠222 Ratchaprarop Rd. ☎026563000 💲雙
人房約2,500B起(房價每日調整) 💳可 🏧

baiyokesky.baiyokehotel.com

標高309公尺、總計
88層樓，**Baiyoke Sky
在The Dome和Red
Sky等頂樓餐廳蔚為風
氣之前，是曼谷第一且
唯一擁有展望台餐廳的
飯店。**接待大廳位於18
樓，從大廳旁的落地窗
望出去，就可見市區櫛

比鱗次的高樓大廈，22~74樓的住房，每
一間都能俯視不同角度的曼谷市區。

若想伸展筋骨，可至20樓延伸至戶外的
泳池，仿羅馬式圓弧的造型，雖然空間不
大卻在視覺營造開闊景象。走出飯店大
門，就是水門市場；飯店也**為住客提供免
費接駁車**來往機場快線站Ratchaprapop
以及捷運帕亞泰站(Phaya Thai)、拉差裡威
站(Ratchathewi)和暹邏站(Siam)，購物逛
街都相當便利。

② Gaysorn Amarin

🚇奇隆站2號出口，從空橋可直達商場2樓 🏠496-502 Phloenchit Rd.
☎026504704 🕐10:00~21:00 💳可 🌐www.gaysornvillage.com

Gaysorn Amarin前身為成立於1985年的Amarin Plaza，經
Gaysorn集團收購後，2022~2024年進行了大規模翻修，並與
Gaysorn Village的辦公空間相連結。**外觀以引人注目的希臘羅
馬建築風格為特色**，購物中心佔據其中五層樓，提供多樣化的
購物與休閒選擇，包括**泰國第一家Louis Vuitton咖啡廳**，讓
這座歷史悠久的購物中心煥然一新。

③ Citin Pratunam

🚇奇隆站1號出口或從空橋穿過Central World，步行約25~30分鐘；或拉差裡威站4號出口，步行約15~20分鐘，建議搭計程車或嘟嘟車前往 📍117 Soi Chunladit, Thanonphayathai, Ratchathewi ☎022559100 💲雙人房約1,200B起(房價每日調整) ◎可 🚇 www.citinpratunam.com/en

Citin Pratunam是**該區頗受好評的平價商務旅館**，步行不到15分鐘的距離就有水門市場、Platinum Fashion Mall、Indra Square等著名的批貨商場，從捷運拉差裡威站一路往北搭可以到週末市集，往南走到奇隆站方向，有Central World，如果願意再逛遠一點到暹羅站，就有Siam Paragon三大購物商場。這裡不僅地理位置佳，客房設備也齊全，無線網路免費使用，房價也合理。

裝潢融入泰國北部農村風格，極有特色！

還有庭院座位區，可以在草木環繞的環境中，悠閒享受咖啡時光。

④ Starbucks Langsuan

🚇奇隆站4號出口步行約5分鐘 📍30 Soi Langsuan ☎0844387346 🕐7:00~22:00 ◎可 🚇www.starbucks.co.th

達人力推

星巴克陸續在世界各國開設了不少具特色的門市，這間Langsuan門市就是其一，不僅是美國海外首間社區店(Community Store)，更是星巴克在泰國第二間獲得LEED金級認證的綠建築門市。**這間門市以協助泰國北部山區農村發展為宗旨，每出售一杯飲品，便會捐出10B給當地的咖啡農。**

建築的裝潢風格以傳統泰式民居為主題，融入了泰國北部農村風格。主要素材為木材，室內擺放不少木製桌椅，搭配竹籃、木箱、陶器及麻布袋等裝飾，並擺放了以農村為主題的攝影作品，營造出暖色系且充滿民族文化的空間。

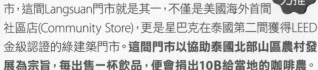

店鋪裝潢別具特色，悠閒喝咖啡的同時，也能幫助當地咖啡農。

⑤ Mercury Ville

🚇奇隆站4號出口，出站即達 📍540 Mercury Tower, PloenchitRoad, Lumpini, Pathumwan ☎02-658-6218 🚇 www.themercuryville.com

這裡不以購物為主，而是以美食為主。

搭捷運經過奇隆站，從列車上就能看到一幢櫻桃紅色的5層樓建築物，相當醒目。這是2013年底開幕的中型購物中心，內部聚集眾多餐飲店家，**包含泰式、日式、韓式、歐式等不同口味特色的店家齊聚一堂**，像是本地的Savoey、泰國東北料理Have a Zeed、主打韓國炸雞的Bon Chon、來自新加坡的亞坤甜品等，其間還夾雜著一些規模不大的服裝店、飾品店、按摩店、Spa，以及Boots便利商店等。不過經過疫情之後，店家撤出不少，人氣明顯比以前冷清，看來還需要一些時間重振雄風。

⑥ Bliston Suwan Parkview Hotel

🚇奇隆站4號出口步行約5分鐘 📍9 Soi Tonson, Phloenchit Rd. ☎026587979 💲標準雙人房2800B(房價每日調整) ◎可 🚇www.blistonresidence.com

坐落在曼谷鬧區中，交通便利，Bliston飯店沒有都市的繁忙，反倒有著與綠意融合的氛圍。房間寬敞設有廚房，原木地板配上白色、棕色為主的裝潢，溫暖、簡潔的風格讓人十分放鬆；**除了一般的單雙臥室房型，飯店也提供3間臥室的套房房型讓旅客選擇。**而緊鄰的公園則為飯店增添一份愜意，綠意環繞下的泳池更顯清涼。

阿黎站

泰站・勝利紀念碑站・拉差裡威站・帕亞

奇隆站

菲隆奇站

阿索克站・那那站・

澎蓬站

東羅站・伊卡邁站・

班差站・安努站・

菲隆奇站
Phloen Chit

① Central Embassy

> 流線造型引注目，內部眾多奢華品牌、美食餐廳齊聚。

📍菲隆奇站1號出口步行約3～5分鐘 🕐1031 Ploenchit Rd. 📞021197777 ⏰10:00~22:00 💳可 🚇
www.centralembassy.com

Central Embassy不僅與隔壁的Central Chidlom 百貨以空橋相連，更同時鄰近菲隆奇和奇隆這兩個捷運站，購物、交通區位皆十分便利。既然被視為最奢華的貴婦百貨，Central Embassy中**進駐了眾多國際精品品牌，包括Prada的旗艦店，另外大約有3成為首次進駐曼谷**。百貨中也有如**Sretsis等泰國設計師品牌**，而各品牌的櫃位設計也很精采。

> 達人力推

> 以「無限」為整體設計概念，無論建築外觀或內部都呈現極為簡練時尚的流線型設計，令人過目難忘。

Open House

🕐6F

> 深受外國旅客及本地年輕人歡迎的Broccoli Revolution也進駐Open House。

由東京蔦屋書店設計團隊Klein Dytham architecture所設計，在敞亮的空間中加入清新的木質設計和綠色植栽布置，像是漂浮於曼谷都會的有機綠洲，吸引不少遊客來此參觀、打卡。融入生活概念的Open House，空間氣氛安靜而輕鬆，在這個複合式空間內，**合了藝術書店、設計品牌、精緻美食、甜點、親子遊戲區，以及共同工作空間等**，相當適合待上一整天。

> Open House集合了藝術書店、設計品牌、精緻美食等多樣化的商店，給予旅客閱讀和美食的生活饗宴。

Eathai

🕐LG 📞021605995 💳可 🚇www.centralembassy.com/eathai

泰式海鮮酸辣湯、咖哩麵、烤雞、炒河粉、現烤海鮮、奶茶、芒果糯米、椰子冰淇淋……**Eathai美食街位於Central Embassy地下LG層**，將泰國的傳統美食全都濃縮在這裡，味道也令人回味無窮。周邊的超商品項齊全，吃和買的選擇都很多，飽餐一頓後別忘了逛逛，挑些伴手禮。

> Eathai不僅是種類豐富的美食街，超市區域也非常大，想買什麼伴手禮通通都有，環境舒適，完全不用人擠人，吃、喝、買都能滿足！

Water Library Brasserie

🏠5F　📞0652549645　Ⓜ

www.waterlibrary.com

　2014年創立的Water Library，**是走高檔路線的法式料理餐廳**，靈感來自1920年代釀酒業高度發展的法國巴黎，所以裝潢氣氛即摹擬那個時期巴黎的酒吧餐廳。餐點以傳統的法式料理為基礎，再添加現代創意，食客可透過半透明的廚房欣賞大廚的廚藝；**大量進口法國各酒莊的葡萄酒，也進口眾多不同品牌、口味的氣泡水**，配餐選擇眾多。由於經營特色鮮明，頗被消費者接受，因此發展相當快速。

Dii Wellness Med Spa

🏠4F　📞021605850　🕙10:00~23:00 (最後預約時間20:00)　💲Organic Warm Aromatic療程90分鐘2,500B、Andaman La Lunar療程270分鐘18,500B　🌐www.dii-divana.com

　Dii是曾奪下2015年亞洲年度最佳醫療SPA的Divana SPA推出的高階品牌，位在貴婦等級的百貨公司，所提供的SPA服務自是與眾不同。店面以兩支巨大DNA螺旋狀作為柱樑，宣示了**融合醫療科技與傳統SPA的特色**。從店面進入後方的SPA房，氣氛立即轉換，精心設計的低光靜謐空間裡，上方閃爍著宛如星空的水晶，讓人放鬆享受療程。推薦的**Andaman La Lunar療程**裡，包括技法細膩的按摩之外，還使用含氧高壓水柱去角質，接著用含海洋酵素的膠原蛋白厚抹臉部全身，最後用溫暖的電毯包住全身，再輔以紅外線排毒……最後讓人在浪漫星空的包圍下，沉沉睡去。

彷彿徜徉星空下，享受輕柔的治療。

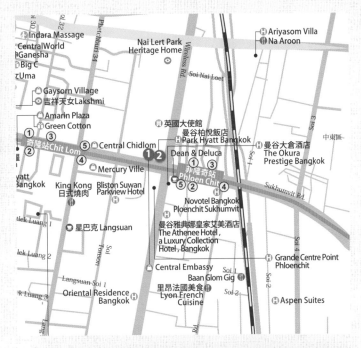

2　曼谷柏悅飯店Park Hyatt Bangkok

📍同Central Embassy　🏠88 Wireless Rd.　📞020121234　💲雙人房約12,000B起(房價每日調整)　🌐www.hyatt.com/en-US/hotel/thailand/park-hyatt-bangkok/bkkph

　泰國首間柏悅飯店位在有貴婦百貨之稱的Central Embassy，在2017年5月正式開幕，與同期開業的Open House同樣備受關注，柏悅為凱悅飯店旗下的奢華品牌，以細緻的住宿服務和豪華的住宿體驗而聞名。

　曼谷柏悅飯店面對英國大使館的綠地景色，坐擁著曼谷都市美景，內部裝潢因應泰國宗教文化，融合蓮花和東方禪風的元素，奢華中帶有內斂簡約之美。**34至36樓是Penthouse Bar + Grill**，包含窯烤餐廳及高空酒吧等，為複合式宴飲空間，採時髦的歐美風格設計，夜間小酌、用餐更具有情調。

阿黎站

勝利紀念碑站・拉差裡威站・帕亞泰站

奇隆站

菲隆奇站

阿那索克站・

澎蓬站

東羅通站・伊卡邁站

安努站・班差站・

菲隆奇站
Phloen Chit

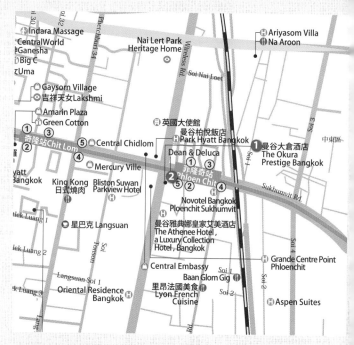

❶ 曼谷大倉酒店The Okura Prestige Bangkok

🚇菲隆奇站先往5號出口方向(但不出站)，再沿空橋指標可直達飯店 📍Park Ventures Ecoplex, 57 Wireless Rd. ☎026879000 💰雙人房約6500B起(房價每日調整) 💳可 🌐www.okurabangkok.com/en

　曼谷大倉酒店**以日本大倉酒店為設計藍圖，並融入泰式風格**。飯店坐落於企業園大廈(Park Ventures Ecoplex)24樓以上的樓層，不論徜徉在泳池、用餐、住宿，就連Check-in都是一種高空中的享受。飯店一共240間客房，其中「皇室套房(Royal Suite)」和「總統套房(Presidential Suite)」更位在最高的34樓；全飯店客房最大的「皇家套房(Imperial Suite)」不僅足足有302平方公尺大，房裡的大浴缸特意設在落地窗旁，讓泡澡的享受更上一層樓。

徜徉在室外無邊際泳池，還能看見對面Central Embassy百貨的建築。

2018~2023年米其林一星餐廳。

Elements法式餐廳

🕐25F ⏰週三至週日18:00~22:30 ❌週一、週二 ❗建議提前預約

達人力推

　融合了亞洲和歐式料理精髓的Elements法式餐廳，位居於大倉酒店的 25樓，並鄰近於高空泳池畔，在行政主廚Antony Scholtmeyer的帶領下，**以新鮮的當地食材，搭配精緻法式烹調品味和擺盤，2018年摘下曼谷米其林一星榮譽**。

　Elements餐廳以大量的粗獷木紋、皮革坐椅等，瀰漫著時髦而悠閒的歐式氛圍，並透過開放式的廚房設計拉近與顧客之間的距離，在用餐之餘也能欣賞精湛的廚藝表演，另外，也可以選擇來到**戶外的The Terrace Bar**用餐小酌，享受曼谷都會的夜晚。

Yamazato山里日本料理

🏠24F ⏰11:30~14:30、18:00~22:30 ❶建議提前預約

漫步曼谷街頭，不難發現日本料理多如過江之鯽，可見泰國人對日本料理喜愛的程度。和台北大倉久和飯店一樣，曼谷大倉酒店也有一個Yamazato山里日本料理，**純正的日本懷石料理，成為粉絲心目中的高標竿。**

Yamazato餐廳備有一個壽司吧檯、兩個鐵板燒餐檯、一個私人包廂，除了眾多日本進口食材、每天從築地市場空運而來的海鮮外，更會隨著日本節慶或是季節變化，推出特色各異的季節性菜單。

Up & Above Restaurant & Bar

🏠24F ⏰6:00~0:00、下午茶14:00~17:00

曼谷大倉酒店有4間風格各異的餐廳，房客可以在其中3間享用早餐，包括位於Lobby樓層的Up & Above Restaurant & Bar，以提供國際口味的菜色為主，最棒的是它的**戶外座位可以一邊小酌一邊俯瞰繁華的市區**，左近的Central Embassy百貨公司、捷運線等都近在眼前。Up & Above Restaurant & Bar的下午茶非常受歡迎，尤其**針對不同季節設計的特色下午茶**，例如春天櫻花季的櫻花下午茶，引人垂涎。

傍晚時分在此飲杯調酒、一邊賞景，享受城市特有的浪漫情懷。

The Okura Spa

🏠25F ⏰10:00~20:00 ⓢOkura Gateway 療程60分鐘3,600B起

氛圍寧靜的The Okura Spa有如一處遠離塵囂的園地，這裡的理療師個個技術純熟、訓練有素；在此所喝的茶、所使用的精油、香皂等，都是天然有機的產品；而且高居25樓，享受療程可同時欣賞市景，的確是放鬆身心的好地方。

在進行任何一項療程前，理療師都會先作一番諮詢，以了解你身體的狀況。The Okura Spa內共有5間獨立的療程室，其中一間還備有可容納兩個人使用的按摩浴缸。由於紫水晶能幫忙趕走憤怒、恐懼、焦慮，提高自身的穩定度，名為**大倉之門(Okura Gateway)**的經典療程，會運用紫水晶放在第三隻眼一也就是頂輪之處，以助平衡身體、心理與情緒的能量。療程內容不斷推陳出新，可隨時上網了解最新訊息。

❷ Dean & Deluca

🚇菲隆奇站5號出口步行約2分鐘 🏠Unit 104, 1st Floor, Park Ventures Ecoplex, 57 Wireless Rd. ☎021082200 ⏰7:00~18:00，週末假日到17:00 可 🌐deandeluca.co.th

來自紐約蘇活區的Dean & Deluca，從1977年創業至今，**旨在供應消費者各種優質的食物，包括生鮮食材、調味料、咖啡豆、麵包蛋糕等**，已經從單純的食品店變成多角經營的飲食品牌，也確立了高品質的形象。

Dean & Deluca在日本、韓國、新加坡等眾多亞洲國家都設有據點，目前在泰國也開設了14間咖啡廳與餐廳。在這間咖啡廳裡除了可以坐下來品嘗咖啡、甜點外，也可以買到Dean & Deluca所出品的咖啡豆、海鹽、紅酒醋、糖果、咖啡杯、手提包等。

阿黎站

勝利紀念碑站・拉差裡威站・帕亞泰站・

奇隆站

菲隆奇站

阿那索那克站・

澎蓬站

伊卡邁站・東羅站・

班差安努站・

菲隆奇站
Phloen Chit

① Nai Lert Park Heritage Home

🚇菲隆奇站1號出口步行約8分鐘 🏠4 Soi Somkid, Ploenchit Rd. ☎022530123
🕐參觀導覽時間為週三至週日9:30、11:30、14:30、16:30；餐廳11:00~22:00
(各家餐廳不一) 🚫週一、週二 💲門票250B
nailertgroup.com/en

幢百年宅邸歸Nai Lert家族所有，Nai Lert家族不僅是泰國第一個擁有私家汽車的家族，還將巴士系統引進泰國，財力十分雄厚。在經歷三代以後，他們將此處開放為私人博物館，**柚木地板、精緻家具，還擺有許多骨董與藝術品，精美的擺設吸引不少藝文活動在此舉辦**，沒有活動的話，只要預約導覽，就可以進到豪宅內，一窺泰國豪紳的生活風貌。

> 另外還設有餐廳，只要用餐就可以到宅邸的花園走走，但不能進入參觀喔。

> 泰國第一部私家汽車。

> 據說二戰時遭到炸彈轟炸，後來乾脆就將炸出的坑洞改為池塘。

② 曼谷雅典娜豪華精選酒店
The Athenee Hotel, a Luxury Collection Hotel, Bangkok

🚇菲隆奇站先往5號出口方向(但不出站)，再沿空橋指標經過曼谷大倉酒店飯店可達 🏠61 Wireless Rd. ☎026508800 💲雙人房8,000B起(房價每日調整) 🅿可 🌐www.marriott.com/en-us/hotels/bkkla-the-athenee-hotel-a-luxury-collection-hotel-bangkok/overview

一踏進飯店，接待大廳兩邊直達2樓的迴旋梯相當有氣勢，客房以沈穩的原木為基調，裝潢雍容華貴卻不落俗套，2008年**曾獲《Condé Nast Traveler》旅遊雜誌票選為亞洲十大飯店之一**。入住飯店最不能錯過的就是精緻自助早餐，配菜、裝盤都顯出不凡品味，更遑論那令人滿足的好味道，一早就被美食和英式茶或illy咖啡香喚醒，幸福感十足！

③ 里昂法國美食
Lyon French Cuisine

🚇菲隆奇站4號出口步行約8分鐘 🏠63/3 Soi Ruamrudee 3. ☎2538141 🕐11:30~14:00、18:00~22:00 🅿可 🌐www.facebook.com/lyonfrenchcuisinebkk

屹立在現址已經超過30年的里昂法國美食(Lyon French Cuisine)，是**曼谷頗有名氣的法式料理餐廳**，因為就在Conrad Hotel附近，加上鄰近有不少其他飯店，所以慕名而來的國際觀光客相當多。無論是麵包、海鮮、牛排等，口味、品質都頗受推崇；還有一個專屬酒窖，保存眾多法國品牌的紅白葡萄酒，任食客佐餐搭配。

> 餐廳每天都會有今日推薦特餐，價格更惠，不妨參考。

> 這間位於巷子裡的泰國料理餐廳，雖然沒有很好找，但因為美味的盛名遠播，仍有許多國際旅客不辭辛勞專程走一遭。

④ Baan Glom Gig

🚇菲隆奇站4號出口步行約8分鐘 🏠25 Soi Ruamrudee 1, Phloenchit Rd. ☎0812478680 🕐11:00~14:30、18:00~22:00 🅿可 🌐www.instagram.com/baanglomgig

Baan Glom Gig是位於巷弄深處的一家泰國料理餐廳，建築本身是一幢殖民風格的白色樓房，門前還開闢了一處小花園，環境相當宜人。這裡提供看起來精緻化的泰式料理，**包括魚餅、烤河蝦、泰式咖哩牛肉、豬頸肉配糯米飯等，口味仍堅持傳統風味**，備受稱譽。

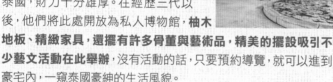

Grande Centre Point是泰國本土的五星級飯店連鎖集團,在曼谷有3家據點。

5 Grande Centre Point Phloenchit

📍菲隆奇站5號出口步行約5分鐘可達
🏠100 Wireless Rd., Lumpini, Patumwan ☎020559000 💲雙人房約8,500B起(房價每日調整) ⊙可 ⓤ
www.grandecentrepointploenchit.com

Grande Centre Point Phloenchit的室內裝潢走典雅路線,在現代化中融入泰國傳統的風味。飯店共277間房,分屬7種房型,皆配備互動式智慧電視。由於**定位為可適合長住型的住宿設施,所以每間客房或套房都有廚房、微波爐、冰箱、洗衣機等設施,更難得的是每間房都有觀景陽台**。

Let's Relax Spa

🕐30F ☎026515224 ⏰10:00~0:00
💲傳統泰式按摩2小時1,200B ⊙可 ⓤ
www.letsrelaxspa.com ●建議事先預約

Grande Centre Point Phloenchit的水療中心位在30樓,享受療程之餘兼可居高臨下,賞心悅目。Let's Relax Spa的療程項目選擇眾多,除了傳統的泰式按摩、腳底按摩外,還有先進的精油、熱石、去角質、護臉、溫泉等不同選擇,若想**一次體驗泰式足部、手部和肩頸按摩,可試試1.5小時的Dream Package**。

6 Ariyasom Villa

📍菲隆奇站3或4號出口步行約10分鐘 🏠65 Sukhumvit Soi 1 ☎022548880 💲雙人房約6,797B起(房價每日調整) ⊙可 ⓤwww.ariyasom.com

別看這不到30間房、隱身在古豪宅的精品旅館,所有配備設施都是五星級飯店標準,床頭閱讀燈、電子觸控房間電源、免費無線網路,當住客從炎熱街頭回到飯店時,冰箱還提供兩罐洛神花茶和菊花茶等健康飲品消暑解渴。

此外,飯店餐廳旁有Som Sen Spa,Spa用品出自Prann,閱覽室樓層的頂端設有冥想室,每隔週會請和尚來帶領冥想課程,週一晚上也有會講英語的師父授課,完全符合飯店名Ariyasom的泰文原意——「寧靜庇護的源頭」。

Na Aroon

位於Ariyasom Villa接待區旁的Na Aroon,是座典雅溫馨的餐廳,挑高近兩層樓的木屋,白天有自然光灑進來,晚風微風輕吹,用餐環境舒適。餐廳料理所用的食材,絕大部份是由旅館主人David嚴選,**多數取自泰國皇家計畫的有機農場蔬果,或是附近市場當天新鮮食蔬**。以供應**蔬食**為主,並沒有太多的崇高理由,純粹是想料理一道道有機、健康、美味的菜餚,偶而會有魚肉等海鮮料理,讓客人有不同的選擇。

餐廳以供應有機健康的蔬食為主,偶而也會有海鮮料理。

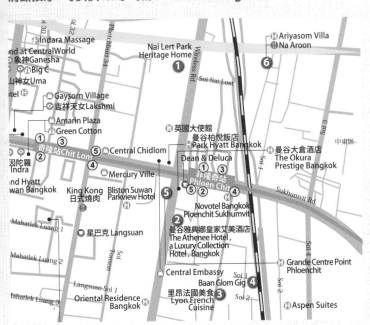

Indara Massage
and at CentralWorld
象神Ganesha
Big C
山神女Uma
tel
Gaysorn Village
吉祥天女Lakshmi
Amarin Plaza
Green Cotton
奇隆站Chit Lom
因陀羅Indra
and Hyatt
wan Bangkok
King Kong
日式燒肉
Bliston Suwan
Parkview Hotel
Mercury Ville
Mahatlek Luang 1
星巴克 Langsuan
Mahatlek Luang 2
Langsuan Soi 1
Oriental Residence Bangkok
lahatlek Luang 3
Nai Lert Park Heritage Home
英國大使館
曼谷柏悅飯店
Park Hyatt Bangkok
Dean & Deluca
菲隆奇站 Phloen Chit
Novotel Bangkok
Ploenchit Sukhumvit
曼谷雅典娜皇家艾美酒店
The Athenee Hotel,
a Luxury Collection
Hotel, Bangkok
Central Embassy
Baan Glom Gig
里昂法國美食
Lyon French
Cuisine
Ariyasom Villa
Na Aroon
中東區
曼谷大倉酒店
The Okura
Prestige Bangkok
Grande Centre Point
Phloenchit
Aspen Suites

阿黎站
勝利紀念碑站・拉差裡威站・帕亞
奇隆站
菲隆奇站
阿那索克站・
澎蓬站
伊卡邁站・
東羅站・
班差站
安努站

阿黎站 ‧ 勝利紀念碑站 泰站‧拉差裡威站‧帕亞 奇隆站 菲隆奇站 阿那站‧阿索克站 澎蓬站 伊東羅站‧卡邁站 班差站‧安努站

那那站‧阿索克站
Nana‧Asok

① Prai Raya Phuket Cuisine

🚶那那站4號出口步行約6分鐘 📍59 Soi Sukhumvit 8 ☎0918789959 🕐11:00~22:30 💻www.facebook.com/PraiRaya Phuket

來自普吉島的美味，招牌黃咖哩蟹肉米線很受歡迎！

達人力推

　路過蘇坤蔚路(Sukhumvit)8巷，有一幢具有葡萄牙風味的建築非常吸睛，然而它不只是建築有特色，餐點的口味更吸引近悅遠來，它就是來自普吉島的Prai Raya。

　招牌的黃咖哩蟹肉米線，剝得乾乾淨淨的蟹肉又鮮又大，搭配香辣濃郁的咖哩醬汁，以及Q彈爽口的米線，的確十分美味。此外，還有南方咖哩豬肉、酸辣黃咖哩、蒜香胡椒燉豬肚等都很受歡迎。

黃咖哩蟹肉米線雖然不便宜，但嘗起來十分美味，讓人覺得很值得。

中東區 ② ③ Food Land ①①③④②③ ①④⑤③⑥④

Soi 3 Soi 5 Solitaire Bangkok Sukhumvit 11 NEST Citadines Sukhumvit 11 Mövenpick Hotel Sukhumvit 15 Bangkok Citichic Sukhumvit 13 Radisson Suites Bangkok Sukhumvit Grand President Hotel Ambassador Hotel Robinson百貨公司 Royal President The Local Kamthieng House Y'EST WORKS Coffee Roastery Admiral Premier It's "Happened to be" a Closet BKK Bagels (Sukhumvit 33) ICI.BKK Grande Centre Point Terminal 21 ON8 Sukhumvit hi Suites Bangkok Aspen Suites ni Tower Kingston Suites Dream Hotel Sukhumvit Plaza King and I Spa & Massage 時代中心 Time Square urban retreat The Key Sacha's Hotel Uno Bharani Terminal 21 Soi Cowboy Citadines Sukhumvit 8 Prai Raya Phuket Cuisine 高麗菜與保險套餐廳 Cabbages & Condoms Sheraton Grande Sukhumvit Artis Coffee Park Plaza Sukhumvit Hotel, Bangkok Citadines Sukhumvit 16 Foodland Took Lae Dee Sometimes I Feel Hair of the Dog 精釀啤酒 Holiday Inn Bangkok Sukhumvit 22 那那站Nana 蘇坤蔚Sukhumvit 阿索克站Asok Asoke Montri Rd. Sukhumvit Rd. Ratchadapisek Rd.

② 小中東區

🚶那那站1號出口步行約5分鐘 🚇Sukhumvit Soi 3

來到小中東區，就像進轉角的另一個國度。

　走進蘇坤蔚路3巷和3/1巷，商店餐廳的招牌瞬間轉換成各式中東文，餐廳門口的露天廚房從湯湯水水轉成肉串燒烤，往來人們的衣著多了頭巾、長袍，招呼的服務人員也成了濃眉大眼落腮鬍的中東人。在這條巷子裡，有不少標榜著印度咖哩、中東菜、埃及菜的餐廳，想換換口味，就轉進這裡嘗嘗烤餅和烤肉吧。

③ Foodland

🚶那那站1號出口步行約3分鐘 📍87 Soi 5, Sukhumvit Rd. ☎022542179 🕐24小時 🅿可 💻www.foodland.co.th

　Foodland是泰國僅見全天候24小時營業的超級市場，雖然規模沒有Big C那麼大，但是生鮮蔬果、冷凍食品、泡麵、麵包、衛浴用品等日常生活所需樣樣齊全，而且價格幾乎和Big C一樣便宜，的確非常方便。而那那站附近的夜生活頗為活躍，這間Foodland分店的存在更顯得有其必要性。

　有Foodland的地方，也幾乎都會附設Took Lae Dee快餐廳，運用超市裡的新鮮食材現場烹調，同樣24小時營業，可以吃到美式早餐、亞洲料理、西式餐點等，對住在附近的人來說是方便的好鄰居。

BTS
捷運
蘇坤蔚線

阿黎站

泰站·勝利紀念碑站·帕亞

奇隆站

菲隆奇站

阿索克站·阿那那站

澎蓬站

伊卡邁站·東羅站

安努站·班差站

④ Sheraton Grande Sukhumvit, a Luxury Collection Hotel

🚇阿索克站2號出口步行約2分鐘 📍250 Sukhumvit Rd. ☎026498888 💲雙人房每晚9700B起(房價每日調整) 可 ⊕www.sheratongrandesukhumvit.com

這是一場打開感官的摸黑晚宴,絕對夠特別!

位在曼谷市中心的樞紐地段,眼看著捷運、地鐵從無到有,眼看新的五星級飯店一家又一家地冒出,即使強敵環伺,**屹立超過20年的Sheraton Grande Sukhumvit住房率卻仍經常維持在九成以上**,實力與魅力令人心服口服。

「經常保持新鮮感」應該是Sheraton Grande Sukhumvit魅力得以歷久彌新的重要原因之一。Sheraton Grande Sukhumvit的主建築高達33層樓,共有379間客房及42間套房,每年固定維修更新部分客房,好讓內部的裝潢風格能符合時代的潮流與顧客的需求。飯店內共有6個餐廳或酒吧,不但每個都獨樹一幟、特色分明,而且個別都會舉辦活動、推陳出新,讓即使經常入住的常客也一直都有新鮮感,所以回客率特別高,從飯店的貴賓樓層竟然比普通樓層還要多得多,略可窺見一二。

Sheraton Grande Sukhumvit的地理位置交通非常方便,捷運阿索克站的2號出口即可直通Lobby樓層,前往Terminal 21百貨公司、地鐵站都在步行可達的距離。客房空間寬敞,即使最小的房間面積也達45平方公尺,布置融合泰文化的優雅與現代化的便利舒適,可上網的互動式衛星電視、免費無線上網、通訊功能完備的辦公桌、淋浴、浴缸等一應俱全。

Dine In The Dark

🚇B1 Bar Su裡 ☎026498359 🕐週二至週日18:00~22:00 💲每人4道菜1,943B 可 ⊕www.facebook.com/DIDBangkok ❶座位有限,需事先預約

「**Dine In The Dark**」**是源自瑞士的獨特用餐體驗,由一位真正眼睛看不到的導遊帶領,進入全然黑暗的空間,享用四道菜的正式晚餐**。用餐過程中,你完全看不見周遭環境、看不見餐具、看不見食物,必須倚賴導遊的指示和幫助,靠著觸覺、嗅覺、味覺等,來感受身邊的一切。用餐完畢,回到Bar Su,服務人員會展示剛剛所吃食物的照片,讓你明白自己視覺和味覺究竟有多大的差異。

The Grande Spa

🚇3F ☎026498121 🕐10:00~22:00 💲泰式傳統按摩60分鐘2,400B

The Grande Spa結合古老的智慧與現代科技,運用取拮自天然原料製成的芳療產品,研發出眾多療程,包括泰式傳統按摩、瑞典式按摩、多種芳香療法、臉部、手部、足部護理等,幫助消費者身心靈重獲平衡。此外,**飯店有提供住宿加Spa的特惠專案,某些療程如果透過網路線上預約可獲優惠**。詳情可隨時上飯店網站了解。

Rossini's

🚇1F ☎026498364 🕐週一至週五7:00~10:30/12:00-14:30/17:30~22:30,週六7:00-10:30/17:30-22:30,週日7:00~10:30/12:00~15:00/17:30~22:30 ⊕www.rossinisbangkok.com ❶建議事先預約

Rossini's**入選2022年米其林指南**,裝潢採用托斯卡尼別墅風格設計,在米其林主廚以及由專業紅酒雜誌《Wine Spectator》讚賞的葡萄酒酒單「primoVino」加持下,可以說是曼谷數一數二的義大利餐廳。

幾乎每桌都會點的帕馬森乾酪松露燉飯。

帕馬森乾酪松露燉飯(Risotto ai funghi nel "parmigiano"al tartufo nero)是Rossini's的招牌料理,服務人員端上桌前,會將燉飯倒在一輪帕馬森乾酪裡攪拌,最後再撒上滿滿的松露。

阿黎站
泰站・拉差裡威站・帕亞
奇隆站
菲隆奇站
阿那索那克站站・
澎蓬站
伊東卡羅邁站站・
班安努差站站・

那那站・阿索克站
Nana・Asok

在Cha tra mue可以買到各式沖泡飲品，如檸檬紅茶、泰式紅茶、奶綠，和蜂蜜等。

① Terminal 21

百貨設計極有看點，邊逛邊拍就像環遊世界！

🚇阿索克站1號出口，或地鐵蘇坤蔚站3號出口，皆從空橋可直達商場
📍88 Sukhumvit Soi 19(Wattana) Sukhumvit Rd. ☎021080888 ⊙
⏰10:00~22:00 ⊙可 🌐www.terminal21.co.th/asok/home/en

達人力推

Terminal 21整座商場的設計與它的名字不謀而合，**以國際機場和航站為設計概念**，將每層樓手扶梯前的入口設計成登機門，過了登機門就能前往各樓層，而每個樓層又分別以世界著名城市為主題，整體的裝潢和布置都與這個城市的風情相關，不但設置了不少裝置藝術，工作人員或警衛的制服都與之相符，甚至連廁所造景也花盡巧思布置。

來到這裡不僅可以購物，很多人還忙於拍照，堪稱是曼谷最有特色的購物中心。

Cha Tra Mue

🔲4F 🌐chatramue.com

來到泰國，一定得來喝杯道地的泰式奶茶，Cha tra mue手標茶自1945年起開業，商標為一隻豎起大拇指的手代表「最好的茶」，在泰國街頭巷尾都可以看到攤販或店家使用手標茶製作飲料冰品，而手標茶也自行開設店面，進駐Terminal 21和Siam Paragon等百貨公司、BTS站，甚至是機場內，**除了茶葉之外，也賣起現泡飲品**，以及開發期間限定的經典口味。

Cha tra mue**最經典的紅色包裝為泰式紅茶**，也是泰式奶茶不可或缺的基底茶；綠色包裝為綠奶茶；金色包裝則為特級茶，**以及自2017年開賣的玫瑰茶系列**，並在2017年的泰國母親節，以蝶豆花玫瑰奶茶作為期間限定的口味。

Lyn Around

🔲G 🌐lynaround.com

Lyn Around是泰國Jaspal集團旗下的子品牌，Lyn Around主打年輕的女性族群，以活潑的剪裁設計、甜美豐富的色彩，更能呈現出年輕女性的活力和朝氣。**走古靈精怪路線的Lyn Around，不但服飾及包款外型甜美亮眼、質感頗佳，包款的細節做工部分也十分精緻**，且價格並不算太昂貴，相當受到泰國年輕女孩的歡迎。Lyn Around每季皆會推出不同的設計系列，新奇又時尚的設計風格，也深受許多歐美和泰國女星的喜愛，

Boots

🔲LG 🌐store.boots.co.th

若想在泰國採買藥妝，除了屈臣氏之外，在曼谷大街小巷都可見到分店眾多的Boots，藍色招牌的英國藥妝店Boots在泰國發展得相當不錯，無論是英國品牌保養美妝No.7、Botanics，或是泰國本土品牌的Mistine睫毛膏、眼線液、ele晚安面膜等，都可在此入手。國內外品牌齊全的Boots，**有時可以買到比台灣更便宜的美妝價格**，Boots也時常舉辦促銷及特價活動，常常有買一送一的優惠，非常划算，若消費金額達2,000B也能夠辦理退稅服務。

逛街之餘，看看Terminal 21的樓層設計吧

【LG】Caribbean
在加勒比海要做什麼呢？當然要悠閒吃吃喝喝，這一層有美食小吃街，還有大型超市及藥妝店。

【GF】Rome
以羅馬神柱、雕像和溼壁畫為主題的這一層，以女裝和運動休閒品牌為主。

【MF】Paris
名為巴黎的這一樓以品牌服飾和女裝為主，H&M在此有一間不小的店面。

【1F】Tokyo

充滿著日式風情的樓層以東京為主題，讓人可以穿梭高掛燈籠的大街小巷，還有大型相撲選手塑像可供合影拍照；進駐這一層的店面大多是設計師或個性品牌。

【2F】London

店面以男裝和潮服為主的2樓以倫敦為主題，倫敦的雙層巴士、電話亭和白金漢宮的衛兵都是合影拍照的好焦點。

【3F】Istanbul

以伊斯坦堡命名的3樓布置充滿著中東風情，這層有不少鞋店、皮件店、手感文具和首飾、家居飾品店。角落也有一家添好運。

【4~5F】San Francisco

以舊金山為主題的4~5樓有許多有趣的造景，其中以金門大橋最為吸引人，這兩樓餐廳林立，還可以到設計成漁人碼頭的美食街用餐。

【6F】Hollywood
叫做好萊塢，可想而知這一層以娛樂休閒為主題，包括一間電影院，以及Let's Relax這家知名Spa。

Baan Ying
⌖5F

Baan Ying一開始只是Siam Square上的一家小小餐廳，1999年開業時只有9張桌子，如今以「**媽媽的味道**」的傳統泰式料理吸引國內外的饕客。除了常見的道地菜色，如Pad Thai、酸辣蝦湯、各式咖哩……其中最有特色的是蛋包飯(Omelette Rice)。蛋包飯一共有8種口味選擇，包括XO醬蝦仁、冬陰功、蒜味辣椒螃蟹等，你也可以從27種配料種組合自己專屬的蛋包飯。

113

阿黎站
勝利紀念碑站·拉差裡威站·帕亞泰站
奇隆站
菲隆奇站
那那站·阿索克站
澎蓬站
伊卡邁站·東羅站
班差站·安努站

那那站·阿索克站
Nana · Asok

① Grande Centre Point Terminal 21

📍阿索克站1號出口,或地鐵蘇坤蔚站3號出口,步行約1~2分鐘 🏠2 Sukhumvit Soi 19, Sukhumvit Rd. ☎020569000 💲雙人房約4,502B起(房價每日調整) 🅿可 🌐www.grandecentrepointterminal21.com

Grande Centre Point Terminal 21位在曼谷最繁華的地區之一,而且**鄰近地鐵站和捷運站,隨時可以到Terminal 21逛逛**,可說占盡地利之便。一踏進會客大廳,就會對它的壯麗氣勢讚嘆不已;共有498間客房或套房,同樣在簡潔的線條與色調中彰顯出尊榮的質感。除了健身房、戶外無邊際泳池、三溫暖、兒童遊樂室外,更有網球場、瑜珈教室、迷你高爾夫球練習場、卡拉OK包廂等,都可免費提供房客使用。

② Soi Cowboy牛仔街

📍阿索克站3號出口步行8~10分鐘,或地鐵蘇坤蔚站2號出口步行約5分鐘 🏠Soi Sukhumvit 21與Soi Sukhumvit 23之間, Klongtoey, Khlong Toei ⏰入夜後 🅿可

蛋黃鬧區之中一條長約150公尺、狹窄的巷子,巷口掛著大大的「Soi Cowboy」字樣,白日裡安安靜靜、人煙稀少,停著不少尚未營業的攤販推車,到了晚上亮起七彩霓虹燈,街上多的是打扮性感的辣妹,以及「逛街」的男人。這裡是**曼谷知名的紅燈區**,雖然不鼓勵到此消費,但沒到過紅燈區的人,不妨到這裡長見識。建議結伴而行。

③ The Local

📍阿索克站3號出口步行10~12分鐘,或地鐵蘇坤蔚站1號出口步行約10分鐘 🏠32-32/1 Soi Sukhumvit 23, Khlong Toei Nuea, Watthana ☎026640664 ⏰11:30~14:30、17:30~23:00 🅿可 🌐thelocalthaicuisine.com

繁華的鬧區之中,赫然出現一幢古色古香的庭園建築,高大的樹木、蓊鬱的綠葉,環繞著泰式傳統的木造迴廊,心情不覺也跟著沉靜了下來。這家名稱很直白的餐廳,「local」這5個字母逐字拆開來分別是:本土(local)、老配方(old recipe)、文化(culture)、道地(authentic)和學習(learning)的寓意,也是他們一貫的自我期許,**家傳了好幾代的古法烹調,頗受當地居民肯定,常被作為宴請外國賓客的首選地。**

④ Y'est Works Coffee Roastery

📍阿索克站3號出口步行約10分鐘,或地鐵蘇坤蔚站1號出口步行約10分鐘 🏠41, 1 Soi Sukhumvit 23, Khlong Toei Nuea, Watthana ☎902193142 ⏰8:00~17:00 🅿可 🌐www.instagram.com/yestworks

Y'est Works是曼谷一個咖啡烘焙的連鎖品牌,它不只是個賣咖啡的商舖而已,而是以專業的咖啡烘焙工坊自許,提供一個讓人們找到最適合自己咖啡的場地。這裡隨時備有上百種咖啡豆,知識淵博的服務人員很樂意根據顧客的個人喜好,提供專業的諮詢與推薦。如果你是個四處尋找好喝咖啡的人,來這裡準沒錯。

阿黎站

勝利紀念碑站·拉差裡威站·帕亞

泰國站

奇隆站

菲隆奇站

阿那索克站·

澎蓬站

伊卡邁站·

安努站·班差站

⑤ 巴拉尼Bharani

🚇阿索克站3號出口步行8~10分鐘，或地鐵蘇坤蔚站2號出口步行約8~10分鐘 📍96/14 Soi Sukhumvit 23, Khwaeng Khlong Toei Nuea, Watthana ☎026644454 🕙10:00~21:00㊫週一 💳可 🌐www.facebook.com/Bharanicuisine

開業至今超過70個年頭的Bharani，是曼谷**最早提供西餐的餐廳之一，目前傳承至第三代，菜色以著重食物原味的泰式家常菜為主，也加入不少西餐的代表性料理**。招牌菜相當多，像是鹹牛肉炒飯、小牛肉咖哩、燉牛舌或豬舌等都頗有口碑；煙燻火腿、辣椒沙拉、牛肉塔可披薩等開胃菜也都值得一試。粉紅蓮花色的牆壁、昏暗的燈光和藤椅、懷舊的照片與掛畫，營造出一種讓食客賓至如歸的感覺。

⑥ BKK Bagels

🚇阿索克站3號出口步行15~20分鐘，或澎蓬站1號出口步行10~15分鐘 📍27/1 Sukhumvit 33 Alley, Khlong Tan Nuea, Watthana ☎026621070 🕙6:45~16:30 ㊫週一 💳可 🌐bkkbagels.com

　　BKK Bagels是由兩個好朋友共同創業，決定把紐約風的貝果引進泰國，以手工發酵、捲製、烘焙等技術，烤出具嚼勁的貝果，搭配獨家調製的抹醬。此外，BKK Bagels也沿用**美式輕食店的吃法，把貝果或麵包加上香腸、培根、燻雞等，組合成美味又有飽足感的三明治**，很快便引起曼谷年輕人的注意，目前在曼谷已開設2家分店。店裡提供的咖啡也有所講究，是選用泰國1,400公尺山區栽植的上選咖啡豆，自行烘烤出帶有煙燻香氣和淡淡堅果味的咖啡，不妨一試。

⑦ It's "Happened to Be" a Closet

🚇阿索克站3號出口步行10~15分鐘，或地鐵蘇坤蔚站2號出口步行約10分鐘 📍124/1 Soi Sukhumvit 23, Khlong Toei Nuea, Watthana ☎815652026 🕙10:00~22:00㊫週一 💳可 🌐itshappenedtobeacloset.wordpress.com

　　悠閒的庭園、搞怪的店名，It's "Happened to Be" a Closet是間外表歐風的義大利餐廳，2004年創立品牌以來，從暹羅廣場、考山路搬到現址，提供披薩、義大利麵、牛排、手工甜點等餐飲選擇，**內部裝潢則走混搭的波希米亞風，許多擺設與飾品其實是待售的商品**。

中東區

Soi 3
Soi 5
Solitaire Bangkok Sukhumvit 11
Citichic Sukhumvit 13
Mövenpick Hotel Sukhumvit 15 Bangkok
NEST ❷
Citadines Sukhumvit 11 ❶
Radisson Suites Bangkok Sukhumvit
Grand President Hotel
Ambassador Hotel
Asoke Montri Rd.
Soi 19
Robinson百貨公司 Royal President
Food Land
ON8 Sukhumvit
ohi Suites Bangkok
那那站 Nana
Soi 7
Soi 9
Kingston Suites
Dream Hotel
Soi 15
Soi 21
Soi 23
The Local ❸
Kamthieng House
Sacha's Hotel Uno
Y'EST WORKS Coffee Roastery ❹
Oa
Aspen Suites
Soi 6
Soi 8
Soi 10
Soi 17
蘇坤蔚站 Sukhumvit
Admiral Premier
ni Tower
King and I Spa & Massage
Sukhumvit Plaza
The Key
阿索克站 Asok
Bharani ❺
Terminal 21
It's "Happened to be" a Closet
Soi Phrom Chit ❻
時代中心 Time Square
Soi 12
urban retreat
Soi Cowboy
BKK Bagels (Sukhumvit 33)
ICI.BKK
Grande Centre Point Terminal 21
Citadines Sukhumvit 8
Prai Raya Phuket Cuisine
高麗菜與保險套餐廳 Cabbages & Condoms
Soi 18
Artis Coffee
Park Plaza Sukhumvit Hotel, Bangkok
Sukhumvit Rd.
Sometimes I Feel
Soi 31
Hair of the Dog 精釀啤酒
Sheraton Grande Sukhumvit
Ratchadapisek Rd.
Citadines Sukhumvit 16
Soi 20
Holiday Inn Bangkok Sukhumvit 22
Brea Phro
Foodland
Took Lae Dee

阿黎站

泰站·拉差種威站·帕豎

勝利紀念碑站

奇隆站

菲隆奇站

那那站·阿索克站

澎蓬站

伊卡邁站·東羅站

班安努站·差站

那那站·阿索克站
Nana · Asok

① Radisson Suites Bangkok Sukhumvit

那那站3號出口步行約8分鐘　23/2-3 Sukhumvit 13　026454999　雙人房約2,300B起(房價每日調整)　可　www.radissonhotels.com/en-us/hotels/radisson-bangkok-sukhumvit

Radisson Suites Bangkok Sukhumvit共有149間客房、5種房型,有著Radisson向來俐落簡潔的都市飯店樣貌。因為是針對商旅客層,飯店提供免費無線網路,而且為讓住客睡得舒適,飯店特別準備**床單與枕頭選單**,住客可視自己的習慣或需求,請飯店代為更換。

② On8 Sukhumvit Nana Bangkok

那那站4號出口步行約1分鐘　162 Sukhumvit Soi 8　022548866　雙人房約2,300B起(房價每日調整)　可　www.on8bangkok.com/en

這家平價精品旅館於2009年開業後,立即被旅遊網站《TripAdvisor》評論為**最超值的住宿選擇**。雖然旅館規模不大,總計不過40間客房、兩種房型,但旅館為了提供住客更舒適的住宿環境,特別採用五星級飯店等級的埃及棉寢具,並配備LCD電視、全區免費無線上網等硬體,加上近捷運站、地理位置佳,也難怪廣受海外旅客青睞。

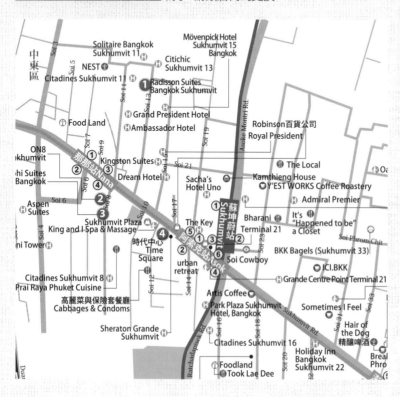

③ Adelphi Suites Bangkok

🚇那那站4號出口步行約2分鐘　🏠6 Sukhumvit Soi 8　☎026175100　💲Studio房型約4,000B起(房價每日調整)　可　🌐www.adelphihospitality.com/destinations/adelphi-suites

　　公寓式飯店之所以在曼谷深受旅客喜愛,就是因為價格不高,設備齊全,就算不在飯店用餐,從路邊或超市採買回來自己動手做就可以省下一筆花費。坐落在蘇坤蔚路8巷的Adelphi Suites Bangkok基本客房約10坪大小,除了有廚房配備,DVD放映機、視聽音響等設備俱全,**在旅遊評論網站《TripAdvisor》的評價相當高,也曾獲選為曼谷30大人氣飯店之一。**

④ 時代中心Time Square

🚇阿索克站先往2號出口方向(但不出站),再沿空橋指標可直達商場　🏠246 Sukhumvit Rd.　☎022539333　🕐約10:00~22:00(各店不一)　可　🌐www.timessquare.co.th

　　樓高27層的時代中心僅有樓下4層為購物商場,其他樓層是做為停車場和辦公之用,這樣的商場規模在今日大型購物中心林立的曼谷市區實在不起眼,比較算是地方型的購物中心,只有幾間速食店、漢堡店和咖啡館在用餐時間還算有人氣,所幸**3樓有幾間Spa店和美甲店還蠻出色**,有興趣的人可以前往一試。

My Spa

🏠3F　☎026530905　🕐9:00~22:00　💲精油按摩75分鐘1,400B　可　🌐my-spa.com/en

　　由於是日本人經營,**服務人員都可以日文接待並擁有豐富的Spa相關知識,可以給予客人適當的建議,而且芳療師的手技純熟,受到不少日本旅客的喜愛。** My Spa除了提供傳統按摩和Spa療程,也採用不少先進科技儀器操作臉部美容的療程,同時也自行研發Spa相關產品,其中又以富含維他命B、C的山竹製品最受客人歡迎。

Vonae Beauty

🏠3F　☎022500006　🕐9:30~20:30　💲泰式按摩1小時600B　🌐vonaebeauty.com

　　Vonae Spa強調的是**韓式的臉部美容和瘦身療程**,尤其是臉部按摩,採用高周波美顏器輔助,所有的保養用品也嚴選自韓國進口的「LAFIANTE」,是泰國女性消費者心中高級的保養品。

阿黎站

勝利紀念碑站·帕亞
泰站·拉差裡威站

奇隆站

菲隆奇站

阿那站·阿索克站

澎蓬站

伊卡邁站·東羅站

安努站·班差站

那那站・阿索克站
Nana・Asok

客人在Cabbages & Condoms的部分消費，會捐出用於慈善。

① 高麗菜與保險套餐廳Cabbages & Condoms

阿索克站2號出口或從空橋經過Time Square，步行約6~8分鐘　10
Sukhumvit Soi 12　022294610　11:00~23:00(最後點餐22:30)
可　cabbagesandcondomsbkk.com

不只布置用了許多保險套，還有人形模特兒穿上保險套的衣服。

　這家以保險套為主題的餐廳，裡頭的**布置就以各形各色的保險套為主**，不過千萬不要用有色眼光看待這家餐廳，Cabbages & Condoms其實是**由創立於1974年的非營利組織PDA所經營的餐廳，目的是宣傳保險套與安全性愛的重要**。菜色則以泰國菜為主，其中搭配雞、牛或羊的瑪莎曼咖哩(Massaman Curry)和泰式海鮮酸辣湯(Tom Yam Goong)都是熟客必點。

② Sukhumvit Plaza／Korean Town

阿索克站2號出口或從空橋經過Time Square，步行約3~5分鐘　位於Sukhumvit Rd.和Soi 12交叉口

　與其說這是一家商場，不如說是**曼谷的韓國城(Korean Town)**，因為許多住在這裡的韓國人都會聚集在這一帶，這個廣場裡也有不少韓式餐廳，或是由韓國人開的服飾店；另外有間韓國人開的按摩店**King and I Spa & Massage**也頗有名，如果不提早預約往往會撲空。

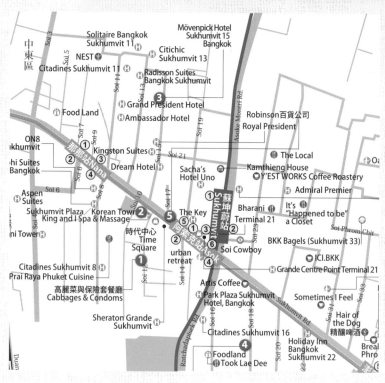

❸ Mövenpick Hotel Sukhumvit 15 Bangkok

🚇阿索克站5號出口步行約7分鐘 📍47 Sukhumvit Soi 15 ☎021193100 💲雙人房約3,000B起(房價每日調整) ⭕可 🌐movenpick.accor.com/en/asia/thailand/bangkok/movenpick-sukhumvit-bangkok

Sukhumvit 15 Bangkok為**瑞享酒店於曼谷設立的五星級飯店,鄰近捷運及地鐵站,交通位置十分便利,由於位於巷弄之中,環境十分清幽**,宛如都市中的綠洲。酒店共有363間客房、11種房型,以及**24小時往返捷運及地鐵站的嘟嘟車免費接送服務**;其中,入住最高級的行政套房,還可欣賞迷人的天際線全景。

酒店設有提供泰式和歐風料理的Lelawadee餐廳,若想要小酌一番,也有頂樓的Rainforest屋頂酒吧可以選擇。其他設施還包括健身房、屋頂游泳池、會議室、宴會廳等,以多元的服務提供賓客五星級的享受。

每天16:00~17:00在飯店內有「巧克力時光」(Chocolate Hour),這是每間Mövenpick Hotel都有的活動,住客可以來吃點甜食放鬆一下!

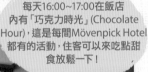

❹ Maitria Hotel Sukhumvit 18

🚇阿索克站4號出口步行約8分鐘 📍26 Sukhumvit Soi 18 ☎023025777 💲雙人房每晚2,220B起(房價每日調整) ⭕可 🌐www.maitriahotels.com/sukhumvitbangkok

Maitria Hotel Sukhumvit 18屬於Chatrium飯店集團旗下的一員,偏向都會型的精品飯店。Maitria這個名字取自梵文,有友善、親切、聯繫的意思,正是這家飯店秉持的服務宗旨。這裡共有**131間客房或套房,最小的客房面積也達34平方公尺**。

❺ Robinson百貨公司

🚇阿索克站5號出口方向(但不出站),再沿空橋指標可直達商場 📍259 Sukhumvit Rd., North Klongtoey (Soi 17巷口) 🕐週一至週五11:00~20:00、週六至週日10:00~20:00 ⭕可 🌐www.robinson.co.th

Robison是泰國連鎖百貨公司,很多捷運站或其他城市鬧區,都有駐點。Robison多以泰國國內或是年輕、休閒品牌為主,地下室為美食街、麥當勞與Tops超市整體消費價格自然比其他大型購物商場低,而且駐點都在捷運站旁或交通要道的十字路口,占盡地理優勢,造就了客人購物的便利性。

澎蓬站
Phrom Phong

店內只賣公平交易商品，大家可以多多支持村落藝術家的精美作品。

來自泰國村落的產品，喜歡手工飾品、服飾的人不要錯過。

① Lofty Bamboo

📍澎蓬站1號出口步行約5分鐘 ⏰2F 20/7 Soi Sukhumvit 39 ☎022616570 🕐9:30~18:30 🌐www.instagram.com/lofty_bamboo

達人力推

Lofty Bamboo以飾品、包包等小物件比較多，這些色彩鮮艷的手工飾品和背包分別來自泰北南奔、歷蘇族、東北部烏東塔尼、南部攀牙府等地，都是山區或村落人民以手工製作，樣式精緻不俗、工法也算細緻。日本老闆Toshinori Takasawa表示，店內只販售「公平交易」的商品，他和W.F.T.O公平交易協會合作，希望這些美麗且富質感的商品能銷售到更多旅客或消費者手上。

② Sometimes I Feel

📍澎蓬站1號出口步行約10分鐘 ⏰5/1 Sukhumvit Soi 31 ☎892231493 🕐週二至週五9:30~18:30，週六至週日10:00~19:00 🌐www.facebook.com/sometimesifeel.bkk 🈺週一 ⭕可

馬路旁一幢三層樓房，靠馬路這一側被蕨類植物覆蓋得密密麻麻，幾乎看不到門與窗，就像在長滿鬍鬚的臉上找不到嘴巴一樣，Sometimes I Feel就躲在這樣一幢綠意盎然的建築裡，提供多種精心烘焙的手工咖啡、特調飲料，以及自製蛋糕、冰淇淋等，希望提供人們在家與辦公室之外又一可以分享笑語、心情的場所。**創意飲品像是海鹽焦糖咖啡、髒泥咖啡、開心丸咖啡等，好喝又具趣味性**；也有多款含酒精和無酒精的雞尾特調。2020年曾獲選為泰國80家最佳咖啡廳之一。

BTS 蘇捷
蘇蚋運
蔚約線
—阿黎站
—勝利紀念碑站・
泰站・拉差種威站・帕亞
—奇隆站
—菲隆奇站
—阿那索克站・
—澎蓬站
—伊東羅邁站・
—班差站・安努站・

Brekkie的果昔碗有11種口味，每一碗的配料都是新鮮蔬果，既賞心悅目也健康好吃。去背

③ Let's Relax Sukhumvit 31

澎蓬站1號出口步行約10分鐘 ⏱5/2- 3 Sukhumvit Soi 31 ☎020191181 🕙 10:00~0:00 💰120分鐘泰式按摩 1,200B 可 letsrelaxspa.com

和Sometimes I Feel分享同一幢神秘建築的Let's Relax，是泰國目前**頗受歡迎的按摩服務連鎖品牌**，已在不同區域設立了13家分店，提供優質的泰式古法按摩、腳底按摩和多種其他護理療程。也可以選擇升級到四手泰式按摩，由兩位專業按摩師透過輕柔的伸展和指壓技術，幫忙解開緊繃疲累的神經。

④ (un)FASHION District S39

澎蓬站3號出口步行5~10分鐘 ⏱19/5 Sukhumvit Soi 39 ☎0804461650 每日10:00~21:00 www.instagram.com/unfashiondistrict39

有鑒於好東西都禁得起時間的考驗，即使物換星移，雋永的品質還是非常具有吸引力，「沒有時尚的問題」，因此(un)FASHION在伊卡邁區開了(un)FASHION Vintage Collection，是許多曼谷人尋找「沒有時尚問題」的寶物小站，旁邊同時開設(un)FASHION Café，提供飲料、簡餐和手工點心。

目前咖啡廳已搬遷至澎蓬站附近，兩層樓的空間同樣有二手精品店，展售整理得宜的皮包、皮鞋、皮靴、衣服、帽子、配件和陶瓷品等，以及寧靜溫馨的咖啡廳。

⑥ Brekkie Organic Cafe & Juice Bar

澎蓬站3號出口步行15~18分鐘 ⏱6/9 Soi Promsri North ☎0836566141 🕙9:00~18:00 可 www.brekkiebangkok.com

Brekkie也是一家「全天候供應早餐」的餐廳，標榜**運用有機栽培的各種蔬果原料**，製作出營養美味的早餐，選擇相當豐富，像是全麥煎餅、水果優格／果昔碗、煙燻鮪魚三明治、紅藜麥沙拉、鱷梨吐司、法式吐司等，每樣看起來都精緻又可口，不過價位並不便宜。還有巴西莓冰沙、能量冰沙、抹茶拿鐵或新鮮果汁等飲料也頗受評。也有新鮮製作好的飲料可供外帶。

⑤ Breakfast Story Phrom Phong

澎蓬站1號出口步行約5分鐘 ⏱2F, 593/27 Sukhumvit Rd ☎022581461 🕙7:00~23:00 不可 www.breakfaststorybkk.com

Breakfast Story標榜泰國第一家「早餐店」，旨在運用最好的食材，像是加拿大楓糖漿、希臘酸奶、有機雞蛋、新鮮水果和真正的黃油等，製作出**格蘭諾拉麥片、焦糖法式吐司、鬆軟的捲餅等令人驚嘆的美式早餐**。目前在曼谷已有3家分店，其中靠近澎蓬站的這家分店空間不大，但生意非常好，**號稱全曼谷最棒的「全天候供應早餐」的餐廳**。

曼谷最好吃的早餐店！

達人力推

1樓是Hair of the Dog酒吧，專門提供精釀啤酒。

招牌早餐 Breakfast Story，包含3片鬆餅、2顆蛋、培根、烤馬鈴薯、水果和糖漿。

121

阿黎站

泰站・拉差裡威站・帕亞

奇隆站

菲隆奇站

阿那那克站・

澎蓬站

伊卡邁站・東羅站・

班差站・安努站・

澎蓬站
Phrom Phong

Kiddee Tamdee將居家香氛融合泰式元素和極簡風格。

Sleeveless Garden所設計的包款融合建築概念，簡約俐落，也不失立體感。

① Emquartier

與Emporium形成超人氣EM District百貨商圈

達人力推

🚇 澎蓬站1號出口，出站即達

📍 695 Sukhumvit Road

📞 022691000 🕐 10:00~22:00 💻 www.emquartier.co.th

The Helix的6~9樓為美食餐廳區，該區設計成迴旋走道，慢慢往上或往下走就能覽盡所有餐廳。

Emquartier百貨共由3棟造型設計新穎的建築構成，**分別為The Waterfall、The Glass和The Helix**，各有不同的定位主題：The Waterfall和The Glass的地下樓層美食街，聚集了泰、日、台、韓等多國的料理，另外也有許多人喜歡採買伴手禮的Gourmet Market；而The Helix最為人所津津樂道的就是其**6~9樓的美食區，聚集了超過50間時下最熱門的本地及國際餐廳。**

Another Story

📍 4/F, The Helix Quartier 📞 020036138 💻 anotherstorybangkok.com

Another Story占地十分寬廣，為了喚起世界對泰國設計的重視，Another Story秉持**著讓藝術走進生活的概念，以及可負擔的價格，這裡集合了大量的泰國設計品牌，及志趣相投的國外設計**，每樣商品都會有簡單的解説牌，由設計師的理念發想、設計、製造開始，闡述品牌及商品背後的故事，透過新零售概念的集合商店，述説設計與人之間的生活連結。

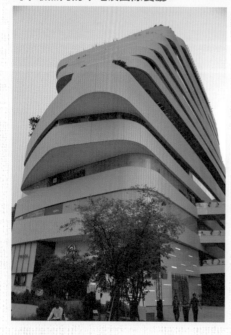

South Tiger

📍 6F, The Helix Quartier 📞 020036314 💻 www.facebook.com/southtigerrestaurant

來到South Tiger泰南菜餐廳，**蔚藍色的店面和黑色的老虎圖騰**是最明顯的店面特徵，**融合現代擺盤方式和傳統泰南菜色**，相當適合3~4人的聚會用餐。時尚新潮的South Tiger店內，揉合工業風的裸露元素、不規則花磚地板，也保留了傳統木製門窗、紡織花布等材質，菜色以溫醇濃郁的泰南口味為主，怕辣的朋友也可以輕鬆享用。

Assorted Bean in Longan Syrup Set，甜點配料共12道，搭配冰和龍眼糖蜜攪拌後享用。

經典的咖哩炒螃蟹。

Nara

⌖7F, The Helix Quartier
☏020036258 ◐可 🆑
🌐www.naracuisine.com

Nara是知名度極高的泰菜餐廳，亦曾多次獲得泰國最佳餐廳的認定，**而位於Emquartier內的這家nara有著不同於其他分店的風格，木頭色的裝潢中綴以亮眼的紫色元素，加上繪有僧侶的大片繁複牆飾**，為餐廳增添了不少泰式風情。店內料理自然也是一絕，經典的**咖哩炒螃蟹**不單可以嚐到蟹肉的鮮甜，濃郁的咖哩及蛋香更是口齒留香，吃完美味料理後，別忘了點上椰子冰，為用餐體驗畫上繽紛的結尾。

Escape Bangkok

⌖5F, The Glass Quartier
☏020036000 ◐17:00~1:30 🌐www.escape-bangkok.com

2018年2月開幕的屋頂酒吧「Escape Bangkok」，以繁茂叢林的花園為概念，打造瀰漫**熱帶雨林風情的酒吧**。酒吧空間採用粉紅色調與木質家具相互搭配，配上微微的燈光與深綠色植栽的擺飾，多了些大自然風情的點綴，給予人們更加放鬆的聊天氛圍。

Pang Cha Cafe

⌖6F, The Helix Quartier ☏020036301 ◐可
🌐www.facebook.com/PangchaThaiteaCafe

這碗冰就連製作過程也很引人注目，看店員一層一層加上料，實在很期待！

Lukkaithong(標誌為一隻金色的公雞，因此也被稱為金雞餐廳)在Emquartier分為餐廳和供應甜點的Pang Cha Cafe兩個區域，其招牌甜點就是**巨型泰式奶茶冰(Pang Cha)**，由於壯觀的外型、頗受好評的口味，在曼谷有著超高人氣。

BTS蘇捷運坤蔚線

阿黎站

勝利紀念碑站・拉差裡威站・帕亞

泰站・

奇隆站

菲隆奇站

阿那克站・索站・

澎蓬站

伊東羅站・卡邁站・

班安努站・差站

用餐時間人滿為患，魚丸紮實、價格便宜的傳統麵店。

榮泰的好滋味也受到米其林指南推薦喔！

達人力推

② 榮泰
Rung Rueang

🚇澎蓬站4號出口步行約2~4分鐘 ⌖10/3 Soi Sukhumvit 26 ☏0845271640 ◐8:00~17:00 ◐不可
🌐www.facebook.com/rungreungnoodles26

一家傳統的麵店，沒有任何裝潢、沒有冷氣，還不到用餐的時間居然也人滿為患，這就是人人稱讚的榮泰魚丸米粉湯。這裡的**魚丸用料紮實，又大又有彈性，湯頭因為加了肉燥，滋味更加豐富**，而且價格便宜，所以即使用餐空間闊達兩間屋子，仍然座無虛席。

澎蓬站
Phrom Phong

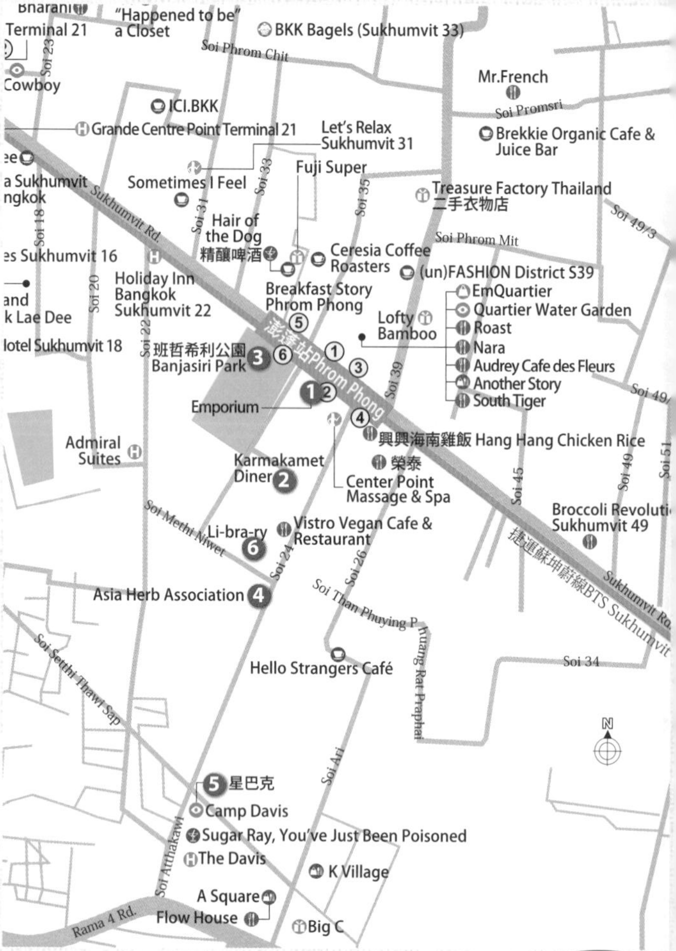

① Emporium

澎蓬站2號出口，從空橋可直達商場 622 Sukhumvit Rd. 022691000 10:00~22:00 可 emporium.co.th

Emporium是**曼谷第一家以精品百貨現身的購物商場**，舉凡Cartier、LV、Dior等名牌收藏迷們，都可在這商場內逛個過癮。1樓主攻年輕消費群以及泰國設計品牌；2樓的Emporium百貨有運動品牌的專櫃；3樓有Jaspal Home、Jim Thompson等家居飾品及Home Spa品牌Harnn；4樓一部分是包括手工藝品、純正香精油、薰香、瓷盤等的泰國精品，另一部分則是提供飲食休憩的美食街，以及眾多進口食品超市Gourmet Market；5樓有豪華電影院。

Karmakamet Diner以醫藥倉庫為靈感，店內擺設許多琥珀色的瓶罐和藥櫃裝飾。

② Karmakamet Diner

香氛秘境裡的情調西餐，值得細細品味的迷人空間。

達人力推

澎蓬站6號出口步行約5分鐘 30/1 Soi Metheenivet, Klongton,Klongtoey 022620701 10:00~20:00 karmakamet.co.th 可線上訂位；不歡迎5歲以下兒童；有服裝限制，不可穿短褲、拖鞋、涼鞋

以天然香氛起家的Karmakamet，旗下的餐廳品牌Karmakamet Diner，建築以低調神秘的黑色為基調，推開門就能聞到若有似無的香氛氣味，老舊的復古擺設、舊報紙、信件餐紙，以及牆面上的琥珀色瓶罐，滿溢懷舊工業風的氣息。

Karmakamet Diner出入口分為兩側，一側可直接到達餐廳，另一側則通往香氛商品區，用餐後也能挑選喜愛的香氛用品。餐廳主打**精緻的西式餐點為主，著重有機的食材和健康的烹調方式**，餐廳內也有**下午茶、經典調酒**等選擇。

④ Asia Herb Association

🚶澎蓬站2號出口步行約3~5分鐘 🏠50/6 Sukhumvit Rd., Soi 24 ☎022617401 🕐9:00~24:00(最後可預約時段22:00) 💲泰式按摩90分鐘1,000B、泰式藥草球按摩90分鐘1,450B 可 🌐asiaherb.asia/en

來自日本的老闆Yumiko Kase曾受腰痛之苦，在曼谷接受泰式按摩療程而痊癒，因為希望這樣的療法讓更多人受惠，進而開設Asia Herb Association。為了能夠延續傳統藥方，**店家堅持使用新鮮有機藥草，甚至還擁有自家香草園。**

> 若於旺季或週末前往Asia Herb Association，建議先預約。

③ 班哲希利公園 Benchasiri Park

🚶澎蓬站6號出口，出站即達 🕐4:30~22:00

班哲希利公園占地約14,000多坪，是**1992年為慶祝泰國詩麗吉皇后60大壽而建**。公園內部有12座大型現代雕塑，皆出自泰國本地藝術家，而大片綠油油的草地、噴水池塘邊，不時有附近的居民在此駐足休憩或運動。公園門口一到傍晚下班下課時間，就有路邊攤聚集，在公園裡發呆休息夠了，回頭在門口攤上買點小吃回飯店，正好。

⑤ 星巴克Starbucks Camp Davis

> 英倫風星巴克，是曼谷年輕人的打卡聖地。

達人力推

🚶澎蓬站2號出口步行約12~15分鐘，或地鐵藍線詩麗吉國際會議中心站1號出口步行約15分鐘 🏠88/8 Sukhumvit 24 Alley ☎0844387343 🕐6:30~21:00 可

這家位於The Davis Bangkok Hotel底層的星巴克分店，其**歐式建築風格在一群辦公樓之中鶴立雞群**，彷彿來到了倫敦街頭。店門口還設了英式電話亭和復古柱鐘，吸引許多攝影愛好者前來打卡留念，也有不少學生到這裡拍攝畢業照。

⑥ Li-bra-ry

🚶澎蓬站2號出口步行約5~8分鐘 🏠2 Soi Metheenivet, Soi 24 Sukhumvit Rd. ☎022592878 🕐9:00~19:00 www.facebook.com/librarycafe

這家咖啡廳坐落在一幢獨立的雙層樓房裡，**內部設計成類似圖書館，甚至比圖書館還舒服**，架上擺滿了各式各樣的書籍，消費者可以坐在沙發上慢慢閱覽，更像是坐在文人布置的書房裡看書，非常愜意。環境寧靜的氣氛，讓人進門後也不禁輕聲細語了起來。這裡的招牌甜點是做成尖塔狀的鬆餅，不論拍照或口味都很受歡迎。

阿黎站 / 勝利紀念碑站・拉差裡威站・帕亞 / 泰站 / 奇隆站 / 菲隆奇站 / 阿索克站・那那站 / 澎蓬站 / 東羅站・伊卡邁站 / 安努站・班差站

澎蓬站
Phrom Phong

想品嘗美味的咖啡，來Ceresia Coffee Roasters就對啦！

① K Village

📍澎蓬站4號出口步行約15~20分鐘 🏠95 Sukhumvit Soi 26 ☎022589919 ⏰10:00~22:00(各店不一) 💳可 🌐kvillagebkk.com

K Village在2010年開幕，集合23家泰、中、日、韓、越、西式餐廳，包括當地標榜豐富葡萄酒藏的**Wine Connection**；另有**Villa Market超市**，數家咖啡廳、Spa、衣飾店等，形成一座複合式生活廣場。週末也會舉行市集，每週主題不一。

② Flow House

📍澎蓬站4號出口步行約15~20分鐘 🏠A-Square, 120/1 Sukhumvit Soi 26 Klong-Toey ☎021085210 ⏰週一至週三11:00~21:00，週四至週日10:00~21:00 💲衝浪1小時成人990B、12歲以下690B 🌐flowhousethailand.com 備註：衝浪需事先預約

國際連鎖品牌Flow House在曼谷市中心打造了人**造衝浪休閒中心**，提供衝浪客一個享受刺激的休閒好去處。店家提供複合式服務，

有餐廳和酒吧，供應客人美味泰式和美式簡餐、飲料和啤酒，也有付費的衝浪設施、小型泳池，不論想動、想放鬆，想飽口福或小酌，在Flow House都能得到滿足。

③ Ceresia Coffee Roasters

📍澎蓬站5號出口步行約3分鐘 🏠593/29-41 Sukhumvit Soi 33/1(在Fuji Supermarket對面) ☎0982514327 ⏰8:00~17:00 🌐www.facebook.com/Ceresiacoffee

日本巷內的小咖啡店，少量烘焙咖啡，維持最美妙的味道。

達人力推

走進33/1巷，周邊盡是日式餐廳和商店，而在巷弄裡的Fuji Super Market對面，坐落著白色店面的Ceresia Coffee Roasters，內部設計以白牆、磚牆搭配木桌椅及吧台，風格簡單純淨。店內**供應當季的單品及特調咖啡**，這些咖啡來自世界各地，且店家為了維持咖啡最美味的原味，都是少量烘焙；除了內用之外，也可以購買咖啡豆回家，店員會熱誠地介紹每款咖啡豆的風味。如果想搭配食物，**店內也有可頌、三明治，以及蛋糕、檸檬塔類等糕點可選**。

④ Holiday Inn Bangkok Sukhumvit 22

📍澎蓬站6號出口步行約3~5分鐘 🏠1 Sukhumvit Soi 22 ☎026834888 💲雙人房約2,880B起(房價每日調整) 🌐www.ihg.com/holidayinn/hotels/us/en/bangkok/bkkhi/hoteldetail

坐落於蘇坤蔚路22巷的入口轉角處，Holiday Inn Hotel最特別的是，**奉行「Kids Stay & Eat Free」策略**，標榜12歲以下兒童入住免費，自助式午餐也不用錢，讓一家大小開心入住。酒店共有300間套房，設計簡單時尚明亮，還有健身房設施，以及寬敞的室外泳池，戲水同時可飽覽曼谷天際線。除了服務貼心，這裡也有地利之便，距離商業、餐飲娛樂區只有幾分鐘路程，並且鄰近捷運站，要到任何地方都很方便。

阿黎站

勝利紀念碑站・泰國文化中心站・拉差裡威站・帕亞

奇隆站

菲隆奇站

阿那克站・阿索克站・

澎蓬站

東羅站・伊卡邁站

安努站・班差站

興興海南雞飯 Hang Hang Chicken Rice

上門的顧客既可以盡情尋寶，也可以帶著自己的寶物待價而沽。

日本著名二手商店，一起來挖寶！

⑤ Admiral Suites

澎蓬站6號出口步行約8~12分鐘 38, 38/14 Sukhumvit Soi 22 026634000 雙人房約1,452B起(房價每日調整) 可 www.admiralsuites.com

　和知名購物商場Emporium隔一條巷子，位於 Soi 22的Admiral Suites周邊有許多Spa店、路邊攤、餐廳，在旅遊網站上，大部份住客都因為**飯店員工親切的服務、絕佳的地理位置，以及完善的設施**而給予極高評價。飯店共有4種房型，每一間都有自己的陽台，由於是公寓式飯店，客房也都有廚房設備。

⑥ Treasure Factory Thailand
達人力推

澎蓬站3號出口步行約10分鐘 29 Soi Sukhumvit 39 022588980 10:00~19:00 可 www.facebook.com/trefac.thailand

　Treasure Factory是一家在日本各地擁有上百間店舖的舊貨和寄售商店，品項無所不包，**從服飾、配件、玩具、廚房用品、家具、家電、樂器、照相器材到整套的高爾夫球具、健身器材等應有盡有**。所有收購到的商品經整理乾淨之後，分門別類陳列，每件價格標示清楚，且往往能以很便宜的價格買到很不錯的商品，目前是**泰國最具規模的二手商店**，在曼谷有3處據點。尚未進門，就看到玻璃櫥窗外展示著許多座椅、嬰兒推車、寵物用品等，進去之後更像是進入五花八門的寶窟，應該很難空手出門。

阿黎站｜勝利紀念碑站｜泰站・拉差裡威站・帕亞｜奇隆｜菲隆奇站｜阿那索克站・｜澎蓮站｜伊卡邁站｜東羅站｜班差努站・

白天像未完工建築，晚上變身為富有設計感的特色大樓。

東羅站・伊卡邁站
Thong Lor・Ekkamai

1 Bo.lan

品嘗主廚夫婦的「混血」料理，層次豐富的泰國料理令食客著迷。

🚇東羅站1號出口步行約5分鐘 🏠24 Soi Sukhumvit 53 ☎022602962 💲每人4,800B起 💳可 🌐www.facebook.com/BolanBangkok 🕐午餐需預訂；每週四至週日18:00~0:00供應晚餐

達人力推

Bo.lan連續多年獲選亞洲50大餐廳，更在2018年米其林指南曼谷版獲得一星。

Bo.lan是泰文中「古早」之意，也是主廚夫婦——泰籍的Bo及澳洲籍的Dylan兩人名字的結合。**Bo.lan連續多年榮獲Asia's 50 Best Restaurants的殊榮**，餐廳坐落於充滿傳統泰式氛圍的木屋中，**多道菜餚講究品嘗順序，從開胃菜起，酸、鹹、甜、辣等滋味便在口中精采呈現**，交疊出複雜而又饒富趣味的滋味。

如果不擅長吃辣，可於點餐時告知服務生，餐廳可以為每位客人專門調整辣度。

2 Broccoli Revolution

🚇東羅站1號出口步行約6分鐘 🏠899 Sukhumvit Road, Klong-Nua, Watthana ☎026625001 🕐10:00~21:00(最後點餐20:45) 💳可 🌐www.broccolirevolution.com

美味精緻的純素餐點，清爽無負擔！

達人力推

主打純素料理的餐廳，餐點以南美洲、義大利等西式料理為主，並融合越南、緬甸、泰國的料理精髓，Broccoli Revolution不使用人工製造的素肉，而是以真正天然的蔬食，讓每一位顧客都能吃到食材的新鮮原味。例如Green Smoothie bowl，以火龍果、莓果打成的冰沙，撒上大量的南瓜籽、核果、芝麻、葡萄乾等，一口嘗到果昔的酸甜滋味和豐富的雜糧穀物，非常有飽足感。

Broccoli Revolution用餐空間清新明亮。

Smoothie in a bowl。

3 IR-ON Hotel

🚇東羅站2號出口步行5~8分鐘 🏠10/10 Soi Sukhumvit 36 ☎020740806 💲雙人房每晚1,500B起 💳可 🌐www.ir-onhotel.com

誠如它的名字一般，IR-ON的外觀彷彿尚未拆除的鷹架，讓人懷疑是不是還沒完工？加上從屋頂覆蓋下來的藤蔓植物，在曼谷的驕陽底下感覺降溫了不少；入夜之後，燈光從室內透出來，整幢建築宛如一個偌大的燈籠，展現另一種截然不同的氣質，難怪**獲得室內設計大獎**的肯定。

在泰國鋼鐵業奮鬥超過30年的業主，2017年買下舊華廈改建成IR-ON，**表裡一致的工業風，表明「不忘初心」的設計理念**。共有22間大小不等的客房與套房，所有細節在美觀與實用間獲得完美的平衡。

4 蘇坤蔚路55巷

🚇東羅站3號出口步行約1~2分鐘 🏠Soi 55, Sukhumvit Rd.

蘇坤蔚路的55巷雖然名為「巷」，但其實又寬闊又長，千萬不要「小」看它，如果不打算走邊逛，只想去特定店家，建議從捷運站直接搭車前往。沿路而行，會發現**道路兩邊幾乎都是日本料理的天下，舉凡拉麵、燒肉、割烹、居酒屋、日式火鍋等**想吃什麼就有什麼，讓人有置身日本街頭的錯覺。

每層樓皆賦予不同的手繪藝術花鳥主題,且將主題從公共空間延伸至房間內,風格獨具。

⑤ The Salil Hotel Sukhumvit 57 – Thonglor

🚇東羅站3號出口,步行約6分鐘 🏠24 Soi Sukhumvit 57 (Baan Kluy Nua) ☎020722882 💰雙人房約3,100B起(房價每日調整) 🌐www.thesalilhotels.com/sukhumvit57

2017年4月開幕的The Salil Hotel Sukhumvit 57 – Thonglor,裝潢走浪漫而夢幻的歐式新古典路線,飯店內共有8個樓層,透過藝術家手繪的花鳥主題牆,沿著樓層間的天井樓梯連貫延伸,並且每層樓皆賦予不同的主題,相當具有話題性。**目前飯店內共提供130間客房,每間房內皆附有免費的零食飲料Mini Bar**,套房還有小型的廚房流理台等,而頂樓處則設有洗衣房、交誼廳及泳池等公共設施,生活機能非常便利。

飯店結合浪漫的歐式新古典風格,吸引不少女性顧客。

採買伴手禮的好地方,到專賣店把受歡迎的商品都買齊!

⑥ Doi Kham 皇家農產品專賣店

達人力推

🚇東羅站3號出口步行約5~8分鐘 🏠1F, 55th Tower, Thonglor soi 2, Sukhumvit 55 ☎0639055374 6 🕐10:00~21:00 🌐www.facebook.com/pg/DoikhamFP

皇家牌牛乳片、蜂蜜、水果乾等產品,因為價格便宜、品質有保證,一直都是大家喜歡採購的泰國伴手禮。這些商品出自泰王拉瑪九世——蒲美蓬推動的皇家農業計畫,計畫主要目的是改善農民生計,也能讓一般民眾能吃到營養且健康的食品。

熱門的皇家牌商品常可在超商、超市買到,來到專賣店則可以看到更多種類的商品,包括果汁、水果乾、果醬、乳製品、蜂蜜、穀物類製品。位於Fifty Fifth Thonglor中的Doi Kham皇家農產品專賣店距離東羅站很近,商品種類也很齊全,而皇家計畫商店(Royal Project Shop)在蘇汪納蓬機場和廊曼機場也有分店。

Ekkamai 21
Oasis Spa
Thong Lo 25
Thong Lo 23
Thong Lo 21
Ekkamai 19
Thong Lo 19
Flat+White cafe
Divana Divine Spa
Pompano cafe du musee
The Commons
Ekkamai 22
J Avenue
72 Courtyard
郭炎松
Thong Lo 15
Palm Herbal Retreat
Thong Lo 16
Thong Lo 13
Ekkamai 18
Paintbar
#FindTheLockerRoom
Thong Lo 11
Thong Lo 10
The Earl
Thong Lo 9
④
Hannari Cafe de Kyoto
Thong Lo 8
Ekkamai
The Blooming Gallery
Eight Thonglor
Rabbit Hole
Soi 49/2
伊卡邁購物中心
Ekkamai Shopping Mall
Somerset Sukhumvit
Thonglor Bangkok
(Un)Fashion Vintage Collection
Thong Lo 5
Health Land Spa & Massage
Thong Lo 4
Broccoli Revolution
Little Blue Coffee Stand BKK
Thong Lo 1
②
捷運蘇坤蔚景線
Sukhumvit Line
①Bo.lan
海鮮煎蛋
⑥Doi Kham皇家農產品專賣店
The Salil Hotel Sukhumvit 57
⑤
Ekkamai 6
Soi 63
Ekkamai 4
①
東羅站Thong Lor
③
④
MAE VAREE芒果飯
Tamnak Is
Soi 34
Ekkamai Be
Ekkamai 2
Café Cla
Parklane
IR-ON Hotel ③
BTS捷運蘇坤蔚景線
Sukhumvit Line
Civic Horizon
曼谷天文館
Bangkok Planetarium
①
Boonlang Braised Chicken Noodles
②
伊卡邁站Ekkamai
③
曼谷東線巴士總站
Ekkamai
Khun Churn
Soi 65
Gateway Ekamai
N

阿黎站

勝利紀念碑站·泰站·拉差裡威站·帕亞

奇隆站

菲隆奇站

阿那站·阿索克站

澎蓬站

伊卡邁站·東羅站

班差站·安努站

阿黎站

泰站・勝利紀念碑站・拉差裡威站・帕亞

奇隆站

菲隆奇站

阿索克站・阿那那克站・

澎蓬站

東羅站・伊卡邁站

安努站・班差站・

東羅站・伊卡邁站
Thong Lor・Ekkamai

❶ MAE VAREE 芒果飯

> 到泰國必吃經典甜品，香、甜、鹹味在嘴中蹦出絕妙滋味！
>
> 達人力推

🚇東羅站3號出口步行約1分鐘 ☎023924804 🕐6:00~22:00

芒果糯米飯是泰國相當傳統且經典的甜品，**新鮮的芒果配上香Q糯米飯**，淋上椰奶，再撒上鹹脆的綠豆仁，香、甜、鹹味在嘴裡咀嚼出**一種絕妙的平衡美味**，互相拉提的回韻讓人忍不住吃到盤底朝天。MAE VAREE水果店以芒果糯米飯著稱，芒果厚實，給料不手軟，而且不會因為非產季缺貨，全年都會提供這項甜點。因為MAE VAREE的芒果糯米飯是公認的美味，雖然價格不便宜，且幾乎年年漲價，客人還是絡繹不絕。另外，店家也販售新鮮芒果、芒果乾等商品。

> 可以選擇白色糯米或三色糯米，價錢都一樣，端看個人喜好。

> 店家在2017年重新裝修店面後看起來更高級了！

❷ 海鮮煎蛋
Hoi-Tod Chaw-Lae

🚇東羅站3號出口步行約1~2分鐘 ☎0851283996 🕐10:00~22:00

捷運東羅站周邊有很多好吃的路邊攤，多數都被當地電視台報導過，這家位於Soi 55巷子裡的小吃攤，門口大大的圓盤炒鍋很容易認，週間中午用餐時段擠進不少上班族，老闆大鍋炒泰式炒麵和煎各種口味煎蛋的手沒停過。**海鮮煎蛋看起來有點像台灣的蚵仔煎**，底下鋪滿豆芽菜，上面有青蔥、蚵、蝦、花枝等，桌上有各式沾醬可自行調味。

地圖標示（map labels）：

Ekkamai 21
Urban Oasis
Thong Lo 25
Thong Lo 23
Thong Lo 21
Ekkamai 19
Flat+White cafe
Thong Lo 19
Pompano cafe du musee
Divana Divine Spa
Thong Lo 17
The Commons ❺
J Avenue ❹72 Courtyard
Ekkamai 13
郭炎
Palm Herbal Retreat
Thong Lo 15
Thong Lo 16
#FindTheLockerRoom
Thong Lo 13
The Earthling Cafe
Thong Lo 11
Thong Lo 10
One Our for Onic
Thong Lo 9
Hannari Cafe de Kyoto
Ekkamai 5
The Blooming Gallery
Thong Lo 8
Eight Thonglor
Ekkamai 12
Rabbit Hole ❸
伊卡邁購物中心 Ekkamai Shopping Mall
唐吉軻德 DONKI Mall Ekk
Thong Lo 49/2
Somerset Sukhumvit Thonglor Bangkok
(Un)Fashion Vintage Collection
Ekkamai 10
Thong Lo 5
Thong Lo 4
Health Land Spa & Massage
Broccoli Revolution
Little Blue Coffee Stand BKK
Thong Lo 53
Bo.lan
Ekkamai 6
Doi Kham皇家農產品專賣店
海鮮煎蛋 ❷
The Salil Hotel Sukhumvit 57
捷運蘇坤蔚線 Sukhumvit Rd.
Soi 49
Soi 34
Soi 36
東羅站 Thong Lor
Ekkamai 4
Tamnak Isan
Ekamai Beer House
① ②
❶ MAE VAREE芒果飯
Parklane
Café Classique
Ekkamai 2
② ④
IR-ON Hotel
Soi 38
BTS 捷運蘇坤蔚線 Sukhumvit Line
Civic Horizon
曼谷天文館 Bangkok Planetarium
伊卡邁站Ekkamai
曼谷東線巴士總站 Ekkamai
Soi 40
Boonlang Braised Chicken Noodles
Khun Churn
Soi 65
Gateway Ekamai

曼谷備受歡迎
的speakeasy酒吧
Rabbit Hole。

③ Rabbit Hole

隱身在曼谷的微
醺角落。

達人
力推

🚇 東羅站3號出口步行約10分鐘
🏠 125 Thonglor Sukhumvit 55
📞 0985323500 ⏰ 19:00~2:00
🌐 rabbitholebkk.com

推開厚重木門進
到Rabbit Hole，就
像是墜入愛麗絲夢
遊仙境的兔子洞一
樣，裡面的世界，與你想像的並不一樣。**酒
吧空間為三層樓挑高，裸露磚牆混搭著工
業風**，展現帶有點粗獷，卻又不失自信的優
雅風格。而這裡的**首席調酒師，以豐富的經
驗和精采的手法，設計出許多令人眼睛一亮
的雞尾酒。**

Rabbit Hole在疫情結束後重新規劃了調
酒單，以A~Z設計了26杯各有風味的調酒：
Apple、Beauty、Chocolate、Disco……另外也
有經典調酒，像是「White Truffle Martini」，是
將坦奎瑞琴酒以特殊的油洗技法，注入白松
露油的醇厚香氣，顯得高雅別致。

④ 72 Courtyard

🚇 東羅站3號出口步行約18分鐘 🏠 72
Sukhumvit 55 📞 0632376093 ⏰ 17:00~2:00
🌐 www.facebook.com/72Courtyard

這座工業風的
新潮建築是Thong
Lo商圈的一座餐飲
熱點，建築為半開
放式，**聚集了多間
酒吧、餐廳及一間夜店，店家大多自晚上
開始營業，也因此每到晚上就成為當地的
時尚夜生活重心。**

店家供應約20款精釀啤酒，店內還有
乒乓球桌和撞球桌；而美式酒吧Evil Man
Blues則主打經典及創意調酒，週末也會有
現場音樂演出；其他還有供日本料理及酒
類的Lucky Fish等。

⑤ The Commons Thonglor

The Commons不
時會舉辦音樂或主題活
動，尤其是週末顯得更
加熱鬧。

🚇 東羅站3號出口步行約18分鐘 🏠 335 Thonglor 17,
Sukhumvit 55 ⏰ 約8:00~1:00 (各店不一)
🌐 thecommonsbkk.com

**The Commons在2016年開幕，這
個新潮的空間由Roast和Roots的經
營團隊打造，是附近潮人的聚集點。**
空間共可分為4個部分，最頂層的Top
Yard有超人氣的Roast餐廳，2樓的Play Yard有瑜珈教室及商店，1
樓的Village則有花店及服飾店，至於最底層的Market則是國際美
食及酒吧的聚集區，最知名的就是團隊經營的Roots Coffee，其他
還有The Beer Cap精釀啤酒，以及The Lobster Lab的龍蝦及海鮮
等。半開放式的建築中留有大量空間，不論是坐
在中庭悠閒地享用咖啡美食，或是在各層樓的
座椅上放空，感覺都很愜意舒適，當微風吹過。

Roots每個月都會推出
不同的特調冷萃咖啡，口
味常常令人驚喜。

Roots Coffee

🏠 位於The Commons的Market 📞 0970594517
⏰ 8:00~19:00 💰 100B起 🌐 rootsbkk.com

Roots Coffee和Roast出自同一個團隊，
店鋪位於The Commons底層的Market
中，開放式的空間中可以看見咖啡師正在沖泡咖啡，而一旁有
幾個吧檯的座位。店內供應的產品非常簡單——**只有咖啡，沒
有甜點、沒有麵包，專注於咖啡的品質。**Roots的咖啡豆不僅自
世界各地採購而來，**有些更是與泰北的咖啡農直接合作，能有
良好的質量更能保障農民生計**。咖啡品項有基本的濃縮咖啡
系列及招牌的冷萃咖啡系列，而且Roots每個月還推出不同口
味的特調冷萃咖啡，喜歡嚐鮮的人可以試試。在
這裡也可以買到Roots的咖啡豆。

Roast為複合式的咖啡
廳兼餐廳，氣氛悠閒、餐
點美味。

Roast

🏠 位於The Commons頂層的Top Yard 📞
0963403029 ⏰ 09:00~22:00 💰 可 🌐 www.
roastbkk.com

位於The Commons頂樓的Roast開
幕後便成為附近的排隊名店，2011年前後創立的**Roast是氣氛
輕鬆的咖啡廳兼餐廳，經營的宗旨在以最新鮮的食材、烹調
出高品質的食物**，端上桌的每道佳餚，都是自家廚師在廚房裡
調製出來的，麵包、咖啡豆也都是自家烘焙，不少香草、植物也
都自己栽培種植，力求供應顧客好喝的咖啡和好吃的食物。

勝利紀念碑站・拉差裡威站｜帕亞｜奇隆站｜隆奇站｜阿那索克站・｜澎蓬站｜東羅站・卡邁站｜安努站・班差站

阿黎站
泰站・勝利紀念碑站・拉差裡威站・帕亞站
奇隆站
菲隆奇站
阿索那克站・那
澎蓬站
東羅站・伊卡邁站
安努站・班差站

東羅站・伊卡邁站
Thong Lor・Ekkamai

The Blooming Gallery店內宛如玻璃花屋般自然、明亮。

招牌調酒The Blooming。

每個角落都美到翻天！網美最愛的花園系最下午茶。

① The Blooming Gallery

達人力推

🚇東羅站3號出口步行約15分鐘 📍LG, Ei8ht Thonglor, Sukhumvit 55 ☎020635508 🕙10:30~21:00 🌐www.facebook.com/thebloominggallery/

　明亮的陽光、清新的綠蕨植栽和大量的花朵，如玻璃花屋般的The Blooming Gallery是許多泰國網紅、女明星的熱門打卡地點，不過店面位置可不好找，The Blooming Gallery隱身在Ei8ht Thonglor商圈的地下樓層，到**達The Blooming Gallery最快的方式是由Argentina Steak House旁的樓梯前往**，也可以從商圈內搭手扶梯往下到達。

Egg Benedict with Salmon Cake。

　店內裝潢以歐式工業風為主，黑色的鐵件門窗、磚紅色的牆，完美襯托出了植物的蓬勃生命力，The **Blooming Gallery的每個角落都充滿驚喜，布置了大量的綠色植栽和乾燥花，就連桌下放入了**花卉植物的擺設。在餐點的部分也絕對不會失望，早午餐推薦班尼迪克蛋佐鮭魚蛋糕，或者來杯招牌特調The Blooming，每嚐一口，都讓人心花朵朵開。

地圖標示

Patom Organic
Urban Oasis Spa ⑥
Ekkamai 21
Thong Lo 21
Ekkamai 19
Thong Lo 19
Flat+White cafe
Divana Divine Spa
Pompano cafe du musee
Ekkamai 22
Thong Lo 17
The Commons
72 Courtyard
Ekkamai 13
J Avenue
Palm Herbal Retreat
郭炎松
Thong Lo 15
Thong Lo 16
Ekkamai 18
Thong Lo 13
⑤ #FindTheLockerRoom
Thong Lo 11
Thong Lo 10
The Earthling Cafe
Thong Lo 9
Hannari Cafe de Kyoto
Ekkamai 5
One Ounce for Onion ②
The Blooming Gallery ①
Thong Lo 8
Eight Thonglor
Rabbit Hole
伊卡邁購物中心 Ekkamai Shopping Mall
唐吉軻德 DONKI Mall Thonglor
Ekkamai 12
Somerset Sukhumvit Thonglor Bangkok
(Un)Fashion Vintage Collection
Ekkamai 10
Thong Lo 5
Health Land Spa & Massage
Thong Lo 4
Broccoli Revolution
Little Blue Coffee Stand BKK
Soi 558
Ekkamai 63
Thong Lo 1
Ekkamai 6
Bo.lan
海鮮煎蛋
Doi Kham皇家農產品專賣店
The Salil Hotel Sukhumvit 57
Ekkamai 4
MAE VAREE芒果飯
Tamnak Isan
Ekkamai Beer House
Café Classique
Parklane
Ekkamai 2
IR-ON Hotel
Civic Horizon
曼谷天文館 Bangkok Planetarium
曼谷東線巴士總站 Ekkamai
Boonlang Braised Chicken Noodles
Khun Churn
伊卡邁站Ekkamai
Soi 65
Gateway Ekamai

東羅站Thong Lor
BTS 捷運蘇坤蔚線 Sukhumvit Line

② One Ounce for Onion

伊卡邁站1號出口步行約20分鐘 ⚐9/12 Ekkamai12, Sukhumvit 63 Rd. ☎024121062 ◷9:00~18:00 ⊙休

咖啡館結合選物店Onion，充滿咖啡香和工業風的舊貨用品。

www.facebook.com/oneounceforonion.ekamai12

在曼谷的一處靜謐後巷，One Ounce for Onion是一間旅人可以品嚐泰國本土咖啡的實驗場。這裡是店主Ekameth和同窗好友一同開立的店面，他負責咖啡，對方則開了一間選物店，小小的空間裡，瀰漫著來自清萊、清邁、南邦、楠所生產的咖啡香。儘管泰國種植咖啡豆的時間並不長，卻也有讓人好奇味道的優點，**店內也販售特別的飲料搭配，像是「Black Chinotto」，就是黑咖啡中加入苦橙汽水和柳橙片，充滿獨特的清爽滋味**。One Ounce for Onion同時提供了許多美味的餐點，例如美式早午餐、鬆餅等，讓你能配著咖啡，享受悠閒的午後。

③ Paintbar

東羅站1號出口步行約15分鐘 ⚐6F, Piman 49, 46/4 Sukhumvit Soi 49 ☎0622516635 ◷10:00~22:00，單次課程2小時㊡週一(假日例外) ⑤繪畫課程799B，餐點額外付費 ⊙可 ⊗paintbarbangkok.com ❶只接受透過Line預約

Paintbar位在2014年開幕的大樓Piman 49的樓。**若是想到Paintbar學畫，可上網挑選自己喜歡的主題後預約，這裡會提供所需的一切畫材：壓克力顏料、畫布、畫筆，甚至還有圍裙**。最有趣的是，課程中還可以享用美食！邊畫畫邊用餐在想像中是多麼優雅閒適的畫面，不過大多數人都辦不到，不是畫得太入迷而忘了吃飯，就是餐點太美味而忘了畫畫。

④ Gateway Ekamai

⚐伊卡邁站先往4號出口方向(但不出站)，再沿空橋指標可直達商場 ⚐982/22 Sukhumvit Rd. ☎021082889 ◷10:00~22:00 ⊙可 ⊗www.facebook.com/gatewayekamai/

在2012年開幕，**Gateway Ekamai的設計以呈現出日本的文化與生活為概念，賣場分布在8個樓層**，其中M樓的周圍環繞著眾多日本料理店；2樓則有眾多日籍和泰國本土設計師的品牌小店；其餘樓層則有其他服飾店、餐廳、3C產品、Day Spa、超市等。目前定位已經趨向地區性的平價商場。

⑤ #FindTheLockerRoom

⚐東羅站3號出口步行約15分鐘 ⚐406 Thonglor Rd(從醫美診所旁的巷子進入) ☎0982871898 ◷18:00~1:30 ⊙可 ⊗www.instagram.com/findthelockerroom.bkk

喝酒前先來一場密室逃脫！

達人力推

從Absolute Beauty Clinic旁的巷子進去就對了。要進入酒吧必須先過兩道門，而這「門」就藏在一面置物櫃後方，想喝到酒就得想辦法開門。

#FindTheLockerRoom由5位來自新加坡、東京、台北和曼谷的專業調酒師共同創立，酒單的主題為「過去、現在和未來」，在這裡可以喝到許多經典的調酒如血腥瑪麗(Bloody Mary)、The French Connection(法蘭西集團)等，也可以喝到調酒師們用自己的方式調配的變化版。

⑥ Urban Oasis Spa

⚐東羅站3號出口步行32~35分鐘 ⚐59 Soi Ekkamai 21, Khlong Tan Nuea, Wattana ☎022622122 ◷10:00~22:00 ⑤King of Oasis/Queen of Oasis 2小時3,900B起 ⊙可 ⊗www.oasisspa.net

Oasis Spa是泰國知名的連鎖按摩店，2003年後陸續在清邁、曼谷、普吉島和芭達雅設店。位在伊卡邁路21巷這家分店，**外觀頗有些阿拉伯風情，推薦Queen of Oasis和King of Oasis兩種療程**，前者按摩的力道較為輕柔，正如其名是為了伺候女王嬌嫩的皮膚，而後者則是力道偏大的薰香按摩，適合喜歡扎實感受的旅客。除了優秀的技術和精緻的SPA療程外，親切有禮的服務人員也會講一些中文，有任何需求就可以安心地提出。

東羅站・伊卡邁站
Thong Lor・Ekkamai

① J Avenue Thonglor

🚇東羅站3號出口步行約16~20分鐘 ⏰
323/1 Sukhumvit Soi 55 ☎09181
84189 🕙10:00~22:00 💳可

在東羅站這一帶，如果說到吃的，就一定要到J Avenue Plaza。**這裡就像大型的戶外美食廣場，包括了遠近馳名的Greyhound Café及After You、泰國貴婦最愛逛的超市Villa Supermarket**等等，為東羅提供了一個吃喝休息的場所，也更增強了這一區的多元性。

② Somerset Sukhumvit Thonglor Bangkok

🚇東羅站3號出口步行約8~10分鐘 ⏰115
Sukhumvit 55(Thonglor), Sukhumvit Rd.
☎023657999 💲雙人房約3,800B起(房價每日調整) 💳可 🌐www.
discoverasr.com/en/
somerset-serviced-
residence/thailand/
somerset-sukhumvit-
thonglor-bangkok.html

Somerset Sukhumvit Thonglor Bangkok屬於Ascott集團旗下Somerset公寓式飯店系列，有別於Somerset在曼谷的其他駐點的家庭氣氛，Somerset Sukhumvit Thonglor偏向都會雅痞風，**簡潔用色與裝潢有種日系「無印良品」的調性**。因為在日本旅客聚集的區域，住客用早餐的地點

走都會雅痞風的Somerset Sukhumvit Thonglor，房間裝潢簡約而舒適。

Patom Organic Living
Urban Oasis Spa
Ekkamai 21
Thong Lo 25
Thong Lo 23
Thong Lo 21
Ekkamai 19
Thong Lo 19
⑥ Flat+White cafe
Divana Divine Spa
Thong Lo 17
Pompano cafe du musee ⑤
Ekkamai 22
The Commons
J Avenue
72 Courtyard
Ekkamai 13
⑦ 郭炎松
① Thong Lo 15 Thong Lo 16
Palm Herbal Retreat
Thong Lo 13
Ekkamai 18
#FindTheLockerRoom
Thong Lo 11
Thong Lo 10
The Earthling Cafe
Thong Lo 9
Hannari Cafe de Kyoto
Ekkamai 5
One Ounce for Onion
The Blooming Gallery
Thong Lo 8
Soi 49/2
Eight Thonglor
Rabbit Hole
伊卡邁購物中心
Ekkamai Shopping Mall
Ekkamai 12
唐吉軒德
DONKI Mall Thonglor
Soi 51
Soi 49
Somerset Sukhumvit Thonglor Bangkok ②
(Un)Fashion Vintage Collection
Ekkamai 10
Thong Lo 5
③ Health Land Spa & Massage
Thong Lo 4
Broccoli Revolution
Little Blue Coffee Stand BKK
Thong Lo 1
Ekkamai 6
Soi 53
Bo.lan
海鮮煎蛋
Doi Kham皇家農產品專賣店
Soi 63
The Salil Hotel Sukhumvit 57
① Ekkamai 4
④ Tamnak Isan
Soi 34
② 東羅站Thong Lor
③
MAE VAREE芒果飯
Ekamai Beer House
Café Classique
Soi 36
④
Parklane
Ekkamai 2
JN Hotel
Civic Horizon
BTS Sukhumvit Line 捷運蘇坤蔚線
曼谷天文館
Bangkok Planetarium
① 伊卡邁站Ekkamai
Soi 40
曼谷東線巴士總站
Ekkamai
② ③
Khun Churn
④
Gateway Ekamai
Ekkamai 2
蘇坤蔚線 Sukhumvit Rd
東羅站Thong Lor

也是飯店特別設置的日本料理餐廳——Mai；而262間客房，同樣備有廚房設備、DVD播放器等設施。**飯店對街就是Market Place超市**，周邊夜店娛樂多，適合年輕自由行族群入住。

③ Health Land Spa & Massage

🚇伊卡邁站1號出口步行約10~15分鐘　🏠96/1 Soi Sukhumvit 63　☎023922233　🕐9:00~23:00　💰傳統泰式按摩2小時 650B　💵1,000B以上可　🌐www.healthlandspa.com

　　Health Land是泰國一家連鎖經營的Spa店，建築外觀打造成獨幢英國殖民風味的樓房，內部裝潢也很明亮，**使用的保養品還是澳洲知名品牌Jurlique，氣氛相當高雅，然而收費卻和一般路邊的Spa差不多。**Health Land的療程相當多樣化，包括香氛身體按摩、泰式草藥按摩、腳底按摩、身體去角質、碧璽三溫暖(Tourmaline Sauna)、臉部護理等，傳統的泰式按摩只是其中之一。

④ Tamnak Isan

口味濃厚、香辣夠味的道地東北料理。

達人力推

🚇伊卡邁站1號出口步行約10分鐘　🏠86/1 Sukhumvit Road Prakhanong Nue　☎957701268

🕐11:00~22:00

　　Tamnak Isan的店面很小，小到一不留神就會錯過它的存在，但是由於口味道地、價格便宜，不但擁有眾多當地的忠實主顧，在網路上也飽受好評，吸引不少觀光客慕名而來。從名字就明顯宣示出它屬於**泰國東北地區的料理，多以油炸方式處理，口味較為濃重**，招牌菜像是炸魚、炸鴨舌、炸雞翅等，搭配香辣的醬料就很開胃，還有香辣豬柳、香辣海鮮沙拉等，都很受歡迎。菜單都都有英語翻譯，對於外國人點菜頗有助益。

⑤ Pompano Cafe du Musee

🚇伊卡邁站1號出口步行約25分鐘　🏠281 4-5 Soi Sukhumvit 63, Khlong Tan Nuea, Watthana　☎917042566　⊘ 9:00~18:00　🈺週一　⊘不可

　　位於大街上一隅，店面小小的一間咖啡廳，不小心很容易錯過。裡面空間不大，卻**收集了眾多具有藝術風格的家具、擺設、收藏品，像是個小型的博物館**，且經過巧妙的規劃，讓每張桌子周遭都形成一個近乎獨立的空間，每組客人各自擁有專屬的照明與氛圍，彼此之間不太會互相干擾，非常適合單獨旅行、或是兩兩成雙的旅客，在這裡找到寧靜的角落。

⑥ flat+white Cafe

🚇東羅站3號出口步行約25分鐘 🏠810/5 Thara Rom 2 Alley, Khlong Tan Nuea, Watthana ☎924255533 ⊘9:00~18:00 🈺週三 🌐flat+white

　　遠道來此的人們，應該沒幾個是為了這裡的飲料或餐點，而多半是為了來這裡狠狠地拍一些美照的吧！**無論外觀或室內，整體漆成大面積的純白色；**兩層樓的空間，只有幾張同樣純白色系的桌椅，幾乎沒什麼裝潢，讓空間感覺更加廣闊，很有「夢境」的況味。最顯眼的是一樓和二樓之間一道懸浮階梯，簡單的線條搭配藝術設計的燈光照明，活脫脫就是模特兒的伸展台，隨時可看到全身打扮亮麗的美女在階梯上擺出各種姿態，企圖捕捉最美麗的倩影。

⑦ 郭炎松Wattana Panich

🚇伊卡邁站1號出口步行約20分鐘　🏠336-338 Sukhumvit Soi 63, Ekkamai Soi 18　☎023917264 ⊘9:00~19:30

　　老闆是泰國華僑，招牌和店內菜單都是中泰文並列，牛肉麵價格為每碗100泰銖左右，**以藥燉牛肉、羊肉等補湯料理為主，湯頭濃郁、香氣足**，經營數十年，在當地也是相當有人氣的餐館。

東羅站・伊卡邁站
Thong Lor・Ekkamai

一秒飛到京都！

阿黎站
勝利紀念碑站・
泰站・拉差裡威站・帕亞
奇隆站
菲隆奇站
阿那克站・
澎蓬站
伊東羅站卡邁站
班安努差站・

① Café Classique

Café Classique收藏不少來自各國的可樂瓶，都是老闆的珍愛收藏。

🚇伊卡邁站1號出口步行約7分鐘 ⌂1 Soi Ekamai 2 Sukhumvit 63 ☎0942426696 ⏰11:00~22:00 休週一 💳可 ⓕwww.facebook.com/cafeclassiquebkk

踏進Café Classique，**迎面看到的東西幾乎都與可口可樂有關，玻璃櫥櫃裡整齊擺著各式各樣的玻璃瓶裝可口可樂、可口可樂的陳年海報以及眾多罐裝可口可樂等**，這些都是店主走訪世界各地所帶回來的戰利品，也成了妝點餐廳的絕佳飾品，果然堪稱經典。餐廳主要供應泰式料理，佐餐的飲料當然少不了可口可樂！菜單上有照片，可以看圖點菜，非常方便。

② Ekamai Beer House伊卡邁啤酒屋

🚇伊卡邁站1號出口步行5~8分鐘 ⌂56-56 /1 Soi Sukhumvit 63 (Ekamai soi 2) Rd. ☎027143924 ⏰11:30~1:00(16:00~19:00為Happy Hour時段) 💳可 ⓕwww.ekamaibeerhouse.com

位於大馬路旁，這家頗大眾化的啤酒屋**平日供應西式餐飲和泰式小吃，週六、日更推出烤肉大餐，非常受當地家庭的歡迎。**

此店聲名遠播的特色之一，是現場提供生啤酒與手工啤酒的種類眾多，**從在地釀造的到國外進口品牌，達20種之多**，足以滿足不同消費族群的需求。此外，來自不同洲的葡萄酒單同樣琳瑯滿目，敢驕傲地宣告這裡是蘇坤蔚路(Sukhumvit)上擁有最佳招牌葡萄酒(House Wines)的酒吧。每週一、三晚間都有現場樂團表演。

③ Hannari Café de Kyoto

抹茶控、焙茶控甜點的天堂！

達人力推

🚇伊卡邁站1號出口步行18~20分鐘 ⌂111/5 Thonglor 10, Ekamai, 5 Soi Sukhumvit 63 ☎021011591 ⏰10:30~21:00 💳可 ⓕwww.facebook.com/hannari.thailand

來到Hannari Café de Kyoto，的確彷彿**瞬間進入了京都**：榻榻米的和室座椅、鵝卵石鋪地的走道、手工紙糊提燈，引領消費者走進洋溢著東瀛風的小天地。

Hannari Café de Kyoto內部空間也很小巧，分布在三個樓層，餐點走**和洋式的混血風格**，加有宇治抹茶的甜點、飲料和餐點最受歡迎；也有展售紀念品的角落，販賣一些來自日本的精緻小物。在Central World購物中心也有分店。

④ Khun Churn

🚇伊卡邁站2號出口步行1~2分鐘 ⌂952 Sukhumvit Road, Khlong Toei ☎816607031 ⏰10:00~20:00 💳300B以上可刷卡 ⓕwww.facebook.com/KhunChurninwhite

Khun Churn是從清邁發跡的素菜餐廳，**擁有超過20年的歷史，專業以泰國本土所產的新鮮蔬果，烹調出各式各樣美味、健康的佳餚。**這間分店原本位於Gateway Ekamai旁邊Bangkok Mediplex大樓的地下室，目前則搬到大樓旁一幢公寓的地面樓，就在捷運出口下方，位置更容易找到。因為Khun Churn在泰國素食界已有知名度，吸引不少食客慕名而來。

⑤ 伊卡邁購物中心 Ekkamai Shopping Mall

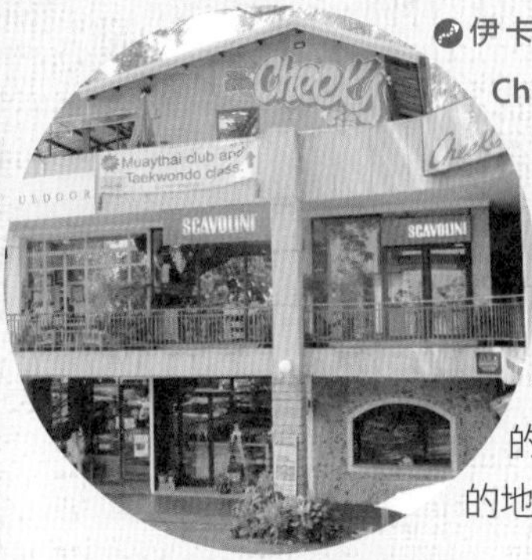

🚇 伊卡邁站1號出口步行約10~15分鐘　⏱ 3

Charoen Mit Alley

蘇坤蔚路63巷與伊卡邁路10巷的交會處，有一座伊卡邁購物中心，裡頭**集結了數家不同型態的餐廳、咖啡廳**，雖然規模比Gateway Ekamai小很多，但對從伊卡邁站出來往北探索的人，這是一個可以滿足不同餐飲需求的地方。

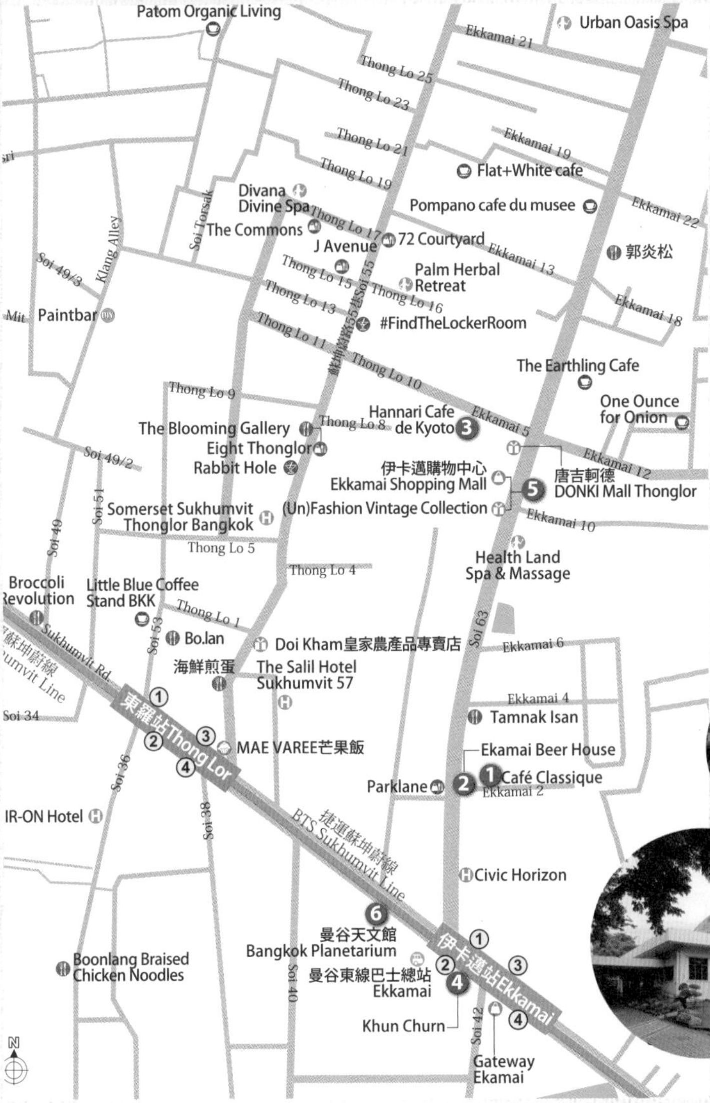

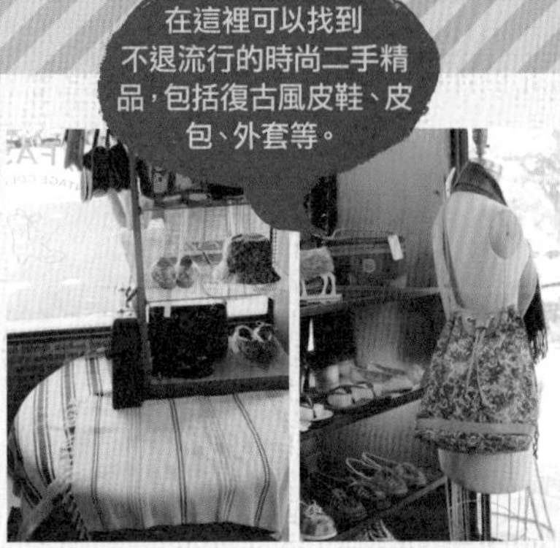

> 在這裡可以找到不退流行的時尚二手精品，包括復古風皮鞋、皮包、外套等。

(un)Fashion Vintage Collection

📞 027269592　🕐 9:00~18:00　💳 可　🌐 www.instagram.com/unfashion_vintagecollection

以二手精品為主的**(un)Fashion Vintage Collection於2011年左右在這裡設置據點**。有鑒於好東西都禁得起時間的考驗，即使物換星移，雋永的品質還是非常具有吸引力，「沒有時尚的問題」，因此起名「Un Fashion」，這個小店成了很多曼谷人尋找「沒有時尚的問題」寶物的小站。

⑥ 曼谷天文館 Bangkok Planetarium

🚇 伊卡邁站2號出口步行約3~5分鐘　⏱ 928

Sukhumvit Rd., Klongtoey　📞 23910544

🕐 週二至週日9:00~16:00　🚫 週一和國定假日

💲 門票全票50B、半票30B　🌐 sciplanet.org

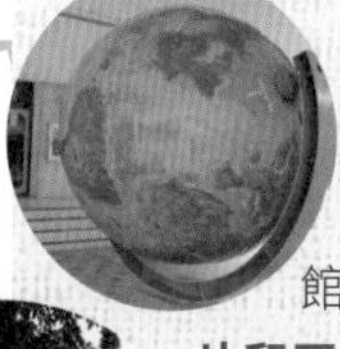

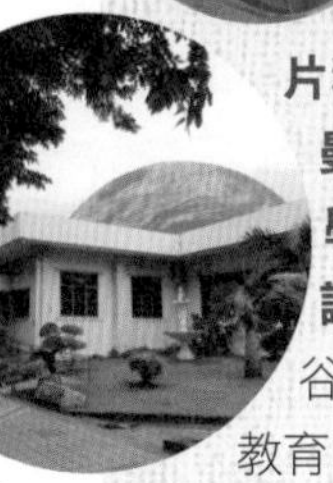

2009年泰國票房奪冠的《下一站説愛你》純愛電影，劇中男女主角第一次約會的取景地就在天文館，**片中浪漫的天文館2D影片和互動式天文探索等場景，讓曼谷人再次憶起小時候校外教學的日子，同時也讓外國遊客認識這個寓教娛樂的景點**。曼谷天文館其實是包括在整個科學教育中心裡，園區另有自然科學、海洋館和市民活動中心。

地圖標示 (Map labels):

Patom Organic Living
Urban Oasis Spa
Ekkamai 21
Thong Lo 25
Thong Lo 23
Thong Lo 21
Ekkamai 19
Thong Lo 19
Flat+White cafe
Divana Divine Spa
Pompano cafe du musee
The Commons
Thong Lo 17
72 Courtyard
Ekkamai 22
J Avenue
Ekkamai 13
郭炎松
Palm Herbal Retreat
Thong Lo 15
Thong Lo 16
Ekkamai 18
Paintbar
#FindTheLockerRoom
Thong Lo 13
Thong Lo 11
Thong Lo 10
The Earthling Cafe
Thong Lo 9
One Ounce for Onion
Hannari Cafe de Kyoto
Ekkamai 5
The Blooming Gallery
Thong Lo 8
Eight Thonglor
伊卡邁購物中心
Ekkamai Shopping Mall
(Un)Fashion Vintage Collection
Rabbit Hole
Ekkamai 12
Soi 49/2
唐吉軻德 DONKI Mall Thonglor
Somerset Sukhumvit Thonglor Bangkok
Soi 51
Ekkamai 10
Thong Lo 5
Broccoli Revolution
Little Blue Coffee Stand BKK
Thong Lo 4
Thong Lo 1
Health Land Spa & Massage
Bo.lan
Ekkamai 6
Doi Kham皇家農產品專賣店
Ekkamai 63
海鮮煎蛋
The Salil Hotel Sukhumvit 57
Ekkamai 4
Tamnak Isan
蘇坤蔚路 Sukhumvit Rd
MAE VAREE芒果飯
Ekkamai Beer House
Soi 34
Soi 36
Soi 38
Parklane
Café Classique
Ekkamai 2
IR-ON Hotel
東羅站 Thong Lor
BTS 捷運蘇坤蔚線 BTS Sukhumvit Line
Civic Horizon
曼谷天文館 Bangkok Planetarium
伊卡邁站 Ekkamai
曼谷東線巴士總站 Ekkamai
Soi 40
Soi 42
Khun Churn
Boonlang Braised Chicken Noodles
Gateway Ekamai
N

阿黎站

勝利紀念碑站站
泰站・拉差裡威站・帕亞

奇隆站

菲隆奇站

阿那索克站・

澎蓬站

伊東羅莎站・

班差站・安努站

安努站・班差站
On Nut・Bang Chak

① Best Beef Sukhumvit

🚇安努站2號出口，步行8~10分鐘 ⏱1490, 2... Sukhumvit Road, Khwaeng Phra Khanong, Khet Khlong Toei ☎027429416 週一至五15:00~24:00，週六、日11:00~24:00 💲吃到飽每人319B起，加汽水喝到飽378B起、加啤酒喝到飽518B起 可 ℹ️fwww.facebook.com/BestBeefSukhumvit/

> 台幣300元左右就可以飽啖牛舌、澳洲和牛、個頭碩大的生猛海鮮，這樣的火鍋店哪裡找！?

達人力推

對曼谷來說，安努站已經是有點偏遠的蛋白地帶，而這間Best Beef燒烤火鍋店因為食材的品質好、價格便宜，讓曼谷人和國際觀光客都不辭辛勞特地到此飽餐一頓。

這裡的餐食和飲料，供應方式都很大氣：**以300多泰銖的價位，不但可以牛肉、豬肉、蔬菜吃到飽，甚至還可以吃到牛舌、干貝、鮮蝦、鮮蠔、淡菜等同樣無限量供應**；飲料也是每桌滿滿的一壺奉上；加價50泰銖即可有無限量供應的火鍋湯；搭配的醬料也很可口。

② Avani Sukhumvit Bangkok Hotel

🚇安努站3號出口，步行3~5分鐘 🏠2089 Sukhumvit Road, PrakanongNua Watthana ☎020797555 💲雙人房每晚3100B起 可 ℹ️www.avanihotels.com/en/sukhumvit-bangkok

隨著曼谷的捷運系統向東逐步擴展，Avani飯店2019年7月在安努區站穩了一個絕佳據點：樓下是知名的電影世紀大樓(Century the Movie Plaza)，旁邊是安努捷運站，三者之間有空橋與電梯相連，讓房客在**交通、購物、娛樂方面都有非常方便的管道**。飯店一共382間客房或套房，以乾淨、明快的色彩和設計，並附有Greenhouse and Terrace Restaurant，及包含AvaniSpa的休閒中心。

③ 安努生鮮市場
On Nuch Fresh Mart

🚇安努站1號出口，步行8~10分鐘 🏠On Nut Rd, Phra Khanong Nuea, Watthana ⏱05:00~18:00 不可

拜訪異國，最接地氣的行程莫過於逛一逛當地的傳統市場。安努生鮮市場是已**經過現代化改良的傳統市場，規劃整齊也維持得頗乾淨，雞、鴨、魚、肉、蔬菜、水果、乾貨、生米、熟食等應有盡有**，一應俱全。雖然不遠處已經矗立起Big C Extra大型超市，傳統市場仍有它忠實的客群。這裡屬於早市，所以大概中午開始就會陸續收攤，要逛最好上午前往。

4 Big C Extra On Nut

🚇安努站1號出口，步行5~8分鐘 📍114 On Nut Rd, Phra Khanong Nuea, Watthana 🕐8:00~22:00 💳可

　　Big C是泰國最受歡迎的大型連鎖超市，物美價廉有口皆碑，如今的台灣遊客幾乎每個人回國前都要到Big C掃貨一番。但是市中心的Big C因為交通方便、知名度高，經常人滿為患，結帳時往往要花費不少時間。而安努站的Big C賣場闊達三層樓，商品和市中心的分店一樣齊全－甚至更齊全，**觀光客很少，所以採買起來更順暢、舒服。**

如果行程上有到安努站附近，不妨撥點時間來這裡血拼。

5 安努按摩街On Nut Massage Street

🚇安努站1號出口，步行約5分鐘 📍 Sukhumvit 77/1 Alley, Phra Khanong Nuea, Watthana 💲泰式按摩1小時250B

　　安努站的Soi 77/1後半段，聚集了不少家按摩店，號稱

「按摩一條街」，**一個小時的泰式按摩只要250泰銖**，這種價格在曼谷鬧區裡已經愈來愈難找到了。然而在這條街上因為店家眾多、競爭激烈，品質仍是在水準之上，其中的TakraiHom和Tree Massage都有不錯的評價，值得一試。

6 The Wood Land

🚇安努站4號出口，步行3~5分鐘 📍17 Sukhumvit 52 Alley, Phra Khanong 📞0613911754 🕐週一至五9:00~19:00，週六至週日8:30~19:30 🚫週二 💳可 📷 www.instagram.com/thewoodlandofficial

　　The Wood Land是**在鬧中取靜的一家咖啡館**，從入口處到主體建築之間，需經過一片大樹遮蔭、綠草鋪地的庭園，庭園裡還有一座旋轉樹梯，可以登高眺望，是大城市裡難得的綠洲。這裡提供早午餐和多種特調的飲品，讓大城市裡的居民偶爾可以來此偷得浮生半日閒；這裡也很適合在家遠距離工作的上班族們。

7 Cheap Charlie's Bar

🚇安努站2號出口，步行約5分鐘 📍12/2 Sukhumvit 50 Ally, Phra Khanong, Khlong Toei 📞0870968444 🕐17:00~0:00(週四至23:45) 💳可 📷www.facebook.com/CheapCharlieBar

不想理誰，只想簡單喝杯小酒，付完錢輕鬆就座，很乾脆。

達人力推

　　這間店面小小的酒吧，氣氛很輕鬆自在，酒單標價條列清楚，只要選定項目、在收費櫃檯下訂和繳好費用，就可以自己找座位坐下來放空一整晚；常被提問的事項也都明白地寫在櫃台前，感覺上任何廢話都無須多說。

　　Cheap Charlie's Bar的裝飾很混搭、國際化，應該是業主周遊各國之後，把心愛的收藏拿來巧手布置。啤酒主打**寮國進口的啤酒**，價格便宜又不常在其他地方看到；其餘還有葡萄酒、威士忌等各式進口酒和調酒。

8 Jim Thompson Sukhumvit 93 Outlet Store

🚇班差站5號出口步行約5~8分鐘 📍153 Sukhumvit Soi 93, Prakanong 📞023326530 🕐9:00~19:00 💳可 📷www.jimthompson.com

因為是暢貨中心，過季品折扣有時可高達4折，雖然仍算不上便宜，但是已經比較具親和力了。

　　Jim Thompson是泰國的泰絲代表品牌，但是價格也實在不便宜，不妨前往位於曼谷郊區的暢貨中心去看看，也許會有斬獲！這家位於班差站附近的Jim Thompson規模相當大，**占據一整幢大樓的5個樓層**，其中1~3樓則以陳列布料為主，包括絲質和棉質的布料；4樓應該是消費者最有興趣的部分，陳列著包包、鞋子、衣服、娃娃等；5樓則是寢具的天下，包括一整套的床單、床罩、枕頭套，以及抱枕、桌巾等。

MRT地鐵藍線
MRT Blue Line

Data
起訖站：塔帕站Tha Phra←→叻松站Lak Song
通車年份：2004.7.3
車站數：38站
營業時間：約05:30~00:24

曼谷的地鐵藍線先後完成「華藍蓬站─Lak Song站」和「邦蘇站─Tha Phra站」的延伸工程，於2020年3月正式形成一個環狀線。以往必須從華藍蓬站走路15~20分鐘才能抵達中國城最熱鬧的地帶，如今有了龍蓮寺站(Wat Mangkon)，出站即達中國城！而莎南蔡站(Sanam Chai)和山優站(Sam Yot)也讓前往大皇宮、蘇泰寺還有考山路的路程更輕鬆。

樂拋站・塔宏猶清站

距離塔宏猶清站約3~5分鐘路程就有3座購物商場倚天橋相連，包括泰國CPN集團旗下連鎖品牌Central Ladprao、隔鄰的The One Park，以及年輕衣飾為主的Union Mall；樂拋站附近沒有什麼知名的景點，但從這裡可以搭計程車前往的CDC和巧克力莊園。

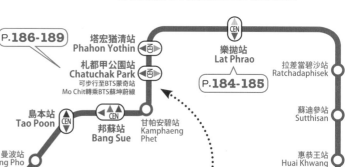

塔宏猶清站
Phahon Yothin

札都甲公園站
Chatuchak Park
可步行至BTS蒙奇站
Mo Chit轉乘BTS蘇坤蔚線

樂拋站
Lat Phrao

拉差當碧沙站
Ratchadaphisek

蘇迪參站
Sutthisan

惠恭王站
Huai Khwang

泰國文化中心站
Thailnd Culture Centre

帕藍9站
Phra Ram9

P.186-189

P.184-185

P.180-183

島本站
Tao Poon

邦蘇站
Bang Sue

甘帕安碧站
Kamphaeng Phet

曼波站
Bang Pho

莎南蔡站・山優站

因為莎南蔡站的設立，大皇宮、臥佛寺等重要景點變得近在咫尺；有了山優站，鬼門炒河粉、Jay Fai、KorPanich Sticky Rice等一些知名美食老店也不再那麼遙不可及。曼谷的舊城區真的愈來愈方便了。

曼奧站
Bang O

曼盼站
Bang Phlat

札都甲公園站・甘帕安碧站

Or Tor Kor Market
這是一個當地的室內傳統市場，不過是以蔬果為主，市場內還有一個熟食區、美食區，供應各式泰式小吃。

詩琳通站
Sirindohorn

札都甲週末市集
Jatujak Weekend Market
是東南亞最大的週末市場，也是曼谷最熱門的觀光購物區域，每個週末，都湧進大批採購人潮，連本地人都大包小買不完。

碧差汶里站
Phetchaburi
可在此轉搭機場快線
前往蘇汶那蓬機場

蘇坤蔚站
Sukhumvit
可步行至BTS 阿索克站 Asok
轉乘BTS蘇坤蔚線

P.178-179

曼益康站
Bang Yi Khan

曼坤暖站
Bang Khun Non

發彩站
Fai Chai

帕空市場Pak Khlong Talat
以花市最出名的花果市場，如果想認識泰國料理的食材原形，往Pak Khlong Talat碼頭方向走，這條巷子都是整籃的打拋葉、香蘭葉、泰國檸檬、九層塔、臭豆等當地農產蔬果。

乍倫13巷
Charan 13

班哇站
Bang Wa

曼瓦站
Bang Wa

碧甲盛48巷站
Phetchakasem 48

帕喜乍能站
Phasi Charoen

曼凱站
Bang Khae

叻松站
Lak Song

莎南蔡站
Sanam Chai

山優站
Sam Yot

龍蓮寺站
Wat Mangkon

華藍蓬站
Hua Lamphong

山燕站
Sam Yan

倫披尼站
Lumphini

克隆托伊站
Khlong Toei

曼帕站
Tha Phra

伊沙拉帕站
Itsaraphap

P.142-163

P.176-177

席隆站
Silom
可步行至BTS
莎拉當站 Sala Daeng
轉乘BTS席隆線

詩麗吉國際會議中心站
Queen Sirikit National Convention Centre

曼派站
Bang Phai

P.164-175

龍蓮寺站・華藍蓬站

來到龍蓮寺站和華藍蓬站主要是前往中國城，這個曼谷華人聚集的大本營，主要道路是耀華力路(Yaowarat Rd.)。

山燕站

此站毗鄰朱拉隆功大學，2019年開幕的Samyan Mitrtown為曼谷首家部分區域24小時營業的商場，還有一條約120公尺長的「太空隧道」連結山燕站與Samyan Mitrtown。

Neilson Hays Library
這座圖書館是由義大利建築師Mario Tamagno操刀設計，為一棟單層新古典主義建築。

金山塔寺The Golden Mount Temple (Wat Saket)
曼谷重要地標之一，還可以俯瞰曼谷市街。塔內有拉瑪五世王從印度請來的佛陀舍利子，原存在皇宮，後由九世王遷至塔裡供奉。

華藍蓬火車站
Hua Lamphong Train Station
華藍蓬火車站是曼谷最大的火車站，於1916年落成，由此搭火車可前往泰國各處。

龍蓮寺
Wat Mangkorn Kamalawat
龍蓮寺建於1871年，當時在位的拉瑪五世王認為應該讓中國城的華人擁有自己的信仰中心。

MRT 地鐵藍線

曼谷當代藝術館 MOCA Bangkok

來到當代藝術館Museum of Contemporary Art (MOCA Bangkok)，讓人驚豔於曼谷的創作能量。

Crystal Design Center (CDC)

如果你喜歡時尚設計家具，一定要來這裡一趟！每逢週末廣場更有創意市集擺攤，集結小吃和服飾等商品讓人慢慢挖寶。

©Crystal Design Center

碧差汶里站‧帕藍9站‧泰國文化中心站‧惠恭王站

地鐵惠恭王站、泰國文化中心所處這一區在舊機場搬遷後，不似過去繁華，但如深夜開幕的象神夜市仍然持續人潮，且疫情後興起的Jodd Fairs夜市是時下最受歡迎的夜市之一。

The One Ratchada 新拉差達火車夜市

曼谷最早的夜市，多半是從火車站旁老舊的倉庫與廣場空地開始的，人們把家裡的舊貨拿到這裡以物易物，逐漸集結成市。

Jodd Fairs夜市

Jodd Fairs夜市規模說大不大、說小也不小，一共約700個攤位，大致分為美食和購物兩大類，也有一些理髮和美甲的攤位。

泰國文化中心站夜店區

鄰近的兩條巷弄近年成了夜店發展的最愛，尤其是Soi 4，除了幾間大中小型的酒吧外，還有兩家餐廳、集結一隅的路邊攤等。

24小時象神廟

在地鐵惠恭王站旁的這座象神，全天候24小時開放，有很多在地人在傍晚之後，帶著香燭鮮花來求財、求名。

倫披尼站

在倫披尼站有新購物商場開幕前，沿著South Sathorn Rd.(Sathorn Tai Rd.)直走，除了外國駐泰大使館，還有好幾家五星級飯店、公寓式飯店以及經常得獎的泰式餐廳。若橫越South Sathorn Rd.，也可以從Soi Sala Daeng和Convent Rd.前往席隆區(Silom)。

倫披尼公園 Lumphini Park

倫披尼公園對當地人而言，是休閒好去處，但對遊客最具吸引力的，則是據說人工湖裡有上千隻大蜥蜴逍遙自在，不時會上岸曬曬太陽。

達人帶你玩MRT地鐵藍線

1 沙潘礁站
臥佛寺（見P.146）
建議參觀時間：60～90分
臥佛寺(Wat Pho，或稱Wat Chetuphon)又稱菩提寺、涅槃寺，是全曼谷最古老的廟，也是全泰國最大的廟宇。寺中後方就有一間傳統醫藥學院及一間按摩房，想試試傳統按摩也可以在此享受專業服務。

2 山優站
翁昂河岸步行街（見P.155）
建議參觀時間：60～120分
2020年規劃為步行街，運河兩岸的老房子如今布滿餐廳、甜品店、商鋪，成為遊客新的熱門去處。

3 華藍蓬站
金佛寺（見P.168）
建議參觀時間：60分
金佛寺舊建築是由3位華人出資建造，原名San-Jin，在泰文裡便是「三位華人」之意，之所以別稱金佛寺，是因為大殿供奉了大城時代打造的純金佛像。

4 龍蓮寺站
路邊海鮮攤（見P.173）
建議參觀時間：60~120分
在中國城耀華力路的11巷巷口，就有海鮮攤專賣各種辛香料搭配蝦蟹料理，總讓嗜吃海鮮者食指大動，因為是未經煮熟的海鮮，若腸胃不強者勿試。此外，附近的中國城也是採買乾貨、零食的最佳區域。

5 帕藍9站
Central Rama 9（見P.182）
建議參觀時間：60~120分
就在地鐵帕藍9站的旁邊，是曼谷第一個被准許與地鐵站直通的私人產業。無印良品並在這裡開設泰國首家概念店。

©CentralPlaza Grand Rama

6 惠恭王站
24小時象神廟
建議參觀時間：30分
全天候24小時開放，有很多在地人在傍晚之後，帶著香燭鮮花來求財、求名，要記得跟象神旁的小老鼠說願望，供奉甜食、摸摸牠請牠先替你轉達心願。

7 甘帕安碧站
札都甲週末市集（見P.187）
建議參觀時間：90~180分
札都甲是著名的週末市集，不過其實這裡在週五半夜也有營業，如果半夜捨不得休息，或想見識不同於平時的札都甲市集，就可以來這裡逛逛。

莎南蔡站・山優站

龍蓮寺站・華藍蓬站

山燕站

倫披尼站

泰國文化中心站・帕藍9站・惠恭王站

塔宏猶清站

札帕都甲公園站

莎南蔡站・山優站
Sanam Chai・Sam Yot

① 安樂園On Lok Yun

> 90年老字號早餐店，主打泰式風格的美式早午餐。

🚇山優站3號出口步行3~5分鐘 📍72 Charoen Krung Rd.
📞0858090835 ⏰6:00~14:30 🌐www.facebook.com/onlokyun

安樂園由泰國華人創立於1933年，店內販售的是泰式風格的美式早午餐，週末時兩層樓的空間坐滿客人。早午餐選項非常簡單易懂：**1或2顆煎蛋或炒蛋，加上培根、火腿、香腸或廣式臘腸，想吃豐盛一點就全部都加，價位不超過100B**。吐司系列從最基本的奶油加糖、奶油煉乳、奶油果醬到咖椰醬都有。

達人力推

> 店內外的裝潢擺設簡單、部分略顯陳舊，正正凸顯了老字號的懷舊感。

> 餐點主要有早午餐和土司系列，價格都很平價。

② 曼谷皇家劇院
Sala Chalermkrung

🚇山優站3號出口步行3~5分鐘，或6號碼頭(N6)Memorial Bridge步行約10分鐘
📍66 Charoen Krung Rd 📞022258757
⏰9:00~18:00，箜劇週一至週五13:00、14:30、16:00 💰門票400B起 🌐www.salachalermkrung.com ❶大皇宮500B聯票包含一場箜劇表演

　　曼谷皇家劇院於1933年7月2日開幕，以建築師Chalerm之名命名，是當時泰國第一座有空調的電影院。現在劇院裡唯一常態演出的「箜劇」(Khon)是泰國傳統面具舞，過去只在皇家演出，直到1910~1925年間，才流傳到民間。2006年為慶祝時任泰國國王蒲美逢登基60週年，劇院和泰國國家資產局(Crown Property Bureau)合作推出紀念劇，此後就成為劇院的定目劇。**將近2小時演出的故事內容以《羅摩衍那》(Ramayana)神話故事為本，藉以傳達人民對國王的尊重。**

Make Me Mango Tha Tian
Saranrom Park
Charoen Krung Rd.
(N8) Tha Tien Pier
Thai Wang Rd.
東京安南 Tonkin Annam
傳統醫藥學院
臥佛寺Wat Pho
Chetuphon Rd.
曼谷皇家劇院 ② ① 安樂園 On Lok Yun
Sala Chalermkrung
山優站 Sam Yot ③ ② ①
老暹羅購物中心 The Old Siam
The Deck
Arun Residence ②
FARM to TABLE, Hideout
帕胡瑞商圈／小印度區 Phahurat Market
Pier
Eagle Nest Bar
遭遇博物館 Museum Siam ④
莎南蔡站 Sanam Chai ③
④
Floral Café at Napasorn
鄭王廟 Wat Arun
臥佛寺按摩學校
容若市Rongros
Chakkraphet Rd.
Supanniga Eating Room
(N7)Rajinee Pier
Ong /
步行/
Wat Kanlayanamit Pier
帕空市場Pak Khlong Talat ③
Pak Khlong Talat Pier
三寶宮 Wat Kanlayanamit ⑤
(N6) Memorial Bridge Pier
Blue Whale Cafe
Memorial Bridge
Phra Pokklao Bridge

③ 帕空市場 Pak Khlong Talat

以花市最出名的花果市場,熱帶花草水果大集合!

達人力推

🚇莎南蔡站3號出口步行約5分鐘,或6號碼頭(N6)Memorial Bridge、7號碼頭(N7)Rajinee步行約3分鐘 🕐24小時 (5:00~中午最熱鬧,下午攤商較少)

　　帕空市場位於昭披耶河邊,從Atsadang Rd.以東、Chakkraphet Rd.、Memorial Bridge以西,都屬於這個市場的範圍。和曼谷市一般傳統市場略有不同,**這裡以花果批發為主,其中又以花市聞名**,每天清晨5點前進貨,中午之前交易最活絡。各式花卉提供佛寺參拜、餐廳、飯店或婚喪喜慶不同活動場合使用,有盆花、花束,也可以散買單把回家當裝飾。至於泰國最出名的水果,榴槤、紅毛丹、山竹、鳳梨、波羅蜜等,隨季節出現在攤商推車上,價格相當便宜。

熱帶花草水果都在這裡大集合!

　　如果想認識泰國料理的食材原形,往Pak Khlong Talat碼頭方向走,這條巷子都是整簍的打拋葉、香蘭葉、泰國檸檬、九層塔、臭豆等當地農產蔬果。

④ 暹羅博物館

多媒體展覽寓教於樂,讓旅客更深入了解泰國文化。

🚇莎南蔡站1號出口步行約3分鐘 📍4 Sanam Chai Rd., PhraNakhon(有兩個進出口,分別在Maharat Rd.和Sanam Chai Rd.) ☎022252777 🕐週二至週日10:00~18:00 🚫週一、潑水節、除夕 💰門票外國人100B 🌐www.museumsiam.org

達人力推

　　暹羅博物館占地2.8公頃,主要展館是一幢建於拉瑪六世的新古典主義樣式的建物,隸屬於政府學術發展研究單位。館方以多媒體和各項互動視聽設備呈現泰國的過去、現在、未來,換個角度讓生硬的文化歷史展覽更有趣,寓教於樂,不僅讓當地年輕學子更深入探索本國文化,也提供旅客另一種角度認識泰國。

泰國的博物館不僅將設計創意展現在商品上,同時也在文化傳播上努力耕耘,暹羅博物館就是很好的例證。

⑤ 三寶宮
Wat Kanlayanamit

🚢從7號碼頭(N7)Rajinee搭船到對岸Wat Kanlayanamit碼頭後步行約1分鐘,或從Itsaraphap站1號出口步行約16~20分鐘 💰門票免費 🕐7:00~17:00

　　三寶宮的建築處處可見中國傳統寺廟的樣貌,還供奉著土地神,其實中文廟名是華人給它的暱稱,廟宇也並非華人所建。三寶宮是拉瑪三世王的丞相To Kanlayanamit捐出自家土地,於1825年建廟送給國王,國王為表感謝,便賜丞相的家姓當作廟名,以紀念彼此真誠的友誼,因此**泰國人也相信可以到廟裡求人緣、遠小人**。之所以採中式廟宇建築是因為拉瑪三世鍾情中國文化,且當時和中國往來貿易頻繁,**寺廟的大堂和佛像是由三世王規畫,所以呈現濃厚的中國風**。

佛堂大佛

　　佛堂大佛高15.45公尺、寬11.75公尺,線條圓潤、美麗,是**曼谷最大的坐佛**。佛像呈半盤坐,一隻手輕放在膝蓋上,另一隻手心向上端放在腿上,據傳是釋迦牟尼佛在悟道最後階段阻擋妖魔的姿勢。

在泰國又稱這種佛像為「成功佛」。

莎南蔡站・山倬站・龍蓮寺站・華藍蓬站・山燕站・倫披尼站・泰國文化中心站・碧差汶里站・帕藍9號站・惠恭王站・樂拋猶清站・塔宏猶清站・札帕都甲公園站・甘帕安碧站

莎南蔡站‧山優站

龍蓮寺站‧華藍蓬站

山燕站

倫披尼站

碧差汶里站‧泰國文化中心站‧帕藍9站‧惠恭王站

塔宏猶清站‧樂拋站

札都甲公園站‧甘帕安碧站

莎南蔡站‧山優站
Sanam Chai‧Sam Yot

① Supanniga Eating Room, Tha Tien

🚇莎南蔡站1號出口步行約7分鐘 　📍392/25-26 Maharaj Rd. 　📞0922539251 　🕐週一至週五 11:00~22:00、週六週日節假日10:00~22:00 　www.facebook.com/SupannigaEatingRoom

位在昭披耶河河畔，並於2018至2022年連續獲得米其林指南曼谷版推薦的 Supanniga Eating Room擁有著絕佳的地理位置，餐廳二樓的露天用餐區，風景更是令人驚艷，**建議在下午4點左右到訪，可以近距離觀賞鄭王廟和夕陽日落的美景。** 招牌甜點Supanniga Coconut Rice Cake，以椰奶和米漿蒸製的小巧粿糕，放上青蔥、玉米、芋頭，以及金箔等點綴，不但看起來精緻，吃起來也十分可口。

② 東京安南Tonkin-Annam

🚇莎南蔡站1號出口，步行8~10分鐘 　📍69 Tha Tien, Maharat BoromaMaharajawang, Phra Nakhon 　📞934692969 　🕐11:00~21:00 　可 　www.facebook.com/tonkinannam/

距離臥佛寺不遠處的巷子裡，餐廳門口寫著中文「東京安南」，不過別誤會，**安南是越南的古名，所以東京不是指日本的東京，而是越南的「東京」——河內。** 這家外觀時尚帶點文青風的越南餐廳，內部陳設同樣簡約、低調。餐飲以越南烹調為基礎，加上現代人追求原味、健康、有趣的原則，呈現出改良式的越南佳餚，從2018~2021年起連續獲得米其林必比登的推薦。

③ Make Me Mango

🚇莎南蔡站1號出口步行約8分鐘 　📍67 Tha Suphan Alley, Phra Borom Maha Ratchawang, Phra Nakhon, Bangkok 　📞026220899 　🕐週一至週五 10:30~20:00、週六至週日10:30~20:30 　www.facebook.com/makememango

> 芒果的繽紛饗宴，讓你吃芒果吃到不要不要！
> 達人力推

專賣芒果的Mango Cafe，白色和黃色調的裝潢帶來一股清新感，看著牆上的甜品插畫，感覺炎熱的溫度都散去不少。店內招牌是「**Make Me Mango**」同名甜品，**集合了新鮮芒果、糯米飯、綠豆仁、椰奶、芒果冰淇淋、芒果奶酪及泰式布丁的豐盛組合；** 除此之外還有Mango Bingsu(芒果綿綿冰)、Mango Smoothie(芒果冰沙)等，同樣既消暑又受歡迎。

> Make Me Mango的同名芒果甜品，光看擺盤就覺得很豐盛，感覺在泰國吃芒果可搭配的元素都在這裡了！

©Make Me Mango

④ 鄭王廟Wat Arun

🚤搭乘橘旗船或藍旗船到Wat Arun碼頭，步行約1分鐘，或從Itsaraphap站1號出口步行約13分鐘 📍158 Thanon Wang Doem, Wat Arun, Khet Bangkok Yai ⏰8:00~18:00 💲門票200B 🌐www.facebook.com/watarunofficial

> 美麗的建築剪影成為泰國觀光局官方標示。

> 達人力推

坐落昭披耶河西岸的鄭王廟又稱為破曉寺或黎明寺，**夕陽時分的建築剪影一直是曼谷風景明信片的常見地標之一**。鄭王廟正確的建寺年代無從考究，傳說當時鄭王為大城王朝驅逐緬甸軍後，帶領部隊順水而下，黎明時分經過寺廟，便停船上岸禮佛。鄭王建立吞武里王朝之後，下令重修佛寺，並根據當年情景將寺名改為黎明寺，原本預備在南岸建造王宮，將黎明寺做為王室家廟，1778年還曾移請玉佛到黎明寺供奉。

只是吞武里王朝短短55年便結束，拉瑪一世決定在昭披耶河東岸建立新都，黎明寺不再屬於皇宮範圍內的佛寺。拉瑪二世有意修建，興建新的大雄寶殿、佛殿和講經樓等，但還沒動工，拉瑪二世便駕崩了，最後興建工程在1847年，拉瑪三世時完工。

> 大乘塔四周建有小高棉佛塔及方型塔。

> 塔上鋪貼許多彩色碎陶瓷，在陽光下炫麗奪目。

> Eagle Nest的另一側則鄰近臥佛寺，可看見佛塔尖頂。

⑤ Eagle Nest Bar

🚤莎南蔡站步行約8分鐘 📍47-49 Soi Phen Pi Marn,Tha Tien, Phrabarommaharajchawang ☎026222932 ⏰週一至週五16:00~23:00、週六至週日16:00~0:00 🌐www.salaarun.com

位在昭披耶河畔的露天酒吧Eagle Nest，**雖然僅有5樓高度，卻正對著鄭王廟和絕美的昭披耶河夜景，沒有高樓建築的阻擾視線，有著相當遼闊的視野**，從日落時分直到夜晚的瞬息萬變，更能看見不一樣的曼谷河岸情調。酒吧內除了鄭王廟夜景之外，酒吧另一側也能看到臥佛寺的佛寺尖頂，圍繞在歷史古蹟和河岸之間，帶來了截然不同的曼谷視角。

⑥ Arun Residence

🚤莎南蔡站1號出口，步行8~10分鐘 📍34 Pratu Nokyung Alley, Phra Borom Maha Ratchawang, Phra Nakhon ☎022219158 💳可 🌐www.arunresidence.com

正對著鄭王廟、看著往來昭披耶河的船隻，**Arun Residence賣住宿、賣景也提供老城區的懷舊氣氛**，輕鬆步行就可一網打盡曼谷重要的景點。像是巷口對街就是臥佛寺，路邊也有不少小吃和商家；願意走遠一點，也可以散步到大皇宮，或是往反方向去暹羅博物館看看不同的曼谷印象。累了，臥佛寺有純正泰式按摩，回到飯店，有景有美食，享受老城區的小旅行，輕鬆愜意。

145

莎南蔡站·山優站

龍蓮寺站·華藍蓬站

山燕站

倫披尼站

泰國文化中心站·帕藍9站·惠恭王站·碧差汶里站

樂拋站·塔宏猶清站

札帕安甲公園站·甘帕安碧站

莎南蔡站·山優站
Sanam Chai · Sam Yot

曼谷最古老的廟，臥佛殿中供奉長46公尺的金臥佛。

達人力推

① 臥佛寺Wat Pho

🚇 莎南蔡站2號出口步行約5分鐘　🏠 2 Sanamchai Rd., Pranakorn　☎ 0830577100　🕐 8:00~18:00　💲 門票300B　🌐 www.watpho.com

　　臥佛寺(Wat Pho，或稱Wat Chetuphon)又稱菩提寺、涅盤寺，是**全曼谷最古老的廟，也是全泰國最大的廟宇**。這座從大城王朝(或稱艾尤塔雅王朝)時代留下的古寺很受卻克里王朝皇帝的喜愛，從拉瑪一世到四世都曾重修，加蓋了3座塔及臥佛殿，持續到現在。特別提醒，來這裡參觀時要注意衣著，需整齊、不要太暴露，著長褲、裙為佳。

關於顏色

泰國國旗的紅、白、藍，分別表示人民土地、佛教信仰和皇室。最早的泰國國旗只是一塊紅布條，拉瑪五世即位時，在紅旗中央加了一頭泰國傳說裡天神的坐騎——白象。直到拉瑪六世，在巡視鄉間時發現有村民誤將國旗掛反，為避免具象的圖騰誤植而帶來不好的觀感，便將國旗改為三色並沿用至今。從這樣的演進來看，加上生日代表色，對照之前泰國政爭抗議所使用的顏色標籤，黃色保皇、紅色為人民發聲等，其延伸的背後意義就更容易理解了。

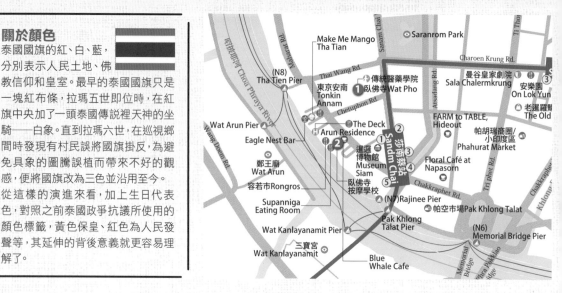

臥佛

　　一進寺廟最先看到的就是臥佛殿，門拱及窗繪以花瓶及花束裝飾，裡面供奉著一尊臥佛，脫鞋進入便可看到**長46公尺，高15公尺，外面敷滿金箔的臥佛**，5公尺長的腳掌上面以貝殼鑲嵌成108幅吉祥圖案，每位造訪的遊客，都會獻金在臥佛前銅鉢中。佛殿四面牆壁上皆有壁畫，每50年會邀請畫師自願入寺進行修復工作。

金碧輝煌的臥佛像，令人嘆為觀止！

壓艙石

　　寺中有許多壓艙石，都是19世紀時中國商人載貨到中國貿易，回程時因為貨品較少，所以便載了一些雕刻為**中國的門神、戴著高帽子的外國人、動物、細緻的七寶塔**等壓艙石回來，獻給拉瑪三世，拉瑪三世將它們放在佛寺中。

這些壓艙石造型特殊，是來自中國商人的獻禮。

傳統醫藥學院

📍2 Sanamchai Rd., Pranakorn(臥佛寺內) 📞022212974
🕐8:00~18:00 💲傳統泰式按摩、足部按摩30分鐘320B，1小時480B 🌐www.watpomassage.com

　　臥佛寺至今仍是**研究草藥及健康按摩的中心**，寺中後方就有一間傳統醫藥學院及一間按摩房，想試試傳統按摩也可以在此享受專業服務。

可以在臥佛寺體驗最正宗的傳統按摩服務！

❷ 臥佛寺按摩學校
Chetawan Traditional Massage School

🚇莎南蔡站1號出口步行約5分鐘 📍392/33-34 Maharat Rd. 📞026223551
🕐9:00~16:00 💲General Massage 13,500B(含教材、文具，上課時數5天共30小時) 💳可 🌐www.watpomassage.com

被認為最正統的教學體系，推薦給想學泰式按摩的旅人。

達人力推

　　泰式按摩其實在各地的手法各異，一般被認為由臥佛寺教授的系統比較正統，由於學習按摩的需求增加，**目前臥佛寺的按摩教室設在寺廟之外，最靠近寺廟的校區就位在8號碼頭附近**，基本課程為傳統泰式按摩，為期5天，每天開課，一位師傅平均帶4位學生，皆以簡單的英語教學。最後一天由學校老師驗收，通過者即可獲得一張證書。此外，按摩學校另售自製藥油，強調採用天然素材製作，有舒緩酸痛之效。

山優站‧莎南蔡站‧

華藍蓬寺站‧龍蓮寺站

山燕站

倫披尼站

惠恭王站‧泰國文化中心站‧帕藍9站‧碧差汶里站

塔宏猶清站‧樂拋站

甘帕安碧站‧札都甲公園站

莎南蔡站‧山優站
Sanam Chai · Sam Yot

① 大皇宮The Grand Palace

🚇莎南蔡站1號出口步行約15分鐘，或從9號碼頭(N9) Tha Chang步行約5~7分鐘 ☎026235500 🕐8:30~15:30 💲門票聯票500B(含大皇宮、維曼默宮、錢幣博物館)
www.royalgrandpalace.th/en/home

　　大皇宮面積有218,400平方公尺，由拉瑪一世親手擘畫，興建於西元1783年。原本鄭王以河的另一岸作為皇宮根據地，拉瑪一世將國都遷到東岸，並將原來的中國人聚集區搬移到皇宮範圍之外。**現任的泰皇已不住在皇宮裡，內部有部分區域開放民眾參觀，其中的玉佛寺就是皇室舉行宗教儀式的地方。**入內需注意服裝儀容，不得穿短於腳踝以上的短裙、短褲、無袖上衣和拖鞋。

在陽光下閃耀金碧輝煌的大皇宮完全仿照艾尤塔雅的皇宮建築，包括濱河位置和內部格局。

玉佛寺Wat Phra Kaew

玉佛寺位於大皇宮內,是進入大皇宮後最早開始參觀的地方。玉佛寺由拉瑪一世在興建大皇宮時一併建造,並於1784年3月27日迎請玉佛到寺中供奉。**不僅是皇室舉行宗教儀式的地方,亦為曼谷最重要的寺廟。**目前玉佛供奉在寺中的大雄寶殿內,每年換季時分,國王都會親自來替玉佛更衣。

參觀玉佛寺

大雄寶殿Chapel of The Emerald Buddha

玉佛供奉於大雄寶殿內,佛前的兩尊佛像則分別代表一世皇與二世皇,殿內四面均繪有壁畫,前後為拉瑪一世時完成,左右兩面則是三世、四世時的作品,門、窗都是方形尖頂狀,框上貼滿金箔與彩色玻璃,門板及窗板鑲有貝殼,工法相當精緻。

樂達納舍利塔
Phra Sri Rattana Chedi

位於大台基的最西邊、藏經閣旁,這座圓形金塔於拉瑪四世的時代建造,內部有一座供奉佛陀舍利子的小塔。

藏經閣PhraMondop

藏經閣位於大台基的中間、碧隆天神殿旁,擁有方形尖頂,屋簷呈特殊的鋸齒狀,4個門口都有夜叉駐守。藏經閣前有一些小亭子陳列著代表每一世泰皇的白象及國徽。在藏經樓北邊的吳哥窟模型小巧逼真,是拉瑪四世時下令依照柬埔寨的吳哥窟而建,對照幾年前兩國曾為了爭奪吳哥王朝遺址和邊界的世界遺產事件,相當令人玩味。

碧隆天神殿PrasartPhraDebidorn

在大雄寶殿北邊的大台基上有許多金碧輝煌的建築,首先,最東邊的就是碧隆天神殿,呈十字形,殿頂有一個高棉塔,神殿四周圍繞以12角柱,柱頭皆以蓮花裝飾,算是皇室宗廟,僅於每年4月6日開放。碧隆天神殿前方的兩個角落各有一座金塔,是拉瑪一世為了紀念父母所建。

迴廊壁畫

圍繞整個玉佛寺的迴廊上共有178幅圖畫與韻文,講述《羅摩衍那》(Ramayana)神話故事,這幅環廊壁畫在拉瑪一世時繪成,後經兩朝國王及藝術部門整修,完整保存傳奇故事及泰式描繪風格。

山優站 ‧ 莎南蔡站
華藍蓬寺站 ‧ 龍蓮寺站
山燕站
倫披尼站
碧差汶里站 ‧ 泰國文化中心站 ‧ 帕藍9站 ‧ 惠恭王站
塔宏猶清站 ‧ 樂拋站
札都甲公園站 ‧ 甘帕安碧站

莎南蔡站‧山優站
Sanam Chai‧Sam Yot

❶ 瑪哈泰寺 Wat Mahathat

🚇莎南蔡站1號出口步行約25分鐘,或從9號碼頭(N9) Tha Chang步行約10分鐘、Maharaj碼頭皆步行約6分鐘　🏠位於Na Phra That Rd.和Phra Chan Rd.交叉口　📞022226011　🕐8:00~18:30　💰入場50B　🌐www.watmahathat.com/vipassana-meditation　📌靜坐課程需事前打電話確認

　瑪哈泰寺建於大城王朝時代,在吞五里王朝時一度成為皇家專屬的廟宇,寺廟擁有曼谷最大的大雄寶殿,可同時容納1,000多位和尚。經過歷任國王更名、改建、更改建物使用等,目前是全泰國相當具權威的佛學研究單位,內設Maha Chulalongkorn Ratchawitthayalai佛教大學,寺廟後方的黃色建築便是僧侶學校、行政機關和僧侶居住的地方,該建築已納入國家保護文物之列。此外,廟方有靜坐中心,**提供Vipassana Meditation相關課程並開放外國人參加。**

❷ 席帕空大學藝廊
Art Center Silpakorn University

🚇莎南蔡站1號出口步行15~20分鐘,或9號碼頭(N9) Tha Chang步行約10分鐘、Maharaj碼頭步行約2~3分鐘　🏠31 Na PraLarn Rd., PhraNakorn　📞022213841　🕐週一至週六9:00~18:00　🏖週日、國定假日　🌐www.art-centre.su.ac.th

　席帕空大學是曼谷知名的藝術學校,在ThaPhra校區裡設有一間自由參觀的藝廊,不定期展出國內外藝術家的作品,或是學生作品發表,展覽內容多半以現代藝術為主。看完展覽後,可以沿著建物往後走,穿過一幢優雅的歐風建物就是一個小小的雕塑公園,有不少學生或附近住民坐在水泥台或雕塑旁休息、聊天,學生上課的系所和紀念品暨咖啡店也在藝廊後方。

③ 瑪哈拉碼頭 Tha Maharaj

🚇莎南蔡站1號出口步行約20分鐘，或從9號碼頭(N9) Tha Chang步行約10分鐘、Maharaj碼頭下船即達　📍1/11 Trok Mahathat, Maharaj Road
☎020241393　🕙10:00~21:00(各店不一)　🌐en.thamaharaj.com

達人力推

2015年3月正式開幕的瑪哈拉碼頭，共由7棟建築組成一處開放式的生活風格景點，區內進駐的店家以餐廳最多，**包括Savoey、After You、Bonchon、等人氣餐廳及甜點店**，也有星巴克和Favour Café等咖啡店。另外，週末這裡會常舉辦露天小型市集，逛起來更熱鬧！

由於瑪哈拉碼頭鄰近大皇宮、臥佛寺等重要景點，遊客從大皇宮步行幾分鐘即可抵達，**也可以搭乘藍旗船直達此處，輕鬆串連起河畔一日行程。**

河畔新興生活風格據點，週末還有小市集！

逛完大皇宮、臥佛寺後可以來此用餐、吃甜點，是個消磨時光的休閒好去處。

從裝潢到餐點處處可見店主的巧思及溫度。

Favour Café
☎0909096751　🕙9:00~19:00
www.facebook.com/favourcafe

小店外擺放大量植栽，Favour Café就像是綠洲一樣，吸引著來往的人們，讓人想趕緊逃離炎熱的氣候，躲進去感受屬於曼谷的悠閒。

店內供應咖啡、水果冰沙，餐點部分有沙拉、早午餐可選擇，還有一區販售服裝商品，是一間**結合咖啡和時尚的複合式小店**。店主很自豪的表示，店內裝潢擺設都是他們自己設計的。紅磚牆、木地板、乾燥花、隨處擺放的玩偶公仔，還有造型特殊的椅子，在在顯得溫馨且別具巧思。

Ros'niyom
☎020241329　🕙10:00~21:00　🍴可
rosniyom.com

主打泰國街頭小吃及麵食料理，Ros'niyom是iberry集團旗下另一連鎖餐廳，店名在泰文有「被廣泛接受的口味」之意。餐廳設計充滿傳統街頭氛圍，有麵攤、椅凳，牆上的櫃子裡還擺放了傳統三層便當盒、竹簍及茶壺。

店內提供包括泰式炒麵(Pad Thai)、泰北咖哩麵(Khao Soi)、醃豆腐麵(Yen Ta Fo)等料理，而飯類則以脆豬肉飯和咖哩雞肉飯最受歡迎，飯後則可以來點仙草牛奶、椰奶等泰式甜點。既然主打街頭小吃，桌上也少不了「調味四天王」——糖、魚露、辣椒粉及辣椒水。

除了在瑪哈拉碼頭之外，Ros'niyom在Siam Paragon、Silom Complex等百貨公司也有分店。

Savoey端出的道地泰國菜餚在食客間有著好口碑。

Savoey
☎0863418472　🕙10:00~22:00　🍴可
www.savoey.co.th

Savoey最早開業於1972年，至今已有40餘年的歷史。店家使用最新鮮的食材、最傳統的烹調方式，**有許多招牌海鮮料理**，像是咖哩螃蟹(Stir-fried Curry Crab)、青檸蒸魷魚(Steamed squid in spicy lime sauce)、炸蝦餅(Deep-fried shrimp cake)、酸辣蝦湯(Sea prawn Tom Yum Soup)等，另外像鳳梨烘飯、炸雞也很推薦。如果想點些飲料消暑，也有像斑蘭葉冰沙這樣深具東南亞特色的飲料。店內裝潢雅致，室外的座位區可以欣賞河畔景色。

莎南蔡站・山優站
Sanam Chai・Sam Yot

莎南蔡站・山優站

龍蓮寺站・華藍蓬站

山燕站

倫披尼站

泰國文化中心站・帕藍9站・惠恭王站

樂拋站・塔宏貓清站

札帕安碧公園站・甘帕安碧站

① 國立博物館 National Museum

> 展示泰國傳統文物及現代藝術的國家級博物館。

🚶莎南蔡站1號出口步行約26~28分鐘,或從9號碼頭(N9) Tha Chang步行約12~15分鐘、瑪哈拉碼頭步行約10分鐘 📍4 Na Phra That Rd. ☎022241370 🕐08:30~16:00 ㊡週一、週二、國定假日 💲門票200B
🌐www.facebook.com/nationalmuseumbangkok/

達人力推

曼谷國立博物館是**東南亞地區規模最大的國家級博物館**,建於1874年,最初僅展示拉瑪四世的文物與皇室收藏,隨後將博物館轉移至公主宮殿前,更名為Wang Na,到了1926年才成為今日的國立博物館,**除了泰國傳統文物,1993年之後開始收藏現代藝術。**

如今館藏主要可分成3個主要的展示區,入口最前端依泰國王朝年代展示泰國歷史藝術;正中央就是一棟貨真價實的寺院,而在舊皇宮內,展出包括文學、音樂、織品、陶瓷、木雕等骨董珍品以及皇族的回憶館。

② 海軍夫人協會商鋪
Navy Wives Association Shop

> 設計風格明確的家常小物,簡單卻有亮眼之作。

🚶莎南蔡站1號出口步行約16~18分鐘,或從9號碼頭(N9) Tha Chang步行1~2分鐘 📍77 Maharat Rd. ☎021062939 🕐週一至週五09:00~17:00、週六至週日08:00~17:00 ㊡不可

達人力推

如店名所直接明示,這是一家由泰國海軍的夫人們所發起經營的商店,**一邊是小型的咖啡廳,另一側是紀念品店,陳列著許多以「海軍」為主題的商品**,像是海軍藍條紋或船錨圖案的錢包、提包、抱枕、碗盤、T恤、時鐘,或是海軍造型的娃娃、泰迪熊等,商品雖然不算多,但仍持續推陳出新,常常可找到獨特的創意之作,而且價格很親民。

> 路過時不妨進來吹吹冷氣,也許會有意外收穫。

③ 曼谷城市柱
The City Pillar Shrine

🚶莎南蔡站1號出口步行約15分鐘,或從9號碼頭(N9) Tha Chang步行約8分鐘 📍位於Lak Mueang Rd.和Sanam Chai Rd.交叉口 🕐6:30~18:30 💲門票免費

1782年4月21日拉瑪一世在此定下曼谷城市柱,代表城市的地基,柱子地上高度274.32公分、地下埋進200公分,柱身以波羅密樹製成,在泰文裡波羅密樹的名稱有著可依靠的意思,傳統泰國人蓋新房子時,都會在家附近種下波羅密樹,表示房子可以長住久安。**拉瑪四世在位時,曾更換過曼谷城市柱,並以大城王朝建築為藍本,打造一座廟來安置,也就是現今所見的白牆金頂寺廟。**

城市柱呈蓮花向上生長的樣子,在頂端蓮花裡放有曼谷建城的日期和時間,雖然看來有點陽具崇拜的意味,但從雄性等於保護者的聯想來看也相當合理。至於城市柱的地點,則是由堪輿師依皇宮方位取決位置。

(N11)
Thonburi Railway Pier
查納頌勘寺
Wat Chanasongkhram

國立博物館
National Museum ①

Phra Chan
Pier

法政大學
Thammasat University

(N10)
Wang Lang Pier

Phra Chan
碼頭市集 ④

Wang Lang
市集

阿姆列市集
Amulet Market ②

Maharaj Pier

瑪哈泰寺
Wat Mahathat

皇家田公園
Sanam Luang

鐘寺市集

Wat Rakhang
Pier

席帕空大學藝廊
Art Center Silpakorn
University

曼谷城市柱 ③
The City
Pillar Shrine
Lak Mueang Rd.

(N9)
Tha Chang Pier

泰國皇家海軍俱樂部 ②

玉佛寺
Wat Phra Kaew

Kor Panich芒果糯

鐘寺
Wat Rakang

海軍夫人協會商鋪
Navy Wives
Association Shop

紅樓
Damnakdam

大皇宮
The Grand Palace

瑪哈拉碼頭
Tha Maharaj
After You
Favour Café
Savoey
Ros'niyom

Saranrom Park

Make Me Mango
Tha Tian

Charoe

Wat Arun Pier

(N8)
Tha Tien Pier

Thai Wang Rd.

曼谷
Sala Chale

Eagle Nest Bar

東京安南
Tonkin
Annam

傳統醫藥學院
臥佛寺Wat Pho

Chetuphon Rd.

FARM to TABI
Hideout

鄭王廟
Wat Arun

The Deck
Arun Residence

Phahu

容若市Rongros

遊邏
博物館
Museum
Siam

莎南蔡站
Sandm Chai

Floral Café at
Napasorn

Supanniga
Eating Room

臥佛寺
按摩學校

(N7)Rajinee Pier

帕空市場Pak

Chakkraphet Rd.

Wat Kanlayanamit Pier

Pak Khlong
Talat Pier

④ 阿姆列市集
Amulet Market

🚇莎南蔡站1號出口步行約20分鐘，或從9號碼頭(N9) Tha Chang步行約10分鐘、Maharaj碼頭步行約5分鐘 📍Maharat Rd.、Phra Chan Rd ⊙ 09:00~16:00 🚫週日

大約是從Maharat Rd.慢慢走到Phra Chan Rd.，沿街都是樓高兩層的排屋、路樹成蔭，**騎樓下有許多小販，兜售各種佛教用品**；另外就是各種藥粉、藥膏、按摩用的器具或是藥草包，價格很便宜。另一個吸引人的就是路邊小吃，因為近中國城，熟悉的鍋巴米香、包子等反而是攤上常見的誘人美食。

莎南蔡站．山慄站

龍蓮寺站．華藍蓬站

山燕站

倫披尼站

碧差汶里站．帕藍9站．惠恭王站

樂拋站．搭宏猷站

札都甲公園站．甘帕安碧站

⑤ 鐘寺Wat Rakang

🚇搭船到10號碼頭(N10)Prannok再步行約6分鐘 ⊙8:00~17:00

Rakang在泰文意指「鐘」，鐘寺原名為Wat Banwatyai，建於拉瑪一世，之後改名為「鐘寺」。**在大雄寶殿外如其名的掛了很多鐘**，據傳來此祭拜、敲鐘，鐘敲的越大聲，就越容易功成名就，也因此有不少泰國明星來此祈願。此外，由於廟門外有階梯深入河中，有很多曼谷人會來此向小販買魚進行「放生」儀式，或買麵包餵魚做功德。

> 泰國人相信來這裡敲鐘越大聲，越容易成名就。

傳奇高僧龍坡度Luang Po Do

如果對泰國鬼片不陌生，大概都聽說過《幽魂娜娜》，而最後法力足以收服兜鬼的高僧，就是龍坡度(Luang Po在泰文裡指大師、高僧)。這位大師出生於拉瑪三世時代，由於行事直率、有智慧，加上高深道行，在四世王時最受注目，曾被請進寺為國王講經，也曾在白天點蠟燭進皇宮，暗諷朝廷太多事情見不得光。現在龍坡度最被泰國人傳頌的除了收服鬼怪，還有就是他生前製作的佛牌，據傳法力無邊、刀槍不入，在佛牌市場上甚至叫價百萬。

153

莎南蔡站・山優站
Sanam Chai · Sam Yot

❶ 老暹羅購物中心
The Old Siam Shopping Plaza

🚇山優站3號出口步行3~5分鐘　🏠12 Tri Phet Rd, Wang BuraphaPhirom, Phra Nakhon　☎022260156　🕐9:00~20:00　💰因店而異　🌐theoldsiam.co.th/welcome

老暹羅購物中心被Tri Phet路、Burapha路、Phahurat路和部分石龍軍（Charoen Krung）等道路所包圍，外觀看起來相當龐大，不過較靠地鐵站側這一整幢其實是停車場，商店則從南側入口處開始展開。有別於鬧區其他購物中心，老暹羅比較像是**有空調的室內市場**，**大致分為街頭小吃區和購物區**，每個單位各自獨立，規模都不大，逛到這裡不妨抱著「逛市場」的心情，比較容易有所斬獲。

❷ 帕胡瑞商圈／小印度區
Phahurat Market

🚇山優站3號出口步行約7分鐘　🏠Soi LueanRit一帶(老暹羅購物中心對面)　🕐6:30~18:30(各店不一)　💰不可

在帕胡瑞商圈開店的大部份是印度人，小巷弄中一字排開的店鋪幾乎全是布店，一匹匹棉質、紗質色彩艷麗的布料令人目不暇給。布店門口人形模特兒展示的衣飾都像是從寶來塢電影裡的華麗風格，路邊也有不少賣著印度婦女的必備配件、手環、Tika等，價格很便宜，想要買一身寶來塢風格的配飾或衣料，到帕胡瑞準沒錯。此外，由於這一區的回教徒多，若要拍照，最好先詢問，以免誤觸禁忌、失了禮貌。

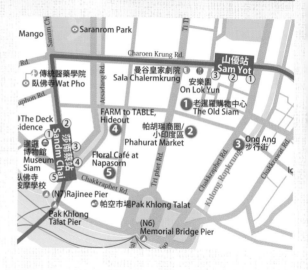

MRT
地鐵藍線

莎南蔡站・山優站

龍蓮寺站・華藍蓬站

山燕站

倫披尼站

碧差汶里站・帕藍9站・泰國文化中心站・惠恭王站

樂拋站・塔宏猶清站

札都甲公園站・甘帕安碧站

❸ 翁昂河岸步行街
Ong Ang Walking Street

🚇山優站1號出口步行8~10分鐘 ⏱PGV3+Q4M, Wang BuraphaPhirom, Phra Nakhon 🕐週五至週日14:00~22:00
www.facebook.com/ongangwalkingstreet

位於昭披耶河北側的翁昂運河（Klong Ong Ang），曾經被汙染得有如臭水溝，經過政府啟動老城區改建計畫，目前已整治得整齊乾淨，河水已足以倒映出兩岸的風光。隨著地鐵站建構完成，2020年規劃為步行街，運河兩岸布滿餐廳、甜品店、商鋪，成為遊客新的熱門去處。

翁昂步行街**兩側都是刻滿歲月痕跡的老房子，經過拉皮、化妝，加上鮮豔活潑的塗鴉彩繪，以及奇招百出的街頭藝人**，重新顯得朝氣蓬勃。

❹ Farm to Table, Hideout

🚇莎南蔡站4號出口步行5~10分鐘 ⏱15 Soi ThaKlang, Wang BuraphaPhirom, Phra Nakhon
📞020048771 🕐9:00~19:00 🈵週三 ❌不可
www.facebook.com/farmtotablehideout

穿梭在羊腸小巷中，忽然發現一處綠意盎然的庭院，木造的門窗看起來雖然古老，卻是窗明几淨，在這一區域顯得鶴立雞群。這家Farm to Table, Hideout是網路上評分相當高的**有機咖啡廳**，從店名似乎就可以聞到驕傲的氣息：食材從田地裡到餐桌上，既安心、實在，又充滿新鮮的味道。**從早上供應早午餐開始，冰淇淋、咖啡和餐點都強調健康取向，素食者也有眾多選擇。**

❺ Floral Cafe at Napasorn

🚇莎南蔡站4號出口步行5~10分鐘 ⏱2F, 67 Chakkraphet Rd, Wang BuraphaPhirom, Phra Nakhon 📞994684899 🕐9:00~19:00 ❌不可 www.facebook.com/floralcafe.napasorn

藏身於花市之中，樓下還是一家花藝店，但是穿過樓梯登上二樓，眼前赫然出現繽紛的花花世界：**一朵朵火紅的玫瑰，把梁柱包裹得宛如拱門、拱窗，原本單調的牆面也用花朵裝飾得美輪美奐，每面牆都成了創意的畫布，蕨類植物還可以編織得像是水晶燈**，很難想像是怎樣的一雙巧手，能把平凡無奇的市場裡的二樓變成一個如夢似幻的世界！

儘管環境營造得吸引力已經爆表，餐點和飲料的品質仍毫不含糊，而且價格合理，在眾多網美咖啡廳裡算是CP值頗高的選擇。

155

莎南蔡站·山優站

華藍蓬寺站

山燕站

倫披尼站

碧差汶里站·帕藍9站·惠恭王站

樂拋站·塔宏猶清站

甘帕安碧站·

莎南蔡站·山優站
Sanam Chai · Sam Yot

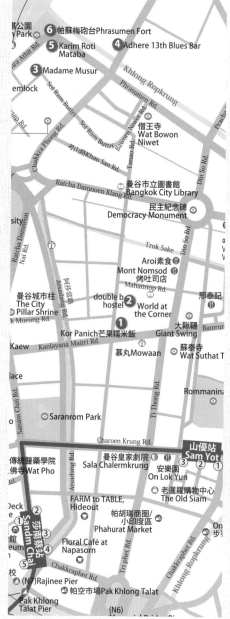

- **6** 帕蘇梅砲台 Phrasumen Fort
- **5** Karim Roti Mataba
- **4** Adhere 13th Blues Bar
- **3** Madame Musur
- 僧王寺 Wat Bowon Niwet
- 曼谷市立圖書館 Bangkok City Library
- 民主紀念碑 Democracy Monument
- Trok Sake
- Aroi素食 Mont Nomsod 烤吐司店
- 曼谷城市柱 The City Pillar Shrine
- double b hostel
- **2** World at the Corner
- 邢泰記
- **1** Kor Panich芒果糯米飯
- 大鞦韆 Giant Swing
- 慕丸Mowaan
- 蘇泰寺 Wat Suthat T
- Rommanina
- Saranrom Park
- Charoen Krung Rd.
- **山優站 Sam Yot**
- 傳統醫藥學院 佛寺Wat Pho
- 曼谷皇家劇院 Sala Chalermkrung
- 安樂園 On Lok Yun
- 老暹羅購物中心 The Old Siam
- FARM to TABLE, Hideout
- 帕胡瑞商圈/小印度區 Phahurat Market
- Floral Café at Napasorn
- **莎南蔡站 Sandm Chai**
- (N7)Rajinee Pier
- 帕空市場Pak Khlong Talat
- Pak Khlong Talat Pier
- (N6)

1 KorPanich Sticky Rice

山優站3號出口步行約15分鐘 431&433 ThanonTanao, San Chao Pho Sua, Phra Nakhon 022213554 7:00~19:00 不可 www.facebook.com/profile.php?id=100057233149235

　雖然距離地鐵站有點遠，但衝著被米其林肯定、又被推崇為「**全泰國最好吃的芒果糯米**」，KorPanich Sticky Rice仍然吸引當地人和國際遊客不辭辛勞地來這裡追尋好吃的泰式甜點。

　這家1932年營業至今的甜品店，據說是皇家御廚退休後所開設的，香甜有嚼勁的糯米飯配上新鮮的芒果、椰漿、糖粉等，從2019年起連續獲得米其林推薦為最佳路邊小吃之一。

2 double b hostel Bangkok

山優站3號出口步行約15分鐘 35 Trok Nava Alley, Sao Chingcha, Phranakorn 022246953 通鋪床位約800B以上，雙人房1,300B起 可 book-directonline.com/properties/DoubleBHostelDirect

　純白的外觀，讓這家小型旅館在舊城區裡顯得特別亮眼。踏入內部，發現double b hostel比外表看起來規模大得多，而且充滿設計感，客房空間雖不算大，但整齊、乾淨、樓下還有間Bite & Bond咖啡廳，非常適合年輕人。雖然距離地鐵站有點遠，但**前往蘇泰寺、大皇宮等舊城區景點頗方便，鬼門炒河粉、邢泰記等知名小吃也在左近，適合打算探索曼谷舊城區的旅行者。**

─ 莎南蔡站 · 山優站 ·

─ 龍蓮寺站 · 華藍蓬站 ·

─ 山燕站

─ 倫披尼站

─ 碧差汶里站 · 帕藍9站 · 泰國文化中心站 · 惠恭王站

─ 塔宏猶清站 · 樂拋站 ·

─ 札都甲公園站 · 甘帕安碧站

店主曾是五星級飯店經理人，餐飲、服務都受好評。

③ Madame Musur

達人力推

🚇山優站3號出口步行約30分鐘，或從13號碼頭(N13)PhraArthit步行約5分鐘 🏠41 Soi Chana Songkram ☎022814238 ⏰8:00~23:00 🌐www.facebook.com/madamemusur

位在從13號碼頭前往考山路其中一條路線的必經途中，Madame Musur擺設在門外的木桌、竹椅、三輪車、成蔭的綠葉等散發著濃郁的度假氣息，懶懶斜倚著的客人成了最佳活廣告。Madame Musur是一家餐廳兼酒吧，以竹子為主要裝潢，竹牆上掛滿泰北風情的畫作和飾品，空氣中則流瀉著60年代的懷舊音樂。**開放式的廚房，以供應泰北佳餚為主**，由於店主曾經是五星級飯店的經理人，所以無論餐飲品質、服務態度等都頗獲好評。

④ Adhere 13th Blues Bar

🚇山優站3號出口步行約30分鐘，或從13號碼頭(N13)PhraArthit步行約10分鐘 🏠13 Samsen Rd. ☎0897694613 ⏰19:00~0:00 🌐www.facebook.com/adhere13thbluesbar

位於運河旁、距離考山路有一些距離，外觀看起來毫不起眼的Adhere 13th Blues Bar，是**當地相當知名的藍調音樂重鎮，經營已超過10年**。小小的大廳裡，表演舞臺就佔去了相當的空間，因為常有泰國籍和來自不同國度的藍調或爵士歌手到此獻唱，擁有一群忠實的藍調音樂愛好者，所以熟門熟路的當地人佔大多數，也口耳相傳吸引來其他同好。

每晚都有現場樂團演奏，由於室內座位有限，週末門外更是經常排著等待入場的長龍，有興趣的話不妨早點到此入座。

⑤ Karim Roti Mataba

🚇山優站3號出口步行約30分鐘，或從13號碼頭(N13)PhraArthit步行約5分鐘 🏠136 PhraAthit Rd. ☎807707080 ⏰週一至週四9:30~21:30，週五至週日9:30~22:00 🌐www.facebook.com/karimrotimataba

顧名思義，**店家專賣甩餅(Roti)，甜、鹹口味、搭配咖哩醬汁或是包館的鹹餅都有**，比起路邊加巧克力醬或煉乳的甜甩餅，店家口味選擇多很多。目前已經是第三代接手經營，店面很小，大部份是附近學生外帶，餐檯上有多種咖哩醬汁可選，至於配菜，因為店家是回教徒，所以另提供炸雞或烤雞塊和印度炸餃子。

砲台已於1949年公告為國立歷史遺址，不開放參觀，但傍晚打上燈光的景致還是很迷人。

⑥ 帕蘇梅砲台PhraSumen Fort

🚇山優站3號出口步行約30分鐘，或從13號碼頭(N13)PhraArthit步行約2~3分鐘

帕蘇梅砲台坐落在昭披耶河支流口，當初拉瑪一世為了防禦外敵從運河支流攻占曼谷，便在市區設立了十多座砲台，**目前僅剩帕蘇梅砲台和鄰近金山塔寺的瑪哈坎砲台(Maha Kan Fort)**。帕蘇梅砲台在當時是相當堅固的堡壘，地下深入2公尺，地面高18.9公尺，內部分3層樓，其中一層還規劃38個放置武器和軍火的儲藏室。另外，如果行程不趕，也可以到一旁的山提柴帕堪公園(Santi Chai Prakan Park)，賞河景、眺望拉瑪八世橋。

莎南蔡站・山優站
Sanam Chai・Sam Yot

莎南蔡站・山優站

華藍蓬寺站・

山燕站

倫披尼站

碧差汶里站・帕藍9站・惠恭王站

泰國文化中心站・

樂拋站・

塔宏猶清站・

甘帕安碧公園站・札都甲站

拉瑪六世時期打造的Suphannahongse Royal Barge。

拉瑪九世王使用的The Narai Song Suban。

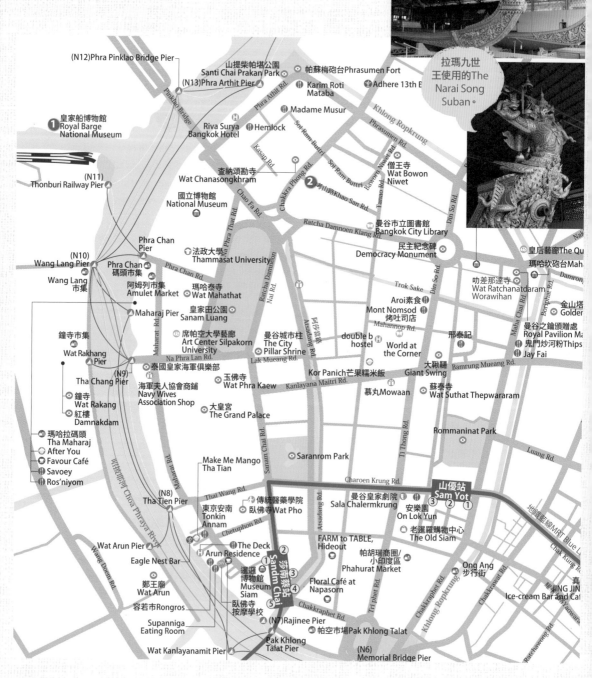

(N12)Phra Pinklao Bridge Pier

山提柴帕堪公園 Santi Chai Prakan Park

帕蘇梅砲台Phrasumen Fort

(N13)Phra Arthit Pier

Karim Roti Mataba

Adhere 13th B

Madame Musur

Khlong Ropkrung

皇家船博物館 Royal Barge National Museum

Riva Surya Bangkok Hotel

Hemlock

僧王寺 Wat Bowon Niwet

查納頌勘寺 Wat Chanasongkhram

考山路Khao San Rd.

(N11) Thonburi Railway Pier

國立博物館 National Museum

Ratcha Damnoen Klang Rd.

曼谷市立圖書館 Bangkok City Library

Phra Chan Pier

皇后藝廊The Qu

法政大學 Thammasat University

民主紀念碑 Democracy Monument

瑪哈坎砲台Mah

(N10) Wang Lang Pier

Phra Chan 碼頭市集

Phra Chan Rd.

Trok Sake

叻差那達寺 Wat Ratchanatdaram Worawihan

Wang Lang 市集

阿姆列市集 Amulet Market

瑪哈泰寺 Wat Mahathat

Aroi素食

金山塔 Golder

鐘寺市集

Maharaj Pier

皇家田公園 Sanam Luang

Mont Nomsod 烤吐司店

曼谷之鑰頌贈處 Royal Pavilion Ma

Wat Rakhang Pier

席帕空大學藝廊 Art Center Silpakorn University

曼谷城市柱 The City Pillar Shrine

double b hostel

World at the Corner

鬼門炒河粉Thips

Jay Fai

(N9) Tha Chang Pier

泰國皇家海軍俱樂部

Lak Mueang Rd.

Kor Panich芒果糯米飯

大鞦韆 Giant Swing

鐘寺 Wat Rakang

海軍夫人協會商鋪 Navy Wives Association Shop

玉佛寺 Wat Phra Kaew

慕丸Mowaan

蘇泰寺 Wat Suthat Thepwararam

紅樓 Damnakdam

大皇宮 The Grand Palace

Kanlayana Maitri Rd.

Bamrung Mueang Rd.

瑪哈拉碼頭 Tha Maharaj

Rommaninat Park

After You

Favour Café

Saranrom Park

Luang Rd.

Savoey

Charoen Krung Rd.

Ros'niyom

Make Me Mango Tha Tian

曼谷皇家劇院 Sala Chalermkrung

山優站 Sam Yot

(N8) Tha Tien Pier

Thai Wang Rd.

安樂園 On Lok Yun

地鐵藍線MRT Blue L

東京安南 Tonkin Annam

傳統醫藥學院 臥佛寺Wat Pho

Chetuphon Rd.

老暹羅購物中心 The Old Siam

Wat Arun Pier

FARM to TABLE, Hideout

Eagle Nest Bar

The Deck

帕胡瑞商圈/小印度區 Phahurat Market

JING JIN Ice-cream Bar and Caf

Arun Residence

Sandm Chai

鄭王廟 Wat Arun

暹邏博物館 Museum Siam

Floral Café at Napasorn

Ong Ang 步行街

容若市Rongros

臥佛寺 按摩學校

真

Supanniga Eating Room

(N7)Rajinee Pier

帕空市場Pak Khlong Talat

Wat Kanlayanamit Pier

Pak Khlong Talat Pier

(N6) Memorial Bridge Pier

① 皇家船博物館
Royal Barge National Museum

📍從12號碼頭(N12)PhraPinklao步行約10~15分鐘 📍801 Arun Amarin Rd, Arun Amarin ☎024240004 🕐9:00~17:00 ㊡週一及週二,12月31日、1月1日、潑水節 💰門票100B、拍照200B 📘 www.facebook.com/RoyalBargesNationalMuseum ❗進入博物館須穿過居民宅巷道,得注意路邊指標

早期泰國因為水道交錯縱橫,從皇家到平民使用最多的交通工具就是船,皇家船博物館目前由泰國皇家海軍管理,**館內展示8艘泰國歷屆國王或皇室使用的船隻**,以及過去150年皇家船艦的使用及發展歷史,同時肩負維護文物的工作。展示船隻中,被喻為最美的Suphannahongse Royal Barge是拉瑪六世時期打造,而寬3.2公尺、長44.30公尺、深1.1公尺的The Narai Song Suban則是拉瑪九世王所使用,可乘載50人,如遇皇家慶典時,也會現身昭披耶河。

② 考山路 Khao San Rd.

📍從山優站3號出口步行約23分鐘,或從13號碼頭(N13) PhraArthit步行約5~8分鐘;從地鐵華藍蓬站搭乘計程車或嘟嘟車前往,車程約15分鐘

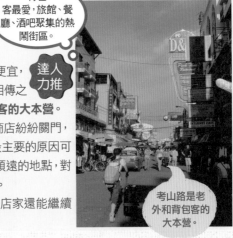

背包客最愛,旅館、餐廳、酒吧聚集的熱鬧街區。

達人力推

考山路是老外和背包客的大本營。

30多年前,考山路因為距離玉佛寺、大皇宮等景點不遠,加上消費便宜,周邊居民民宿、旅館、餐廳、旅行社甚至是夜店、酒吧都逐年增加,口耳相傳之下,**聚集了不少國際背包旅客在此交換旅遊情報,儼然老外和背包客的大本營。**

新冠疫情過後,考山路整體蕭條不少,道路兩旁原本生意興隆的商店紛紛關門,眾多小販佔據了路面取代了店家的生意,讓人看著不免有些傷感。最主要的原因可能是曼谷捷運網愈來愈擴大,而考山路偏偏位於距離BTS和MRT都頗遠的地點,對深度倚賴大眾交通系統的背包客而言著實不便,終於逐漸沉寂下去。

優點是少了觀光客,卻多了些悠閒的風情,所以走「浪漫」路線的店家還能繼續生存,看來不久後考山路應該還會改頭換面,讓咱們拭目以待。

Hippie De Bar

📍46 Khao San Rd. ☎0818202762 🕐16:00~2:00 ☺可 ⓤ www.facebook.com/Hippiedebar46/

Hippie De Bar是考山路上經營十餘年的**老字號酒吧**,即使躲在小巷裡,因為氣氛親切、食物好吃,頗受當地人歡迎,所以泰國本地的客人相當多,西方面孔反而較少數,屬於細水長流的熱門酒吧。

Hippie De Bar坐落於建築環抱的中庭裡,有室內也有戶外的座位,裝潢布置洋溢著嬉皮年代的調調。雖然沒有現場樂團,但是播放的歌曲很有獨家的風格,所以吸引不少忠實的擁護者。

Buddy Beer

📍201 Khao San Rd. ☎0655065929 🕐11:00~2:00 ☺可 ⓤ www.facebook.com/buddybeerkhaosan

Buddy Beer其實是泰國老字號的酒吧品牌,已有超過20年歷史,2014年11月重新設立據點,很快成為受歡迎的酒吧,包括來自東方國家、西方國家或泰國本地的顧客,高朋滿座。

Buddy Beer除了是酒吧外,也是知名的海鮮餐廳,當天直送生鮮漁獲,各式海鮮菜單,還有其它眾多國際口味美食,引人垂涎三尺。加上豐富的酒單選擇,難怪短時間內便躍居熱門酒吧。全區域內皆可免費無線上網。

莎南蔡站・山優站・龍蓮寺站・華藍蓬站・山燕站・倫披尼站・碧差汶里站・帕藍9站・泰國文化中心站・惠恭王站・樂拋站・塔宏猶清站・甘帕安碧站・札都甲公園站

莎南蔡站‧山優站

龍蓮寺站‧華藍蓬站

山燕站

倫披尼站

泰國文化中心站‧碧差汶里站‧帕藍9站‧惠恭王站

樂拋站‧塔宏猶清站

札都甲公園站‧甘帕安碧站

莎南蔡站‧山優站
Sanam Chai‧Sam Yot

① 僧王寺 Wat BowonNiwet

📍山優站3號出口步行約23分鐘，或從13號碼頭(N13)PhraArthit步行約10分鐘 📍248 PhraSumen Rd 🕐8:00~17:00

　　僧王寺外觀看起來很低調，其實是**拉瑪王朝多位國王出家的修行地**。寺廟建於1829年，廟裡有座漂亮的金色佛塔，從寺廟裡的石獅和中式雕塑即可以判別是在拉瑪三世時打造。若不趕時間，大殿裡由泰國著名的**僧侶畫家Khrua In Khlong**繪製的壁畫可以細細端詳，據說他最擅長的就是使用西式透視畫法繪製寺廟壁畫，但有趣的是，他從來沒去過歐洲。此外，大殿供奉的佛像是典型的素可泰時期樣式，而且前後兩尊佛並坐也相當少見。

③ 蘇泰寺
Wat SutatThepwararam

📍山優站3號出口步行約10分鐘 📍146 Bamrung Mueang Rd 🕐8:00~20:00 💲門票100B

　　蘇泰寺泰文原名是「好的、仙人、國家級一等」寺廟的意思，西元1807年，拉瑪一世先建了一座婆羅門廟與巨鞦，再興建蘇泰寺，拉瑪二世完成了主僧院，並開始興造大雄寶殿，直到拉瑪三世才完成全部工程。

　　僧院有兩層台基，外圍有琉璃牆，牆上有許多中式寶塔石雕，而前後兩邊也都陳列著來自中國的壓艙石。僧院裡供奉一尊高8公尺、寬6.25公尺的素可泰遺留佛像，是拉瑪一世從素可瑪哈泰寺迎請而來，拉瑪八世的靈骨也安放在此佛座之下。穿過僧院迴廊的小門就是大雄寶殿，佛殿四周是繪於拉瑪三世時的壁畫，已剝落大半，殿外並有一對佛腳印供人膜拜。

② 大鞦韆 Giant Swing

📍山優站3號出口步行約10分鐘 📍239 Dinso Rd, Bamrung Mueang Rd.

　　位於蘇泰寺北側，**大鞦韆是根據婆羅門教迎接天王、天神來人間時舉行儀式用**，以柚木建造的鞦韆高21公尺，建於蘇泰寺之前，一直都是曼谷的經典地標之一。過去在每年的農曆2月的神祇降臨日，會有婆羅門教祭司來此，坐在架上座台的鞦韆，另架一個15公尺高、綁上錢袋的竹竿，祭司必須盪高並用嘴咬下錢袋。由於每年都有祭司因此墜落身亡，當時拉瑪七世下令中止之後，僅剩目前所見的空架子。

莎南蔡站・龍蓮寺站・華藍蓬站・山燕站・倫披尼站・泰國文化中心站・碧差汶里站・帕藍9站・惠恭王站・樂拋站・塔宏猶清站・甘帕安碧公園站・札都甲安碧站

Riva Surya Bangkok Hotel
Hemlock
Sof Ram Buttri
Phrasumen Rd.
Khlong Ropkrung
Prachathipatai Rd.
查納頌勘寺 Wat Chanasongkhram
Kasap Rd.
Chakkra Phong Rd.
Khao San Rd.
Soi Ram Buttri
Baworn Niwet
❶ 僧王寺 Wat Bowon Niwet
拉塔納科辛展覽館 Rattanakosin Exhibition Hall
Nakhon Sawan Rd.
國立博物館 National Museum
Chao Fa Rd.
Ratcha Damnoen Klang Rd.
曼谷市立圖書館 Bangkok City Library
Din So Rd.
民主紀念碑 Democracy Monument
Ratcha Damnoen Nok Rd.
皇后藝廊 The Queen's Gallery
Phra Chan Pier
法政大學 Thammasat University
Phra Pra Thit Rd.
Phra Chan Rd.
Ratcha Damnoen Nai Rd.
Trok Sake
Din So Rd.
叻差那達寺 Wat Ratchanatdaram Worawihan
瑪哈坎砲台 Maha Kan Fort
Damrong Rak Rd.
Phra Chan 碼頭市集
阿姆列市集 Amulet Market
瑪哈泰寺 Wat Mahathat
Aroi素食 Mont Nomsod 烤吐司店
Mahannop Rd.
邢泰記
金山塔寺 Golden Mount
Boriphat Rd.
曼谷之鑰頒贈處 Royal Pavilion Mahajetsada badin
Maharaj Pier
席帕空大學藝廊 Art Center Silpakorn University
席帕空大學藝廊
曼谷城市柱 The City Pillar Shrine
double b hostel
World at the Corner
❷ ❹ 鬼門炒河粉 Thipsamai Pad Thai
Maha Chai Rd.
皇家田園 Sanam Luang
Asadang Rd.
Na Phra Lan Rd.
Lak Mueang Rd.
Kor Panich芒果糯米飯
大鞦韆 Giant Swing
Bamrung Mueang Rd.
Jay Fai
泰國皇家海軍俱樂部
玉佛寺 Wat Phra Kaew
Kanlayana Maitri Rd.
慕丸Mowaan
❸ 蘇泰寺 Wat Suthat Thepwararam
Worachak Rd.
海軍夫人協會商鋪 Navy Wives Association Shop
大皇宮 The Grand Palace
Fakafei 發咖啡
Rommaninat Park
Luang Rd.
Suan Mali Chicken Noodle
Make Me Mango Tha Tian
Sanam Chai Rd.
Saranrom Park
Charoen Krung Rd.
Ti Thong Rd.
(N8) Tha Tien Pier
Thai Wang Rd.
曼谷皇家劇院 Sala Chalermkrung
山優站 Sam Yot
地鐵藍線MRT Blue Line
Chak Kung Rd.
東京安南 Tonkin Annam
傳統醫藥學院 臥佛寺Wat Pho
Chetuphon Rd.
Atsadang Rd.
安樂園 On Lok Yun
Wat Arun Pier
Eagle Nest Bar
The Deck
Arun Residence
FARM to TABLE, Hideout
老暹羅購物中心 The Old Siam
帕朋瑞商圈/小印度區 Phahurat Market
Ong Ang 步行街
龍蓮寺 Wat Mangkon Kamalawat
鄭王廟 Wat Arun
遐邏博物館 Museum Siam
Sandm Chai
臥佛寺按摩學校
Floral Café at Napasorn
Tri phet Rd.
Chakkraphet Rd.
Khlong Ropkrung
Chakkrawat Rd.
JING JING Ice-cream Bar and Café
真真
容若市Rongros
(N7)Raiinee Pier
Chakkraphet Rd.

---

❹ 鬼門炒河粉
Thipsamai Pad Thai

🚇山優站1號出口站步行約10分鐘　🏠313-315 Mahachai Rd. (7-11斜對面)　📞022266666　🕐09:00~0:00　休週二

www.thipsamai.com

雖說各店泰式炒河粉的食材用料差異不大，但要看到真正的大火快炒，還真非ThipSamai莫屬了。

Pad Thai知名老字號，50年的好口味！

達人力推

　要說到曼谷的國民料理，必定會提到泰式炒河粉或炒粿條(Pad Thai)。位在Mahachai Rd.上，1966年開業至今的ThipSamai，以專賣泰式炒河粉聞名，店門口的三座大炒鍋是店家最引人注目的招牌，廚師直接在門口揮舞鍋鏟，迅速分工完成各種炒麵，一到用餐時間，座位區會延伸到紅磚道，內用、外帶的客人擠滿店家門口。店家提供6種口味，要點傳統、蔬菜、蝦仁還是只要炒料的Pad Thai Salad，任君挑選。

莎南蔡站・山優站
Sanam Chai · Sam Yot

1 Jay Fai

📍山優站1號出口站步行約10分鐘 🕐
327 Samran Rat intersection, Phra
Nakhon ☎022239384 ⏰週三至週六9:00~
19:00 ㊡週日至週二 🌐www.instagram.com/
jayfaibangkok

達人力推

> Jay Fai為唯一獲得米其林一星的小吃店，一時之間聲名大噪。

　　在2018年米其林指南曼谷版摘下一星榮譽的Jay Fai，是位在民主紀念碑附近10分鐘路程的街邊熱炒小吃店，**店內常見70多歲的傳奇人物「痣姐」SupinyaJunsuta戴著護目鏡，為客人烹煮一道道熱炒海鮮美食。**

　　自從摘星後，Jay Fai從國外慕名而來的客人越來越多，吸引不少到店打卡的客人，反而忽略了眼前的食物，痣姐希望顧客能好好享用美食，甚至曾有歸還米其林星星的念頭。因店內人手較少，若想到Jay Fai用餐，可能動輒等上幾個小時，建議一定要先打電話預約。Jay Fai**招牌菜色為泰式蟹肉蛋捲**，以金黃的蛋液包裹豐實的蟹肉，料理過程相當繁複，半煎炸至外表金黃酥香，內部則豪邁地放入大量軟嫩多汁的蟹肉，不過價格也不算便宜。

> 戴著護目鏡為客人料理餐點的老闆娘痣姐，是店內最大的特色。

② Mont Nomsod 烤吐司店

> 開業超過半世紀,一直擁有超人氣的美味烤吐司。

🚇 山優站3號出口步行10~15分鐘 　💰160/1-3

Din So Rd. 　📞022241147 　🕐13:00~22:00

www.mont-nomsod.com/

達人力推

1964年開幕,專賣抹醬烤吐司的Mont Namsod開業逾半世紀,現已由第二代接掌,在曼谷共有3間分店。店老闆說,店裡的麵包和醬料都是自己做的,**口味除了最基本的烤糖吐司,還有抹上煉乳、巧克力、奶油玉米、奶油芋頭、花生、椰子、咖椰醬、橘子醬及草莓醬的選擇**;飲料選項同樣精采,除牛奶以外,還有自製菊花茶和香茅茶。好味道讓許多客人從高中一路吃到念大學還繼續回來光顧,就連泰國歌手藝人都愛,還在店內留影替美味掛保證。

> 抹醬有多種口味可以選擇。

> 登上王孫寺最高層,有著很好的視野,能360度俯瞰曼谷舊城。

③ 叻差那達寺 Wat Ratchanatdaram Worawihan (LohaPrasat)

🚇 山優站1號出口步行約15分鐘 　📍Maha Chai Rd. 　▾

8:00~17:00

叻差那達寺又稱為王孫寺,是拉瑪三世送給孫女的禮物。造型非常華麗,總計37座塔都是由鐵鑄成,這不僅在泰國獨一無二,也是**全世界繼印度、斯里蘭卡之後唯一完整保存以鐵鑄塔的廟宇**。寺廟樓高7層,中央迴旋木梯共有67階,步行至上層,每轉一層樓,就有一尊佛像供在對向的窗前。頂層更是一定要登上的地方,除了供奉著一顆佛陀舍利,更有好視野。

④ 瑪哈坎砲台 Maha Kan Fort

🚇 山優站1號出口步行約15分鐘

拉瑪一世即位後,隨即從寮國找來5,000位工人,**為曼谷打造所有昭披耶河分支運河進出口的城牆與砲台,以保護首都的安全**。最初是以紅磚築牆、木造頂座,到拉瑪三世才重修至現在所見的堅固堡壘。直到拉瑪五世,城市重新規畫發展,部份堡壘砲台因開路而移除,經過時代更迭,而今僅剩這座瑪哈坎砲台和帕蘇梅砲台。

莎南蔡站・
山優站
龍蓮寺站・
華藍蓬站
山燕站
倫披尼站
碧差汶里站・帕藍9站・惠泰王站
泰國文化中心站
樂拋站・塔宏猶清站
札都甲公園站・甘帕安碧站

莎南蔡站·山優站

華藍蓬站·龍蓮寺站

山燕站

倫披尼站

泰國文化中心站·碧差汶里站·帕藍9站·惠泰王站

樂拋站·塔宏猶清站

甘帕安碧公園站·札都甲公園站

龍蓮寺站·華藍蓬站
Wat Mangkon · Hua Lamphong

炎熱的天氣來一杯道地的冰品消暑。

① 中國城China Town

華人移民最早的落腳處，中文、泰文夾雜的招牌常讓人忘記身處曼谷。

🚇龍蓮寺站1號出口即達

達人力推

曼谷的中國城是曼谷最早有華人移民的地區，也是當時相當活躍的商業中心。中國城至今還是曼谷地價居高不下的地方，從耀華力路(Yaowarat Rd.)一眼望過去，滿街皆是金行、鐘錶店，寫著中文的招牌經常讓人忘了身在曼谷。大馬路兩旁縱橫交錯的小巷內商店，陳列著醃漬品、乾貨、糖炒栗子、茶葉、魚翅燕窩、漢藥等，金飾店比鄰而居地閃耀著金光，交易依舊熱絡。

華人在曼谷

曼谷中國城的主要道路是耀華力路(Yaowarat Rd.)，也是當地人對中國城的別稱，這條路由當時的拉瑪五世所建，路名在泰文的意思指的便是「年輕的國王」。最初落腳在中國城的華人多半來自潮州、海南和廣東等中國沿海一帶，他們各自帶著原生地區的專才在曼谷討生活，例如潮州人多半在銀行、金飾店、保險業有好成績，海南人做建築出色，廣東人開餐館或飯店在行，他們彼此交互合作，不僅維持中國城的活絡，甚至將商業觸角延伸到Silom區，整個曼谷都有不少地主或企業主出生自華人家庭。

② 新嘉坡餐室珍多椰奶冰
Lod Chong Singapore

🚇龍蓮寺站1號出口步行約5分鐘 🏠658 Charoen Krung Rd, Samphanthawong ☎022215794 🕐10:30~21:30 ⛔週四

這家冰品店是**老牌冰品店，也是許多當地人的童年回憶，開業至今已70多年。**Lod chong其實就是馬來西亞和新加坡常見的甜品「煎蕊」(cendol)，做法、賣相也相似，冰塊、糖漿、甜玉米粒、椰奶以及綠色的粉條，但口感不太一樣，泰式的lod chong更有嚼勁。喜歡東南亞甜品的人一定要來試試！

③ Akirart Cafe Studio

🚇華藍蓬站3號出口步行約8分鐘，或龍蓮寺站1號出口步行約8分鐘 🏠138 Pradu Alley, Pom Prap, Pom Prap Sattru Phai ☎0955030951 🕐10:00~18:00 ⛔週二 🔗www.facebook.com/AkirartCafe

咖啡廳位於的大樓有些老舊，也沒有明顯的店名招牌，一不小心就會錯過。這其實是一家以**「90年代辦公室」**為主題的人氣打卡咖啡廳，無論是桌椅、櫥櫃、菜單和品項名稱都和辦公室息息相關。一進門就看到由一整排的辦公鐵櫃組成的櫃檯，菜單也直接寫在收據上，其中招牌手沖咖啡也取了一個非常應景的名字「Caps Lock Blend」。

上到2樓時一度以為走錯路，懷疑自己是不是誤闖了別人的辦公室。

④ 益生甫記Ek Teng Phu Ki

🚇龍蓮寺站1號出口步行約6分鐘 📍163 Phat Sai, Samphanthawong ☎022214484 🕐5:00~19:00 🌐www.instagram.com/ektengphuki

中國城巷弄裡隱藏了許多傳統南洋風咖啡店，益生甫記是其中一家，是**擁有百年歷史的老味道**。店面裝潢是典型的中式風格，**除了常見的南洋烤麵包、飲料**，也提供港式點心，像是蝦餃、叉燒包、流沙包等，而光是烤麵包就有約10種口味供選擇。若想要份量飽足一些，益生甫記也全天供應早餐套餐，包含了煎蛋、香腸、培根和火腿。

Charoen Krung Rd.
往 ⑥ Kua Kai Suan Mali
真真JING JING Ice-Cream Bar and Café
龍蓮寺 Wat Mungkorn Kamalawat
大華大酒店 Grand China Bangkok
Nai Mong Hoi Tod 蚵仔煎
Akirart Cafe Studio
香港麵店 Hong Kong Noodle
③ 龍蓮寺站 Wat Mangkon
南星燕窩 I'm Chinatown
中國城銀都酒樓 China Town Scala Shark's Fin Restaurant
紅大哥水門雞飯 (Pichaiyat Building) ⑤
熟食市場
恩記雙葫蘆涼茶
Wallflowers Cafe
挑面攤 T & 大海鮮
Ba Hao 八號
Sol Isara Nuphap
八號甜蜜 Ba Hao Tian Mi - Yaowarat
③ Teens of Thailand
路邊海鮮攤 金手指榴槤王King
林真香老舖 和成豐魚丸 陳億優粿條 黃炳春春捲包
Soi Nana Tep Bar
關帝古廟
② 新嘉波餐室 珍多椰奶冰
Pompano 咖冰館
FV
上海精品飯店 Shanghai Mansion Bangkok
CHATA Specialty Coffee
益生甫記
耀華力唐人街館
金佛展覽室 Phra
Woodbrook Bangkok
① 中國城 China Town
金佛寺 Wat Traimit
中華門
松記沙嗲
中國大酒店

⑤ Go-Ang Pratunam Chicken Rice
紅大哥水門雞飯 (Pichaiyat Building)

🚇龍蓮寺站2號出口步行約5分鐘 📍Pichaiyat Building, 663-665 Mangkon Rd ☎020034502 🕐9:00~20:00 🌐www.facebook.com/GoAngPratunamChickenRice

想吃大名鼎鼎的紅大哥水門雞飯**不需到總店大排長龍了，中國城就有開設一家分店**。位於一家小型商場的地面層，菜色和其他分店相似，但由於座位不多，中午用餐顛峰時間幾乎滿座，也常會看到外送人員在餐廳外等待取餐。

50年老字號的正宗海南雞飯

酥脆又涮嘴的炸雞皮也值得一試！

⑥ Kua Kai Suan Mali

🚇龍蓮寺站1號出口步行約10分鐘 📍260 Soi Thewi Worayat, Wat Thepsirin, Pom Prap Sattru Phai ☎022224047 🕐16:00~22:00 🌐www.facebook.com/KuaKaiSuanMaLi ❗使用Google地圖搜尋時可直接輸入「Suan Mali Chicken Noodle at Rong Phayaban Klang Junction」定位更精準。

Kua Kai (全稱Kuay Teow Kua Kai)直譯就是雞肉炒粿條，Suan Mali則是這個地區的名稱。這家60年老店因**連續2018~2024年都入選米其林**而聲名大噪，吸引許多外國遊客前來朝聖。

這和一般常吃到的泰式炒粿條(pad thai)不太一樣：廚師先用傳統炭燒大火翻炒雞蛋、粿條和雞肉後，接著像煎煎餅的方式不斷翻鍋，最後再加一顆蛋並蓋上鍋蓋悶至半熟。因此，Kua Kai的賣相反而比較像韓式煎餅，口感也是外酥內軟。

莎南蔡站·山優站

龍蓮寺站·華藍蓬站

山燕站

倫披尼站

碧差汶里站·泰國文化中心站·帕藍9號站·惠恭王站

樂拋站·塔宏猶清站

甘帕安甲公園站·札帕都碧站

龍蓮寺站 · 華藍蓬站
Wat Mangkon · Hua Lamphong

① 八號甜蜜Ba Hao Tian Mi - Yaowarat

🚇龍蓮寺站1號出口步行約2分鐘 🏠8 soi Phadung Dao ☎097-995-4543 ⏰10:30~21:30 🌐www.facebook.com/bahaotianmi/

　　八號酒吧的姊妹店八號甜蜜，主打港式甜品與飲料。**布丁味道濃郁、口感綿密，吃起來類似雙皮奶**，一共有8款固定口味的布丁，分別是經典的黑芝麻和花生、清爽的枸杞和菊花梅凍、水果風味的龍眼、芒果與紅毛丹以及茶類的珍奶和紅豆抹茶。每月不時會推出限定口味，到曼谷旅遊時不妨到臉書或IG看看有沒有驚喜吧！

② 八號Ba Hao

> 絕對難忘的藥酒特調，深深感受到中國城的氣息。

🚇華藍蓬站3號出或龍蓮寺站1號出口步行約8分鐘 🏠8 soi Nana (Chinatown) Mitrichit Rd. ☎0624645468 ⏰週五至週六 17:00~1:00、週日至週四 17:00~0:00 🌐www.ba-hao.com

達人力推

　　中國城近年出現不少令人驚豔的酒吧，最值得一提的莫過於八號Ba Hao，三層樓的建築就位在nana街的轉角處，因門牌號碼為8號，酒吧也直接取名為中文音譯的「ba hao」。店內以大膽的鮮紅色為主題色，搭配帶有中式氣息的雕花門窗、燈籠擺件，讓人不禁聯想到古代的客棧，目前一樓為酒吧的所在地，二、三樓則可提供旅客住宿。**來到八號，一定要點杯由Jamie Oliver's Search of Cocktail Star的冠軍Dheeradon Dissara所發明的特調「Opium鴉片」**，調酒中加入了人參藥酒，嘗起來帶著中藥的甘苦滋味，以及濃烈的酒味後韻層次，在中式風格的空間中品飲，別有一番情調。

> Ba Hao特調鴉片，融合人參藥酒，味道醇厚、後勁強烈。

③ Teens of Thailand

> 貼滿彩色貼紙的灰色水泥牆、老舊的厚實木門，造就了Teens of Thailand獨特的第一眼印象。

🚇華藍蓬站1號出口步行約6分鐘 🏠76 Soi Nana, Charoen Krung Rd. ☎0970031173 ⏰18:00~01:00 🌐www.facebook.com/teensofthailand

　　灰色樸拙的水泥牆、老舊的厚實木門，牆面上還貼滿了各種彩色貼紙和塗鴉，復古又新奇的外觀，吸引了不少泰國年輕人來到Teens of Thailand夜晚小酌。店內空間不大，約可坐下15~20人，吧檯同樣貼滿了貼紙，這裡以琴酒為主，發展出豐富多樣的琴酒調酒。

> Thai Tea是一款特別的琴酒特調，有著如泰式奶茶般的濃郁層次。

　　有趣的是，Teens of Thailand酒單上竟出現了泰式奶茶(Thai Tea)的品項，不過，酒裡並沒有泰式奶茶的成分，調酒師在琴酒內加入浸漬過泰式紅茶的橙皮，和特殊的香料，增加琴酒的厚度和層次，橘紅色的酒液盛裝於高腳玻璃杯內，喝起來則有淡淡的橙香和肉桂氣味，和泰式奶茶十分相像。

中國城Soi Nana小潮區

　　中國城的Soi Nana一帶開了多間風格咖啡店、酒吧、餐廳、青旅等等，新店家和此區的懷舊況味產生絕妙的融合，很適合來此逛逛。這裡要提醒大家，如果搭計程車想到這一帶，記得強調是到「China Town」，否則司機很可能會誤會你要到「Nana」區喔！

⑤ 松記沙嗲

📍華藍蓬站1號出口，往金佛寺的方向轉進Soi Sukon可達，步行約3~5分鐘 🏠84-88 Sukon 1 Alley, Talat Noi, Samphanthawong ☎022361171 🕐9:00~17:30（週一至14:00）❌不可

以獨特配方醃製而成的串燒咖哩沙嗲。

達人力推

　相當靠近金佛寺的松記，是一家串燒咖哩沙嗲的專賣店，姓梁的第一代店主從1940年代開始以販賣沙嗲維生，1960年左右搬到現址，落地生根，目前由第二代繼續經營。**松記的沙嗲只有豬肉和豬肝兩種，以獨家配方的香料咖哩略醃之後，用竹籤串起，再用炭爐烤至軟硬適中，吃的時候再搭配特調的醬汁、小黃瓜、洋蔥、吐司麵包等一起入口，彼此的味道互相調和，非常香甜爽口，嗜辣的人還可以夾一些生辣椒，1個人吃10串恐怕還不過癮。**

④ TEP BAR

📍華藍蓬站1號出口步行約6分鐘 🏠69-71 Soi Nana, Charoen Krung Rd. ☎0984672944 🕐18:00~0:00 🌐www.facebook.com/TEPBARBKK

　位置相當隱密的TEP BAR，必須從Nana街邊的小巷中穿入才能抵達，雖然地點十分低調，但經常不到7點便已經滿座，從裝潢、餐點、調酒等皆融合了泰國的傳統特色，店內顧客以泰國當地人為主，不定時會有泰國傳統樂團到此演出。

　TEP BAR裡最著名的特調為Ya Dong Set，幾乎每桌都會點上一份，Ya Dong Set為3小杯的特調組合，分別為Seven Eleven、Lion King和Pussy Whipped，不過3杯味道其實差異不大，若僅想嘗試也可以單點。Ya Dong酒內結合草藥和蜂蜜，熱情的調酒師表示，Ya Dong Set具有促進血液循環和保護心臟的效果，可搭配附上的漬物一起飲用，味道十分特別，不過值得特別注意的是，Ya Dong的後勁十分強烈，若酒量較淺還是淺嚐為好。

調和草藥和蜂蜜的Ya Dong Set，可搭配漬物飲用，味道層次更加豐富。

限定口味的醃豆腐(Yentafo)冰淇淋吃起來鹹鹹甜甜的，還有附上炸豆皮。

⑥ 真真JING JING Ice-cream Bar and Cafe

📍龍蓮寺站2號出口步行約5分鐘 🏠154 Soi Charoenkrung 14 ☎0966426241 🕐10:00~18:30 休週二 🌐www.facebook.com/JingJingIcecreamBarandCafe

　JingJing Ice-cream Bar and Cafe販售冰淇淋及咖啡、全日早餐，多種口味的手工冰淇淋是這裡的招牌，主打食材新鮮且真材實料，也因此店名取為「真真」。可以在此找到不少特殊口味，像是Gin Tonic、Chang Beer、Bailey's Caramel Biscuit等酒類口味特別多，而有些水果類、茶類的組合也很少見，濃郁冰淇淋或清爽雪酪的都任君選擇。店內每月也會推出限定冰淇淋及飲料，口味絕對特別，有興趣的人不妨一試。

龍蓮寺站・華藍蓬站
Wat Mangkon・Hua Lamphong

① 金佛寺
Wat Traimit

> 大殿內供奉大城時代打造的純金佛像，堪稱是世界上昂貴的聖物。

🚇華藍蓬站1號出口步行約5分鐘 ⌚

661 Charoen Krung Rd. ⏰8:00~17:00
💰門票100B ❗須脫鞋進入，可裝進廟方提供的裝鞋袋，並自行保管

達人力推

金佛寺舊建築是由3位華人出資建造，原名San-Jin，在泰文裡便是「三位華人」之意，而今Wat Traimit則取自巴利文，意義相同。**之所以別稱金佛寺，是因為大殿供奉了大城時代打造的純金佛像。**

2007年，為了慶祝泰國國王拉瑪九世的80歲大壽，由皇家財政部門出資重建嶄新的佛寺，白牆金頂，比原建築高出兩層樓，氣勢非凡。2009年，廟方將金佛搬移至新建築的4樓，並於3樓展示廳介紹金佛的由來、歷史與製作過程。

金佛展覽室
Phra Buddha Maha Suwanna Patimakorn Exhibition
⏱3樓

　　金佛展示室清楚的**用模型、文字描述，加上歷史圖片以及模擬場景，以11段進程說明金佛鑄造的過程，與其遷移路線一直到被發現金身的過往**，包括金身佛像如何從泥塑胚模一直到澆鑄黃金、分件組裝的過程。

在瞭解時空背景後再往上到4樓金佛寺，看到穩坐在正殿中央的金佛，絕對另有一番感受。

金佛小故事

金佛寺裡的純金佛像(Phra Buddha Maha Suwanna Patimakorn)重達5.5公噸，正式的歷史記載不可考，但可從雕像渾圓的線條、寬胸窄腰、臉帶微笑、雙腳單盤坐在平台基座上的造型研判是素可泰時代(Sukhothai)，其國力與佛教藝術到達巔峰時所鑄的佛像。

其實金佛在1955年之前，都被厚厚的泥灰覆蓋，要外加泥灰的說法有二，一是15世紀素可泰王朝沒落之際，當時人們為保護佛像不被大城王朝侵奪才糊上泥灰，另一說是大城王朝(Ayuttaya)將金佛迎回城堡供奉，為避免緬軍用火攻掠奪純金佛像，才以泥灰覆蓋，進而躲過一劫。

曼谷王朝續位後，佛像最初被移到帕崖垓寺(Wat Phraya Krea)供奉，1935年移到現址，當時都只是灰撲撲的石像樣子，一直到1950年5月25日，寺廟計畫將佛像移至精舍供奉，由於佛像太重，才搬移不到一個手掌高的距離，粗繩就應聲斷裂，導致佛像摔落，經過一夜大雨沖刷，質地精純的閃亮金身才被住持發現。1991年，金佛曾以「世上最昂貴的聖物」列入金氏世界記錄，當時的總價值估計為2,110萬英鎊，在金價高漲的今日，價值更是難以估算。

耀華力唐人街歷史中心
Yaowarat Chinatown Heritage Center
🚇華藍蓬站1號出口步行約5分鐘　⏱2樓

　　據估計，目前居住在曼谷的華裔人口約占總人口數的15%，而最早的移民記錄可追溯至大城時代，當初有一群福建移民落腳在昭批耶河西岸，接續到吞武里王朝，大批潮州人湧進東岸，據稱是和當時鄭王的父親來自潮州有關，當時華人群居在現今大皇宮的位置，一直到曼谷卻克里王朝，拉瑪一世計畫建築王宮時，才將華人社區遷到三聘區(Sampeng)，也就是現在中國城一帶。

　　在耀華力唐人街歷史中心裡，**先以一段影片概述中國城的發展，並以圖文詳實記錄中國人當時移居的歷史和地方演進，同時用蠟像、歷史文件和街景模型重現當時華人胼手胝足的過往，以及今日的中國城**，相當值得一看。

莎南蔡站 · 山優站 · 龍蓮寺站 · 華藍蓬站 · 山燕站 · 倫披尼站 · 碧差汶里站 · 帕藍9站 · 泰國文化中心站 · 惠恭王站 · 樂拋站 · 塔宏猶清站 · 甘帕安碧站 · 札都甲公園站

莎南蔡站·山優站

龍蓮寺站·華藍蓬站

山燕站

倫披尼站

碧差汶里站·泰國文化中心站·帕藍9站·惠恭王站

樂拋站·塔宏猶清站

甘帕安碧站·札都甲公園站

龍蓮寺站‧華藍蓬站
Wat Mangkon‧Hua Lamphong

① 恩記雙葫蘆涼茶

🚇 龍蓮寺站1號出口步行約5分鐘 🏠 670 Charoen Krung Rd. ⏰ 8:00~20:00 ᵗ www.facebook.com/KankeeNamtaothong

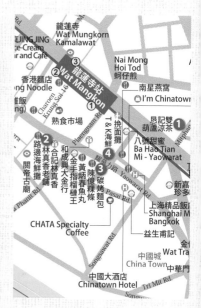

曼谷天氣熱，來杯苦茶或涼茶最是清熱解渴！

恩記茶行每天供應兩種家傳配方煉製的草茶，店內兩個大銅壺，分別裝盛茶色淡、帶甜味的八寶涼茶，以及茶色深褐色的苦茶，賣茶方式很傳統，由服務人員將茶水注入玻璃杯中，客人上門，直接拿起杯子就喝，**價格便宜、味道純正**，生意好到站在店門約15分鐘也沒見服務人員手停過。

門口掛著「民國十七年」的招牌，牆上貼有老老闆上呈藥草給泰王浦美蓬的照片，有種多年老店加上皇室掛保證的意味。

② 林真香老舖

🚇 龍蓮寺站1號出口步行約5分鐘 🏠 392 Yaowaraj Rd. ☎ 022252484 ⏰ 8:00~23:00

在便利商店的小老闆海苔和真味魷魚片風行之前，**「林真香」店內舉凡超人氣的豬肉鬆蛋捲、肉乾、肉鬆、魷魚乾、蝦餅等零嘴，都是台灣和香港旅行團最愛的伴手禮**；這家已有6、70年歷史的老字號，在耀華力路上共有「林真香老舖」和「合記林真香」兩家店鋪，其實都是親戚經營。店內經常有觀光客進出掃貨，甚至整箱團購採買。**除了乾貨零嘴，店家的燻鴨胸也是一絕**，烤製油亮呈棕褐色的鴨胸肉，吃起來滿嘴鴨肉鮮甜味、不乾柴，咀嚼時帶著一點燻烤的香氣，若有時間帶回飯店品嘗，配上泰國啤酒，保證吮指回味！

③ 碳烤麵包
Yaowarat Toasted Buns

攤位前擠滿人潮，口味眾多的烤麵包。

達人力推

🚇龍蓮寺站1號出口步行約5分鐘 🏠約在Government Savings Bank前方 📞0655533635 🕐17:00~23:00 ⊘週一

🌐www.facebook.com/ChinatownYaowarat

　泰國人很喜歡吃甜的碳烤吐司麵包當點心，簡單的麵包加上香蘭葉醬、奶油和糖或是椰子醬，就足以讓人滿足。**這家賣烤麵包攤已經開了40多年，攤上現有的8種醬料口味都是老闆研發的**，客人可選擇鬆軟的餐包、單片吐司或烤的香脆的夾吐司等3種麵包。為方便點餐，老闆將價目表放在烤麵包攤前，並附上紙、筆，讓客人自己寫，寫好了遞給店家即可。

這間店總是大排長龍，熱熱的烤麵包超療癒。

④ T&K海鮮

🚇龍蓮寺站1號出口步行約5分鐘 🏠49-51 Soi Phadung Dao 📞022234519
🕐16:00~1:00 🌐www.facebook.com/tkseafood（新增）

　曼谷中國城最著名的海鮮攤就是「T&K」，位於耀華力路的街巷口，每天傍晚，隨著客人陸續上門，海鮮攤的摺疊桌、塑膠椅也開始向街口延伸，**新鮮的海產展示在店門口，煎煮炒炸皆宜**，經典泰菜酸辣蝦湯、中式螃蟹粉絲煲、炸魚配辣醬等任君挑選，氣氛很像台灣的快炒店。

　T&K海鮮攤是由華裔兩兄弟共同經營，店名取自兩人名字的縮寫，原本路口只有他們一家，但不知何時，對面也來了一家同業，員工穿著紅色制服，很容易和綠色制服的「T&K」區隔。口味誰家好，客人喜好各異，但身著紅、綠制服的工作人員忙碌地穿梭在燈火通明的桌邊，倒也成為中國城有意思的景象。

不同檔次魚翅燕窩，中國城都有

在曼谷要吃魚翅、燕窩不必走跳到高級餐廳，到中國城的耀華力路上不同價格、檔次餐廳或路邊小店，都有賣這兩樣印象中屬於高價位的料理，而且價格並不貴。

若以餐廳來說，中國城銀都酒樓、海外天魚翅酒樓、南星魚翅等都是當地老字號餐廳，魚翅一份約500B起跳，燕窩最低價約200B，在消費金額上已經平實許多。而燕窩，在曼谷各家7-11的冰櫃裡就有，中國城路邊看起來像賣豆花的小攤，也有一碗50B的燕窩，至於品質、花費和味道好壞，就憑個人需求與喜好來評斷了。

如果不愛魚翅、燕窩這樣的料理，上述幾家中式餐廳也有明爐乳豬、烤鴨、螃蟹粉絲煲等港式、潮州或海鮮料理可以選擇。

中國城銀都酒樓China Town Scala Shark's Fin Restaurant

🏠483-485, 475-477 Yaowarat Rd., Corner Chalermburi 📞026230183 🕐10:00~1:00
南星燕窩Nam Sing Bird Nest Co.

🏠39-47 Soi Phadung Dao, Yaowarat Rd., Bangkok 📞022226292 🕐8:00~00:00

莎南蔡站・山優站・龍蓮寺站・華藍蓬站・山燕站・倫披尼站・泰國文化中心站・碧差汶里站・帕藍9站・惠恭王站・樂抛站・塔宏猶清站・甘帕安碧站・札都甲公園站

莎南蔡站・山優站

龍蓮寺站・華藍蓬站

山燕站

倫披尼站

泰國文化中心站・帕藍9站・惠恭王站

樂拋站・塔宏猶清站

札都甲公園站・甘帕安碧站

龍蓮寺站・華藍蓬站
Wat Mangkon・Hua Lamphong

① 陳億粿條Nai Ek Roll Noodles

🚇龍蓮寺站1號出口步行約5分鐘　🏠442 Soi 9, Yaowarat Rd.　☎022264651　🕐8:30~24:00　💳不可

以新鮮食材及濃郁湯頭決勝負，招牌粿條、豬腳都很受歡迎。

達人力推

位於耀華力路上大約中心點的位置，相當靠近9巷口，有一家店名只有泰文，卻又用中文寫著粿汁、豬血湯、豬腳飯、排骨飯、燉竹笙等餐點名稱的麵店，每天從早上營業到半夜，生意隨時都強強滾，它就是已有超過50年歷史的陳億粿條店。小小的店裡沒有冷氣、沒有裝潢，靠的是新鮮的食材和濃郁的湯頭，經得起時間的考驗。

因為生意很好，店外現在還有內用排隊指引和菜單。

② 黃炳春魚丸

🚇龍蓮寺站1號出口步行約5分鐘　🏠438 Yaowarat Rd,　☎0817325955　🕐7:00~15:00(賣完為止)

魚丸湯麵是曼谷街頭很常見的路邊攤小吃，美味與否通常取決於魚丸。**黃炳春魚丸隱身在耀華力路上的小騎樓旁，經營60多年，以手工製作魚丸聞名**，狹長的店面在中午用餐時間擠滿了周邊鄰里或上班族，好味道也吸引泰國本地雜誌和日文雜誌爭相報導。店員服務很熱情，也會介紹不同的麵條選擇。

店內的魚丸麵常常在中午就賣完，想一嘗這價格平實的好口味，記得及早前往。

③ 和成興大金行

🚇龍蓮寺站1號出口步行約5分鐘　🏠418-420、401-7 Yaowarat Rd., Bangkok

曼谷中國城街道上最多的就是金飾店，平時進出交易的客人就不少，一到農曆過年前，更是擠滿了人。和成興大金行不見得是歷史最悠久，但應該是**街上規模最大的金飾店**，總店和分店各據兩個街口，櫃檯邊一直都有客人圍著，落地玻璃門上手寫的白色數字不是營業時間，而是當日金價。由於中國城是曼谷最早買賣黃金的地方，過去也被稱為全曼谷最有「價值」的地段，且不論地價是否第一，但中國城金店的品質比較有保障，卻是曼谷人公認的事實。

莎南蔡站．山優站
龍蓮寺站．華藍蓬站
山燕站
倫披尼站
碧差汶里站．帕藍9站．泰國文化中心站．惠恭王站
樂抛站．塔宏猶清站
札都甲公園站．甘帕安碧站

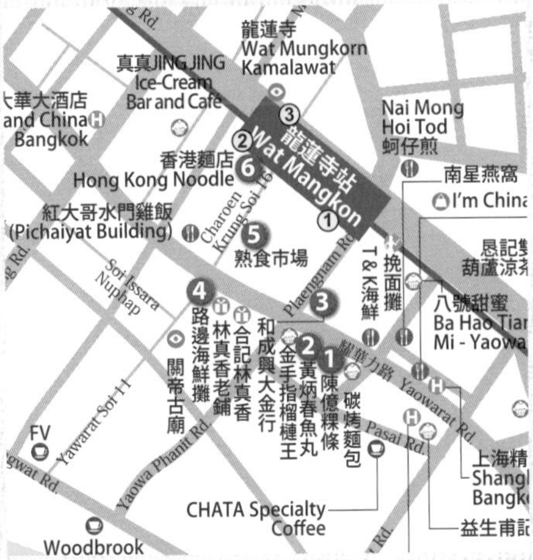

④路邊海鮮攤

龍蓮寺站1號出口步行約5分鐘　Yawarat Soi 11巷口(旁有7-11)　約7:00~17:00

泰國料理有一道像極了調酒Tequila Bon的**涼拌生蝦**，將新鮮的蝦肉和辣椒、魚露、大蒜、細蔥等辛香料搭配一起吃，蝦肉的自然鮮甜和微鹹微辣的佐料一起咀嚼入口，堪稱是再完美不過的組合了。在中國城耀華力路的11巷巷口，就有海鮮攤專賣這樣的蝦蟹料理，一大盆醃漬過的抱蛋螃蟹、浸在魚露調醬的蝦蛄或是一整袋血蛤，漂亮的色澤令人食指大動。

因為是未經煮熟的海鮮，若腸胃不強者勿試。

⑤熟食市場

龍蓮寺站1號出口步行約8分鐘　Charoen Krung Soi 16、Yawarat Soi 14　約5:00~18:00(各店不一)

無論**從 Yawarat Soi 14或 Charoen Krung Soi 16進出**，指的其實都是同一條巷子，**這裡沿路排滿了不同料理的熟食攤、麵店、乾貨食材店或傳統點心攤，燒賣、發糕、糖炒栗子、醃漬蜜餞等中式點心一應俱全**，乾貨店裡的魚鰾、香菇、蓮藕、蓮子、小芋頭也都是相當熟悉的中菜料理食材，等到聽見此起彼落熱絡的泰語叫賣聲，才會回神自己身在曼谷。

⑥香港麵店 Hong Kong Noodle

龍蓮寺站2號出口步行約2分鐘　136/4 Soi Charoen Krung 16, Samphanthawong　7:00~17:30

熱騰騰的湯鍋就放在店門口，麵攤上掛著燒鴨，湯鍋旁有雲呑和叉燒，店招牌中、英、泰文並列，這幅非常有亞洲小吃風情的圖像，也曾登上泰國航空的機上雜誌。店家湯麵配料選擇多，**最熱賣的是烤鴨湯麵，如不想吃麵也有叉燒雲呑湯、鴨肉飯等選擇**。生意很好，從用餐時間的人潮看來，也是市場裡人氣店家之一。

龍蓮寺站·華藍蓬站
Wat Mangkon · Hua Lamphong

② 上海精品飯店
Shanghai Mansion Bangkok

🚇龍蓮寺站1號出口步行約5分鐘 ⌖479-481 Yaowaraj Rd., Samphantawong ☎022212121 💲雙人房約2,600B起，價格請以飯店官網公告為準 ⊙可 🌐www.shanghaimansion.com

飯店強烈的主題風格不僅吸引外國旅客，也成為當地舉辦主題晚宴的最佳場所。

旅館樓下招牌是張細緻的鳳眼美女像，搭上手扶梯，一片中國紅引領旅客進入1930年的老上海。**中庭高掛色彩繽紛的燈籠，到處可見中國式的桌椅家私，以及當時融合西方奢華情調的水晶吊燈與圖騰花色**，強烈的主題風格不僅吸引外國旅客，也成為當地舉辦主題晚宴的最佳場所。若只住在主題客房還不過癮，飯店也提供旗袍、馬褂等中國服，讓住客扮裝並在旅館任一角落留影。

① 中國大酒店
Chinatown Hotel

🚇龍蓮寺站2號出口步行約5分鐘 ⌖526 Yaowaraj Rd., Sumpuntawong ☎022250205 💲價格請以飯店官網公告為準 ⊙可 🌐www.facebook.com/chinatownhotel

中國大酒店雖然已經有幾十年的歷史，但硬體設備包括免費無線網路、有線電視、酒吧、餐廳等一樣不少，客房依大小分有5種房型，而且房價非常便宜。由於**距離地鐵站近，周邊市場、路邊攤又多，就價位和地理位置來說，確實是便宜又方便的選擇。**

③ 龍蓮寺
Wat Mangkorn Kamalawat

🚇 龍蓮寺站3號出口步行約3分鐘　🕐 週一至週五8:00~16:30，週六至週日8:00~17:30

龍蓮寺建於1871年，當時在位的拉瑪五世王認為應該讓中國城的華人擁有自己的信仰中心，遂下令按傳統中國寺廟的樣式打造這座廟宇，大雄寶殿前還立著刻有清光緒年間的對聯。廟宇至今仍香火鼎盛，並設有自己的僧侶學校，專門教導小沙彌或年輕和尚，不僅是讀經書，一般學校該教授的課目，在廟宇學校也不會少。另外要提醒，寺廟大雄寶殿內不能攝影。

出家也是積功德
泰國男生出家當和尚對於家族來說是件光榮的事、是替自己的父母祈福、做功德，對自己來說，也可當作沉潛再出發的短暫修行。出家時間可以是3天、1週、1個月或1年，由出家者自己決定，只要和廟裡的住持確定心意就可以剃度。

曾出家多年的當地導遊說，在寺廟裡不僅可向高僧住持靜心修課，學習佛經，若廟裡有附設學校，甚至有機會學習巴利文等一般難有機會接觸的課程。

據說當地人喜歡用生菜來祭拜馬爺將軍，以求「生財」，也有人求平安、家庭和睦，香火非常興旺。

④ 關帝古廟／馬將軍爺廟
Chao Por Ma and Guan Yu Shrine

🚇 龍蓮寺站1號出口步行約5分鐘　📍 189, 385 Soi Yaowarat 11, Chakkrawat, Samphanthawong　🕐 7:00~17:00

在曼谷中國城的鬧區有間關帝古廟，招牌下又寫著「馬將軍爺」，原來三國時期的關羽戰功彪炳、義薄雲天，被後人尊崇為關公、關聖帝，而他的座騎赤兔馬神勇無比，也被尊為馬爺將軍、馬神，一起供奉在這座廟裡。昔日華人到異鄉打拚，很需要精神寄託，關公和馬爺將軍便成為這些人的精神支柱。

女生最愛的價廉飾品批發地。

⑤ 三聘批發商圈
Sampeng Market

🚇 龍蓮寺站2號出口步行約10分鐘　📍 以Ratchawong Rd.為中央，Soi Wanit 1往南的Mang Kon Rd.、Soi Aner Keng，往北的Soi Yaowarat 35、Phao Phanit Rd.一直到Mahajak Rd.都是商圈範圍。　🕐 8:00~17:00、23:00~5:30　⊘不可

三聘批發商圈原本就是華人最早定居、開發的地點，過去商業活動頻繁，而今橫跨4條街的商店街一點也不遜色。整個商圈以女生的飾品批發為主，如手環、髮飾、耳環、鏈子、墜子等，造型樣式各異包括Bling-Bling風、誇張阿哥哥樣式、繽紛可愛款。價格一概批發價，一般比週末市集還低，客人中不乏中東或日本遊客，拎著大背包或登機箱來掃貨。

山燕站
Sam Yan

義德堂是2004年南亞大海嘯時率先前往普吉島搶救的慈善機構,所以廣為世人所知。

① Creamery Boutique Ice Creams

🏠U-Center1 BUILDING Soi Chulalongkorn 42, Wang Mai, Pathum Wan ☎0987987098 🕙11:30~21:30 📱www.facebook.com/creamerybkk

原創口味的手工冰淇淋和美式軟餅乾,甜而不膩超好吃!

達人力推

Creamery由Ian和Jan共同成立,是一家主打手工冰淇淋的溫馨小店,店內有不少原創口味的冰淇淋,每種口味和名稱都很有特色。招牌甜品有**熱鍋餅乾冰淇淋**,餅乾內有爆漿內餡,加上手工冰淇淋,吃一口就幸福滿溢;另外像是可以吃到9種冰淇淋的九宮格冰淇淋也很受歡迎。

② 義德堂

🚇山燕站1號出口,出站即達 📍326 Chao Khamrop Rd., Pom Prap 🕙24小時 💲樂捐 ⊘不可

在地鐵山燕站旁邊,有一間很特別的廟,叫做義德堂,裡面供奉著南天三大帝、觀音菩薩、土地公和虎爺,**早年是由當地華僑所發起興建的,旨在幫助一些沒有親人處理的無名屍。一旦有意外災害發生,義德堂的義工們會身先士卒,到現場幫忙處理善後,而信眾在這裡所捐出的款項,都會作為幫孤魂們買棺材的基金。**遊曼谷時如果也想盡一份心力,不妨走訪一趟義德堂,讓自己也有機會幫助某些孤魂好好安息。

③ The Rose Residence

🚇山燕站1號出口步行約5分鐘 📍124 Surawongse Rd. ☎022668268 💲雙人房約1,200B起(房價每日調整) 📱theroseresidence.com

The Rose酒店在曼谷屹立40多年,始終提供客人最頂級的服務。翻新過的套房展現當代亞洲設計風格,處處裝飾當代藝術品。酒店位於帕蓬夜市附近,卻不見噪音,宛若一座都市綠洲。**最大的特色是一座被植物及木造房屋圍繞的室外泳池**,還可在池畔啜飲調酒,享受遺世獨立的寧靜度假氛圍。另外,酒店有健身房、桑拿房、知名餐廳Ruen Urai、洗衣、交通接駁等服務,設備相當完整。

古樸建築中的傳統泰菜餐廳,加入多種香料調味。

Ruen Urai

🚇山燕站1號出口步行約5分鐘 📍118 Surawong Rd. ☎022668268 🕙12:00~22:00 📱www.facebook.com/ruenurai.cuisine

達人力推

從鬧區中發現Ruen Urai,必定會被其清幽的環境、古樸的木屋外型吸引,這間位於The Rose Hotel Bangkok飯店內、由柚木打造的餐廳,屋齡據說已有百年,建築於拉瑪五世國王統治時期,目前依然保留著當時的文化風貌。雖然地點隱密,Ruen Urai仍是**當地人及遊客心目中極佳的傳統泰菜餐廳,曾獲得泰國最佳餐廳獎,提供創意泰菜、正宗泰國料理**,料理中加入多種香料及泰式草藥,美味自然不必多說,也對人體相當有助益。

Rama 4 Rd.
地鐵藍線MRT Blue Line
Chulalongkorn 11
① Creamery Boutique Ice Creams
Samyan Mitrtown
Si Praya Rd.
Pullman Bangkok Hotel G ⒽＨ
Scarlett Wine Bar & Restaurant Ⓗ
Everyday Mookrata & Café
山燕站Sam Yan ②
①②
義德堂
The Rose Residence ③
Ruen Urai Ⓗ
Thaniya Rd.
Tarntawan Massage & Spa
Center Point Massage & Spa
Silom ⒨ Silom 10
美食廣場
Mango Tree
泰式炸雞
Variety Fried Chicken Styles
曼谷蘇拉旺萬豪酒店
Bangkok Marriott Hotel
The Surawongse
⑤
蘇拉旺街Surawong Rd.
Silom ⒨
Surawong Rd.
④ Neilson Hays Library
Pradty.Silo
香格里拉小廚
風車
Hai-Somt Conv
Brioche from h

④ Neilson Hays Library

📍地鐵山燕站2號出口，步行15~20分鐘 📍195 Surawong Rd ☎022331731 🕐9:30~17:00 📅週一 💲非會員100B 🚇 neilsonhayslibrary.org ⓘ館內禁止拍照

Neilson Hays Library目前為**泰國最古老的非營利組織**，前身是由13位來自英國和美國的菁英女性於1869年成立的曼谷女士圖書館協會(Bangkok Ladies' Library Association)，其中Jennie Neilson Hays是最活躍的成員之一，並為圖書館投入了25年的心力。

這座圖書館是Jennie Neilson Hays於1920年過世後，其丈夫為了紀念她而建成的，由義大利建築師Mario Tamagno操刀設計，為一棟單層新古典主義建築。圖書館於1922年6月26日正式營運，由一個完全由女性組織的管理團隊經營。

Neilson Hays Library目前**藏有22,000本書籍，是曼谷英語館藏量最多的圖書館之一**，提供各類型當代小說、非文學類及童書，每個月也會定時更新館藏。

Mario Tamagno也參與設計了舊國會大廈(Ananta Samakhom Throne Hall)。

⑤ 曼谷蘇拉旺萬豪酒店

📍地鐵山燕站2號出口，步行15~20分鐘；定時有接駁車往返於BTS莎拉當站之間 📍262 Surawong Road, Si Phraya ☎020885666 💲雙人房6,175B起(房價每日調整) 🚇www.bangkokmarriottsurawongse.com

蘇拉旺路是曼谷最有名的街道之一，從昭披耶河一直延伸到拉瑪四世路，前往席隆路商圈、王權瑪哈納功大樓(King Power Mahanakhon)、中國城甚至拷桑路都很方便，可說是今昔文化交織最具代表性的地區，曼谷蘇拉旺萬豪酒店就坐落在這條路上。

曼谷蘇拉旺萬豪酒店共有303間客房與套房，分布在32個樓層間，較高樓層皆可眺望浪漫的昭披耶河或是繁華的席隆路。每間房間都以舒緩的大地色系為基調，而**套房備有簡易型的廚房和洗衣機，很適合商務旅客、或是準備較長時間逗留的休閒旅客居住**。

頂樓酒吧Yào Rooftop Bar

📍33F 📞分機5830 🕐17:00~0:00

想進入頂樓酒吧，必須**從耀餐廳搭乘小電梯更上一層樓**，開闊的空間裡點綴著眾多綠色盆栽，宛如一座屋頂花園；四周的牆面則大量運用透明玻璃與鏤空屏風，好讓周圍360度景致能以最清楚的方式盡入眼簾。**傍晚時分來到頂樓酒吧，可以把曼谷昭披耶河畔的日景、夕陽、夜色一網打盡**，非常過癮。這裡點的餐食和飲料，皆由耀餐廳供應。

莎南蔡站·山優站

華藍蓬寺站·龍蓮寺站

山燕站

倫披尼站

泰差汶里站·碧國文化中心站·帕藍9站·惠恭王站

樂宏豬站·塔拋站·甘帕安碧公園站·札都甲碧公園站

倫披尼站
Lumphini

守在湖邊，果然等沒幾分鐘，就看到有隻大蜥蜴爬上岸邊，在草叢裡隨興散步。

① 倫披尼公園Lumphini Park

🚇倫披尼站3號出口或席隆站1號出口，出站即達 ⓘ Rama 4 Rd.、Wireless Rd.、Ratchadamri Rd.、Sarasin Rd. ⏰4:30~21:00 💲免費

倫披尼公園位於曼谷市中心的繁華地帶，占地達0.57平方公里，從1920年開放為公園迄今，可說是大都會裡難得還保留著的遼闊碧綠園地。倫披尼位居交通要道，由4條大馬路畫出公園範圍，靠近Silom路的入口，立了一座拉瑪六世的塑像，公園中央有座人工湖，是周邊民眾運動、休憩的納涼處。公園靠近Sarasin

路的外圍馬路，不時有路邊攤聚集，一到傍晚用餐時間，相當熱鬧。**倫披尼公園對遊客最具吸引力的，是據說人工湖裡有上千隻大蜥蜴逍遙自在，不時會上岸曬曬太陽。**

② 東北餐廳
North East Restaurant

外表不起眼的在地餐廳，卻是價格合理、菜色夠味的好選擇。

🚇倫披尼站2號出口步行約3~5分鐘 ⓘ1010/12-15 Rama 4 Rd. ☎822738563 ⏰11:00~21:00 🈲週日 💳可 🌐www.facebook.com/p/North-East-Family-Restaurant-100063765721869

達人力推

直線距離Sofitel So飯店不遠，位在倫披尼公園對面有一家東北餐廳(North East Restaurant)，外表乍看像是速食店，但其實是廚藝相當不錯的餐廳，**專業烹調出泰國東北地區的特色風味菜，無論是木瓜沙拉、酸辣蝦湯、炸豬肉、炒魚片等，每道菜都很夠味，服務也很親切，價格合理且不加收服務費。**

③ SO/ Bangkok

🚇倫披尼站2號出口步行約1~2分鐘 ⓘ2 North Sathorn Rd. ☎026240000 💲雙人房約5,800B起(房價每日調整) 💳可 🌐www.so-bangkok.com

由名設計師Christian Lacroix參與藝術指導的SO/ Bangkok，在硬體設備與軟體服務各方面自不待言，更特別的是**整座飯店就像是一件藝術品，融合法式的奢華與泰式的親和力，而且呈現東方「五行」的概念，獨特的創意無所不在。**

例如237間客房和套房，分別展現金、木、水、土等四種主題，由4位名室內設計師分頭主導，不但有絕佳的景觀、寬敞的空間、高科技的電腦結合電視等聲光設施，而且迷你吧裡的所有飲料、點心完全免費，舒適方便到讓人簡直不想出門了。

Chocolab

ⓘGF ⏰8:00~19:00，下午茶13:00~17:00；巧克力教室週二、週四14:30，週日10:30、14:30 (課程1.5小時，每人990B，需3天前預約)

造型精巧色澤誘人的項鍊、耳環，可以咬一口嗎？沒問題！因為它們是巧克力！還有以假亂真的名牌包、西洋棋甚至麻將粒……這些都是Chocolab的精采傑作。

Chocolab是SO/ Bangkok特有的甜品創意店，以「實驗室」的概念，發揮天馬行空的想像力，雕塑出五花八門的巧克力點心。透過玻璃牆，即可見識巧克力師傅創作的過程；也有巧克力製作課程，每個人都可以學習動手做巧克力。

U Sathorn飯店建築風格為浪漫的法式殖民風格,色調以純白與藕色系為主,相當有悠閒的渡假氣息。

① 倫披尼公園 Lumphini Park

東北餐廳 North East Restaurant

Ⓗ SO/ Bangkok
Ⓔ 紅爐Red Oven
Ⓔ Chocolab
Ⓢ SO/ SPA

Bitterman
The Commons
Sala Daeng

倫披尼站 Lumphini

Rama 4 Rd.
Sala Daeng
Wireless Rd.
Soi Phik Chit
Sathorn 1
地鐵藍線MRT Blue Line
Soi Ngamduphli
克隆托伊站 Khlongtoei
Duang Phithak Rd.
Chua Phlong Rd.
Chua Phlong Rd.

⑦ Ⓗ 素可泰飯店TheSukhothai
⑥ Ⓔ Celadon
COMO Metropolitan Bangkok
Ⓗ 曼谷悅榕庄Banyan Tree
Ⓢ Banyan Tree Spa
Ⓔ Saffron
Ⓔ Vertigo & Moon Bar

Ⓗ Sathorn Vista Bangkok - Marriott Executive Apartments
Ⓔ MoMo Café
Ⓔ 池畔酒吧Pool Bar

Issaya Siamese Club ④

⑤ U Sathorn Bangkok

⑤ U Sathorn

🚶倫披尼站1號出口步行約13分鐘 📍105,105/1 Soi Ngam Duphli ☎02119-4888 💲雙人房約3,900B起(房價每日調整)

www.uhotelsresorts.com/usathornbangkok

　　U Sathorn大部分房間皆可欣賞到戶外的綠地和泳池,貼心飯店服務及熱心的服務人員都令人印象深刻,入住前可預先選擇喜愛的沖泡茶包及洗手皂的香味;早餐也可請服務人員送至房間或是泳池畔享用,**飯店內的J'AIME by Jean-Michel Lorain為法國米其林三星主廚Jean-Michel Lorain在亞洲開設的分店**,將法餐融合亞洲食材風味,創造獨特的味覺饗宴。

④ Issaya Siamese Club

> 入選亞洲最佳50大餐廳,名廚Ian Kittichai的現代泰式料理。
> 達人力推

🚶倫披尼站1號出口步行約15分鐘,或地鐵克隆托伊站1號出口步行約10分鐘 📍4 Soi Sri Aksorn, Chua Ploeng Rd. ☎026729040 🕐餐廳11:30~14:30、17:00~22:30 💳可
www.issaya.com ⚠建議事先預約

　　Issaya Siamese Club白色的泰國洋房被香草植物圍繞,餐廳內部裝潢用色大膽,2樓與花園則是酒吧,讓客人可在舒適環境中品嘗講求擺盤、烹飪精心的泰式佳餚。**主廚Ian Kittichai擁有個人烹飪節目、作為泰國「Farm-to-table」的先驅**,認他為新鮮的材料才是菜單的核心,所以善加運用市場買來的材料,餐點也多以當季食材為主,要讓客人吃到最新鮮的泰式料理。

⑥ 素可泰飯店The Sukhothai

🚶倫披尼站2號出口步行約8~10分鐘 📍13/3 ☎023448888 💲雙人房約6,800B起(房價每日調整) 💳可 www.sukhothai.com/bangkok/en

　　取泰國素可泰王朝(Sukhothai)為名的素可泰飯店,與阿曼度假飯店為同一位設計師打造,**極簡的現代風格包裹著濃烈的泰式美學,所有細微的裝飾都考究自素可泰王朝的雕刻與藝術元素**。設備用品也絲毫不馬虎,**住房所有椅墊織品都出自泰絲品牌Jim Thompson**,所使用的木材也都是泰國上等柚木,以原木和銀灰色為基調,穩重也具時尚感。

⑦ 曼谷悦榕庄Banyan Tree

🚶倫披尼站2號出口步行約10~12分鐘 📍21/100 ☎026791200 💲雙人房約4,400B起(房價每日調整) 💳可 www.banyantree.com/thailand/bangkok

　　巧妙運用矩長高聳的摩天建築輪廓,曼谷悦榕庄327間客房都能居高坐擁曼谷風情,不論是城市意象或是河岸景觀,皆能透過整片明亮落地窗,飽覽悉藏。**這裡絕大多數房間以套房的型式打造而成,讓人可以在臥室之外,再享有客廳和商務空間**;而所有裝潢皆以現代簡約的風格為架構,並以大地色系整合了布幔、窗簾、地毯和牆面;近年重新打造的雙臥室家庭套房 (Two-Bedroom Banyan Suite),則可供家庭成員共享舒適優雅的假期。

179

山優蔡站·莎南蔡站

華藍蓬站·龍蓮寺站

山燕站

倫披尼站

泰國文化中心站·帕藍9站·惠恭王站·碧差汶里站

樂拋站·塔宏猶清站

甘帕安碧站·札帕安公園站

碧差汶里站·帕藍9站·泰國文化中心站·惠恭王站

Petchaburi · Phra Ram 9 · Thailand Cultural Centre · Huai Khwang

❶ The Esplanade

🚇泰國文化中心站3號出口步行約3分鐘 📍99 Ratchadaphisek Rd ☎026422000 🕐10:00~22:00 ⓕwww.facebook.com/Esplanade.Ratchada

　　Esplanade百貨鄰近泰國文化中心地鐵站，內部有不少人氣餐廳，如Jones Salad和總是大排長龍的Bonchon韓式炸雞店等，還有來自台灣的豪大大雞排。**各層樓聚集了不少服飾店和商家，一樓還有整區特賣攤位，不少人都在此逛街挖寶。**另外，百貨內還有電影院、保齡球場和Tops超市、Boots藥妝店等，生活機能相當齊全。

從Esplanade百貨的四樓停車場可以俯瞰火車夜市，也是大家必拍的景色，喜歡攝影的人不要錯過。

雖然位在拉差達火車夜市原址，不過不知道是不是因為距離市中心稍遠，人潮不如Jodd Fairs。

❷ The One Ratchada 新拉差達火車夜市

🚇地鐵泰國文化中心站3號出口，步行7~10分鐘 📍Din Daeng ☎020066655 🕐17:00~0:00 ⓕwww.facebook.com/TheOneRatchadaNightMarket

　　疫情期間，拉差達火車夜市難免受到衝擊，加上租約問題，已於2021年中結束營業。經過重新規劃，新的火車夜市於2022年9月在原址重新開幕，改名為The One Ratchada，同樣占地遼闊，從Esplanade向下望，**白色的頂棚整齊畫一，攤位之前的走道也算寬廣，中央點綴著一排椰子樹，頗具文青風。**

③ Jodd Fairs夜市

好吃好逛又好買，讓你從此愛上泰國的夜市。

達人力推

🚇帕藍9站2號出口步行5分鐘　📍Rama IX Rd, Huai Khwang
📞0927135599　🕐17:00~0:00　🌐www.facebook.com/JoddFairs/

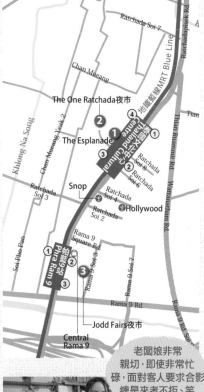

拉差達火車夜市2021年在疫情摧殘下結束營業，原來的管理團隊於2021年11月在帕藍9站重新開幕，號稱**火車夜市2.0**的Jodd Fairs夜市就此誕生！夜市規模看似有點亂，卻亂中有序，不至於整齊得失去夜市的氛圍；更重要的是**交通方便，坐地鐵即可到達**，所以當地人和觀光客大量湧入，如果週末假日前來，會讓你誤以為全曼谷的人都擠到這裡了。

Central Rama 9的三樓停車場是拍攝Jodd Fairs夜市最佳角度。

夜市中央有規劃座位區，讓人休息、吃東西，還有大螢幕和駐唱樂隊，但18:00以後基本就坐滿了。

老闆娘非常親切，即使非常忙碌，面對客人要求合影總是來者不拒、笑容滿滿。

火山排骨

火山排骨位於夜市的邊邊，只要聞到讓人想流口水的酸辣香味，表示你找對地方了！**每桌都會有一座座的「綠色小山」，別以為那是青蔥香菜等辛香料，那可是青辣椒，而且是辣度不低的小辣椒。**份量分為M、L、XL和XXL四種份量，每份180~1000泰銖不等。建議及早來排隊，排隊的人潮越晚只會越長喔！

燉煮好的排骨堆疊成小山後，再淋上滿滿的辣椒和醬汁，難怪越啃越過癮。

水果西施

水果西施因漂亮的老闆娘在社群媒體爆紅，許多遊客慕名而來。這裡沒有菜單，點餐方式很簡單：攤位上會擺放裝好切片水果的透明塑膠杯，有芒果、哈密瓜、西瓜、蘋果等，點餐時只需指向想要的水果和告知數量即可，每杯果汁都是現點現打。

碧差汶里站・帕藍9站・泰國文化中心站・惠恭王站

Petchaburi · Phra Ram 9 · Thailand Cultural Centre · Huai Khwang

① Central Rama 9

📍帕藍9站2號出口直達商場地下樓 🏠9/9 Rama 9 Rd., Huay Kwang ☎021035999 🕐週一至週五 11:00~21:00、週六至週日 10:00~22:00 可

🌐shoppingcenter.centralpattana.co.th/th/branch/central-rama-9

　　Central Rama 9是泰國CPN集團旗下一員，在地鐵帕藍9站的旁邊，是曼谷第一個被准許與地鐵站直通的私人產業。**Central Rama 9賣場占地廣闊，囊括超過90個時尚品牌，**無印良品並在這裡開設泰國首家概念店。此外，**這裡還有Robinson百貨、電影城、Tops超市**……而20餘間餐廳和選擇豐富的美食街，更讓人隨時保持血拚戰鬥力。

Metro Forest

曼谷全新打造的綠肺「Metro Forest」，這是泰國石油公司PTT 為了曼谷永續發展，將原本的垃圾場改建成生態園區，入口處以夯土築起二道牆面，表示人與土壤的關係，而且牆面上展示了各種曼谷原生植物的種籽。遊客可沿著架高的廊道散步，步道的終點是高23公尺的景觀台，雖然沒有參天大樹，卻可看見改造水泥森林的雄心，也是遠眺 Suvarnabhumi 國際機場上飛機起降的好地點。

🚇可從地鐵碧差汶里站(Phetchaburi)步行前往機場快線馬卡山站(Makkasan)，搭機場快線至Ladkrabang站，再轉乘計程車前往 🏠81 Sukhaphiban 2 Rd. ☎0613854414 🕐09:00~18:00 休週一 🌐www.facebook.com/pttmetroforest

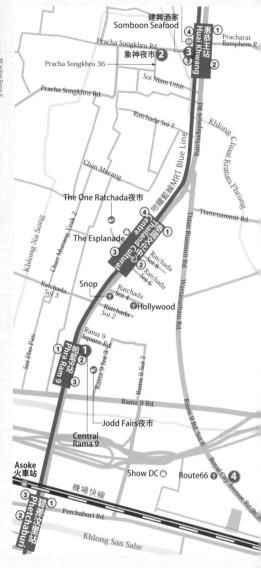

來夜市逛街的消費者以本地人為多，商品標價也很在地，成衣只要百元上下，小吃大概也是幾十元起。

② 象神夜市

📍惠恭王站3號出口，出站即達 🕐 從 Ratchadapisek Rd.和 Pracharat Bamphem Rd.交叉口往西一直到 Pracha Songkhro Rd.路口 ⏰11:00~22:00

這馬路兩旁綿延約1公里多的夜市**白天是傳統市場和熟食攤，入夜之後，前段攤商換手，以廉價成衣、生活雜貨、化妝品、飾品等商品為大宗，加上穿插其中的小吃攤，以及後段的水果攤商，形成一區越夜越熱鬧的市集。**如果搭晚班機，又剛巧住在附近飯店，這個夜市無疑是逛曼谷市集的第一選。

③ 建興酒樓
Somboon Seafood

📍惠恭王站3號出口，出站即達 🕐167/9-12 Huay-Kwang Intersection, Ratchadapisek Rd., DinDeang ☎026926850 ⏰11:00~22:00 可
🌐www.somboonseafood.com

開業40年，建興酒家在曼谷已有8家分店，每家餐廳都鄰近捷運或地鐵站，位於拉差達區的這家餐廳曾傳為空姐最愛的海鮮餐廳，就連泰國公主、日本前首相小泉純一郎都曾因其美味名聲光顧。**餐廳的招牌菜咖哩炒蟹，雖然以泰式咖哩烹調但口味較偏向潮州菜，鹹香湯汁很下飯，**此外，肥美的烤大頭蝦沾上綠辣椒醬也很吸引人，而經典的酸辣蝦湯(Tom Yum Gung)、泰國中部特有的炸魚料理同樣值得一試。

建興的咖哩炒蟹是推薦必點的招牌菜。

④ Royal City Avenue(RCA)

📍帕藍9站3號出口步行約20~30分鐘，建議搭計程車或嘟嘟車前往 🕐 Royal City Avenue Rd. ⏰24小時

RCA是Royal City Avenue這條路的簡稱，熱鬧的情景猶如將泰國帕安島上的月圓之夜搬進曼谷一樣，各店家露天座位區就在馬路上，咚支咚支的音樂震天尬響，好像全曼谷的年輕男女都擠進這條夜店街。雖然這幾年人潮被其他新興夜店區分散了，但還是有一些店家人潮不減，例如「Route 66」的生意就一直很好；

整體來說，RCA仍是一個曼谷年輕人熱門的夜生活好去處。另外，提醒你記得帶護照提供身分查驗。

Route66

🏠29/33-48 Soi Sonvijai, Rama 9 Rd. ☎0613940035 ⏰21:00~4:00 💲入場費300B 可 🌐www.route66club.com

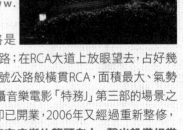

眾所周知，美國66號公路是一條橫貫美國東西兩岸的公路；在RCA大道上放眼望去，占好幾幢建築體的Route66宛如66號公路般橫貫RCA，面積最大、氣勢也最壯觀，曾經是蔡依林拍攝音樂電影「特務」第三部的場景之一。Roote66酒吧從1995年即已開業，2006年又經過重新整修，至今屹立在RCA，可說是**這條夜店街的龍頭老大。聲光設備相當豪華，內部分成數個小區，有現場音樂表演，也有DJ播放音樂，並經常舉辦主題演唱會。**這裡同時也歡迎包場舉辦生日派對。

玩夜店看節氣？！

這倒也不是要你看泰曆才能決定要不要去夜店，更不是在幫你判斷當晚吉凶，只是遇到特殊狀況，還是先確認一下日子才會玩得更盡興。

每年泰曆8月16日是泰國傳統的守夏節(Khao Phansa)，從守夏節之後的3個月，僧侶必須回到寺廟灑掃、禪修，而信眾則多在這一天到廟裡布施、點香燭向神明致意懺悔，接下來3個月，虔誠者會禮佛守佛家八戒，有些也會許下茹素或禁酒的淨身願。也因為如此，有些夜店會在當天休業以表尊重，甚至有夜店連休一週，許多地方如超商也會因此不賣酒給客人。所以，若旅途當中遇到宗教節日，建議先去電瞭解一下狀況才不會白跑一趟。

塔宏猶清站・樂拋站
Phahon Yothin・Lat Phrao

① Union Mall

🚇塔宏猶清站5號出口步行約1分鐘 ⊙
11:00~22:00 ⓕwww.facebook.com/
unionmallofficial

　　Union Mall是曼谷年輕人的購物
天堂，**商場型式就如同Siam Square的室內版或是放
大版Bonanza Mall一樣**，整座購物中心共計8層樓、
1,200家店，商品消費群主打30歲以下的年輕消費群，
衣飾價格大約150B以上，還有一些賣二手衣飾鞋包的店
家，商品琳瑯滿目，是批貨或尋寶的好去處。

ⓒCentral Ladprao

② Central Ladprao

🚇塔宏猶清站3號出口步行約3~5分鐘 ⊙1693 Paholyothin
Rd., Jatujak ☎027936000 ⊙10:00~22:00 ⊙可 ⓕ
shoppingcenter.centralpattana.co.th/branch/central-
ladprao

　　即便是同一個品牌，分店開在不同的位置，價格就
有可能隨當地的消費狀況調整，這點在泰國最大連
鎖百貨品牌也不例外，**據說在市區之外的Central
Ladprao部份商品標價就比市區便宜**。百貨商場連
結Centara Grand飯店，以及SFX豪華電影院。和隔鄰
The One Park傳統商場之間的通道，傍晚過後有許
多路邊攤聚集，整體來說也算是個小小商圈。

③ 曼谷當代藝術館 MOCA Bangkok

🚇塔宏猶清站4號出口搭計程車約10~15分鐘
⊙499 Kamphaengphet 6 Road ☎
020165666 ⊙10:00~18:00 ⊗週一 ⊙成人
280B、學生120B、13歲以下免費 ⓕwww.
mocabangkok.com

　　來到當代藝術館Museum of
Contemporary Art (MOCA Bangkok)，
讓人驚豔於曼谷的創作能量。建於2012
年的MOCA，**館內現代畫作及雕塑藝術
品藏量為泰國之冠**，所收藏的畫作豐富
多變，現代生活況味、佛教故事寓意、古
老民間傳說……全都在這裡展現多彩多
姿的藝術魅力，教人心折。

©Crystal Design Center (CDC)

4 Baipai Cooking School

🚇塔宏猶清站4號出口搭計程車約10~15分鐘；預約時即可安排來回接駁車 🏠8/91 Ngam Wongwan Road, Soi 54 📞0896606535 ⏰課程時間 9:30~13:30、13:30~17:30 休週日及假日 💰每人2,200 THB 🅿️可 🌐www.baipai.com ❗採預約制，最少需於24小時前預約

Baipai被CNN選為「曼谷十大烹飪教室」，其建築位於住宅區中。**課程會教授4道料理，可學習的菜餚包括打拋豬肉飯、綠咖哩雞等。教師會先帶學員參觀自家香料園，介紹南薑、香茅、打拋葉及辣椒等香料。**緊接著就是烹飪時間，由於每個步驟都清楚、好上手，即使是首次做菜的料理新手也不必擔心，不需幾分鐘，料理就能上桌！在料理過程中，員工還會為學員拍照，並在課程後寄送照片電子檔，非常用心。

5 倫披尼泰拳場 Lumpinee Boxing Stadium

🚇塔宏猶清站4號出口轉搭計程車前往 🏠6 Ram Intra Rd, Anusawaree, Bang Khen 📞0800459541 ⏰比賽時間不一，詳細日程請參考官網 💰場邊3,500B、1等席2,750B 🌐www.facebook.com/Lumpineeboxingstaduim

欲觀賞泰拳比賽的人可以由捷運蒙奇站(Mo Chit)或地鐵塔宏猶清站(Phahon Yothin)轉搭計程車前往。**泰拳比賽每場5個回合，比賽前選手像跳舞般的先向神佛致意，接下來每回合3分鐘，除了禁止張口咬人，舉凡拳、肘、膝、腿全數均可應戰**，當初這個激烈的國技是用來陣前殺敵的必殺技，成功致敵還是選手晉級的必要條件。

6 Crystal Design Center (CDC)

🚇樂拋站4號出口搭計程車約10~15分鐘 🏠888 Pradit Manutham Rd 📞021015999 ⏰10:00~21:00 🅿️可 🌐www.facebook.com/crystaldesigncenter

如果你喜歡時尚設計家具，一定要來這裡一趟！Crystal Design Center由5棟極具設計感的展售中心組成，**每棟展示的設計品牌皆有不同風格，除了知名歐美品牌之外，也可以在這裡找到泰國本土設計師源源不絕的創意和創造力。**每逢週末在廣場更有創意市集擺攤，集結小吃和服飾等商品讓人慢慢挖寶。

7 巧克力莊園 Chocolate Ville

大受好評的歐式主題餐廳，夢幻造景是拍照取景絕佳地點！

達人力推

🚇樂拋站4號出口搭計程車約30分鐘 🏠23 1-16 Prasert-Manukitch Rd, Ram Inthra, Khan Na Yao, Bangkok 📞655188781 ⏰週一至週五15:00~0:00，週六至週日14:00~0:00 💰入場費120B，活動日或特殊節日為150~180B，皆可折抵 🅿️可 🌐www.facebook.com/chocolateville

Chocolate Ville與人氣餐廳Wine I Love You屬於同一餐飲集團，店名源自於老闆以前做過的巧克力盒生意。**這間大型歐式主題餐廳，總占地7,744坪、擁有超過20棟多彩的歐式鄉村風格建築，甚至還有運河造景以及燈塔可遠眺全區**，美輪美奐的景色每每吸引大量遊客來此拍照。園區最多可同時容納200桌客人，餐點部分也毫不馬虎，有西式、中式和傳統泰國菜色可選。因為太受歡迎，每到週末總是擠滿遊客，建議可以提前訂位！

札都甲公園站·甘帕安碧站
Chatuchak Park · Kamphaeng Phet

① Or Tor Kor Market

🚇甘帕安碧站3號出口，出站即達 ▾
🕐6:00~18:00

這是一個當地的室內傳統市場，不過是以蔬果為主，各攤都將**各式熱帶水果**，如紅毛丹、山竹、榴槤、蛇皮果、芒果成堆成堆擺放，繽紛的色彩讓人想要全部買回家。另外還有一些**泰國特產**，像是榴槤膏、芒果乾。在這裡買水果除了便宜，還有就是新鮮，而且整個市場環境明亮乾淨，**曾被CNN評選為世界十大最乾生鮮市場之一**！市場內還有一個熟食區、美食區，供應各式泰式小吃。

熱帶水果成堆擺放，色彩繽紛讓人想大買特買。

② 札都甲廣場
Jatujak Plaza

🚇甘帕安碧站2號出口步行約3~5分鐘 ▾
🕐9:00~20:00

札都甲廣場與札都甲周末市集相鄰，內部也是小店、小攤，不過與市集不同的是，**廣場內的店家每天營業，僅部分店面週一或週二休息**，這裡的分區為A、B、C、D等4區，**以家居、家飾品及生活雜貨等商品占大宗**，女生喜愛的服飾僅穿雜在部分店面之間。整個廣場規模要較札都甲周末市集小很多。

③ JJ Mall

🚇甘帕安碧站2號出口步行約5分鐘
📍588 Kamphaeng Phet 2 Rd ▾
🕐週一至週五10:00~19:00，週六及週日10:00~20:00 💬www.facebook.com/JJMall.Chatuchak

這裡是**室內版的週末市集，**有空調和美食街，逛起來比週末市集舒適許多，**也有免費乾淨的洗手間；而且每天營業**，如果假期無法安排在週末停留曼谷又想逛市集，JJ Mall是不錯的替代選擇。

④ 札都甲公園
Chatuchak Park

🚇札都甲公園站1或2號出口，或捷運蘇坤蔚線蒙奇站1或3號出口，皆出站即達

札都甲公園的面積不輸週末市集，廣**大的綠地圍繞著人工水池，靠近市集入口還有小朋友的遊戲區**，很多當地人或住在附近的外國觀光客，會結伴到此野餐或休息，享受悠閒時光。

詩麗吉公園
Queen Sirit Park

Kamphaengphet 2 Rd.

Kamphaengphet 3 Rd.

Phahonyothin Rd.

札都甲公園站
Chatuchak Park

② ③

札都甲公園站
Chatuchak Park
蒙奇站Mo Chit

④

④

① ②

① ④

Mixt Chatuchak
⑤

③ JJ Mall

地鐵藍線MRT Blue Line

捷運蘇坤蔚線BTS Sukhumvit Line

Phahonyothin 18/1

札都甲廣場
Jatujak Plaza
②

札都甲週末市集
Jatujak Weekend
Market
⑥

① ②
甘帕安碧站
Kamphaeng Phet
③

① Or Tor Kor Market

N

Khlong Bang Sue

⑤ Mixt Chatuchak

🚇札都甲公園站4號出口，步行10~15分鐘；捷運蘇坤蔚線蒙奇站1號出口，步行8~10分鐘 🏠8 Kamphaeng Phet 3 Rd, Chatuchak ☎020794888 ⏰週一至週四10:00~20:00，週五至週日10:00~22:00 💻www.mixtchatuchak.com

　在原有週末市集西北邊的Mixt Chatuchak，不但是**室內、有冷氣**，有方便的電梯、廁所，更有集中的美食區，而且**每天都營業，不再是「週末市集」**，觀光客不用特別擠假日遠道而來和大家一起湊熱鬧。Mixt Chatuchak呈長條形，店家羅列在走道兩旁，動線分明，集合了各式各樣的商家，無論衣服、鞋子、香氛、包包、按摩店等，三樓尾端甚至還有相當大型的家具陳列，應有盡有，可以說是濃縮版的札都甲，而且舒適度更是大幅提升。

週五半夜也有得逛

札都甲是著名的週末市集，不過其實這裡在週五半夜也有營業，如果半夜捨不得休息，或想見識不同於平時的札都甲市集，就可以來這裡逛逛。

雖然說有營業，其實並不是所有店家都有開，大多是在市集外圍的攤販和店舖，但是衣服、鞋子、包包、帽子還是一應俱全，小吃攤和餐廳也有營業，想買想吃通通有。這個時間營業的小販很多都會標上超低價，有的也直接挑明「FridayNight Price」，不用殺價也便宜。夜市在週五半夜至週六凌晨最熱鬧，不過逛完回家可能就得搭計程車了。

⑥ 札都甲週末市集
Jatujak Weekend Market

🚇甘帕安碧站2號出口，出站即達 ⏰週六及週日9:00~18:00（各店不一） 💻www.chatuchakmarket.org

達人力推

逛到腳痠、買到提不動！每逢週末一定要逛的超大型市集！

　札都甲週末市集(Jatujak Weekend Market 或 Chatuchak Weekend Market)簡稱為JJ Market，總面積約27公頃，**是東南亞最大的週末市場，也是曼谷最熱門的觀光購物區域**，每個週末，都湧進大批採購人潮，連本地人都大包小包買不完。半開放空間的賣場內部巷道縱橫，直走、拐彎、再回頭，又是不同的店家商區，遊逛起來別有趣味。

莎南蔡站·山優站
龍蓮寺站·華藍蓬站
山燕站
倫披尼站
泰國文化中心站·帕藍9站·惠恭王站
碧差汶里站
樂拋站·塔宏猶清站
札都甲公園站·甘帕安碧站

逛札都甲週末市集不迷失！
精采推薦美食買物

莎南蔡站·山優站

龍蓮寺站·華藍蓬站

山燕站

倫披尼站

碧差汶里站·泰國文化中心站·帕藍9站·惠恭王站

樂拋站·塔宏猶清站

札都甲公園站·甘帕安碧站

地圖區域文字：

Playground跳蚤市集

JJ Mall

入口1

Kamphaengphet 2 Rd.

甘帕安碧站 Kamphaeng Phet

札都甲廣場 Jatujak Plaza

Kamphaengphet 4 Rd.

圖案T-Shirt

a 紅寶石剉冰

b 拉茶攤

小吃區

Mixt Chatuchak

c KARMAKAMET

炸雞翅攤　傳統青花餐具

i N.S.T. Coconut Sell

Miruku冰沙

香料店　**g** A-ON Shop

j Birthday Mug

d Anyadharu

Thaiyara

Viva 8 **e**

鐘塔Clock Tower

Hem Aroma

XOX

泰國風味小錢包 **k**

f

ANYADHARU

札都甲週末市集Jatujak Weekend Market

Kamphaengphet 3 Rd.

札都甲公園 Chatuchak Park

h Line Cense

Jad Jan泰式料理

入口3

BKK Original

札都甲公園站 Chatuchak Park Station

Phahonyothin Rd.

KARMAKAMET現在在曼谷已經有多間分店，店內以中式藥櫃作為主視覺。

a 紅寶石剉冰

📍Section26, Room009

這種泰國街頭很常見的剉冰，是把荸薺、包著荸薺的紅色木薯粉圓、椰肉、米糕、粉條等食材放在椰奶裡，後加上糖漿和剉冰，就是立即解渴的甜點。紅色粉圓晶瑩剔透，宛如紅色的寶石，所以泰國人乾脆叫它作紅寶石(Red Ruby，泰文發音類似Tab Tim Krob)，號稱泰國最受歡迎的在地甜品。

吃在地冰品消暑氣！

b 拉茶攤

📍靠近Section 1

地鐵站前的拉茶攤一直都以大動作吸睛，身著印花長衣的人手持兩個鋼杯，一邊旋轉、一邊流暢地將奶茶「拉」起。據説這個動作並非單純表演，煉乳、牛奶和茶在空氣中藉著快速「拉」的過程，會讓茶與奶製品的乳化作用達到更順、更濃郁的口感。

c KARMAKAMET

📍Section 2, Soi 3　可　🌐www.karmakamet.co.th

KARMAKAMET是泰國本地著名的香氛品牌，最初以純粹精油起家，之後才開始研發身體香氛、香膏、蠟燭等室內香氛和身體保養等產品。產品素材雖然取自亞洲各國甚至歐洲，但都在泰國製造，若喜歡泰式淡雅香氛，一定要進來逛逛。